新时代城乡基层治理前沿问题研究丛书

# 农村政策"地方试点"研究

唐 斌 著

中国农业出版社

农村读物出版社

北 京

国家社科基金一般项目"中央农村政策地方试点的逻辑机理及实践机制研究"（16BZZ065）研究成果

广东省普通高校特色新型智库"广东城乡社会风险与应急治理研究中心"以及广州市人文社会科学重点研究基地"广州农村治理现代化研究基地"研究成果

前　言

　　政策试点作为一种在有限时空及议程范围内调整可控要素、集中攻克治理难题、推动政策创新的改革路径，是我国实现国家治理体系和治理能力现代化的重要手段，也是"理解'中国奇迹'的基础性制度之一"。农村是我国政策试点的起源及主战场，家庭联产承包责任制试点、农村税费改革试点、数字乡村试点等中央政策地方试点探索为推动国家改革发展做出了重要贡献。

　　本研究在利益相关者理论基础上构建了中央农村政策地方试点的解释框架，围绕我国农业农村发展过程中地方试点的运行状况、发展趋势以及成果效用等问题，对政策试点过程中动机形成、决策制定、运行实施等机制及其影响要素展开分析；通过对地方试点过程中各利益相关方的利益需求、利益表达、利益博弈及利益整合等一系列过程的追踪与梳理，探讨我国农村政策地方试点中的利益、责任及风险的分担关系，并在对历史及现实过程进行评估及反思的基础上，从顶层设计、制度建构、行为规范与技术赋能等多个角度，提出优化农村政策地方试点过程、提升试点效能的策略体系。

　　本研究尝试跳出"城乡政策变迁是一样的"的习惯性预设，从时间、空间、主题三个方面梳理中央农村政策地方试点的特征及其内涵；同时在传统"央地关系"的框架体系基础上，进一步厘清中央农村政策试点涉及的主体间关系，明确以中央政府、地方政府、基层试点单元以及农民群众四类主体为中心的试点利益关系结构，并基于城乡治理环境差异展开农村政策试点理论逻辑与过程机理等中观层面的研究。

　　结合历史分析、政策分析与过程分析，本研究尝试形成具有中国特色的中央农村政策地方试点的理论解释体系；同时基于对农村政策地方试点理论与实践两个层面的反思，提出总体性视野下协同推进农村政策试点创新转型升级的具体策略。本研究分别从试点主体创新、试点动力要素整合、试点绩效评价创新等多个层面对农村政策地方试点的具体实践展开了剖析与研讨，有关研究结论与策略建议能够对相关工作的进一步开展提供参考。

# 目 录

# 绪　论

## 一、研究背景

习近平同志指出，"试点是重要改革任务，更是重要改革方法""抓好试点关系改革全局"①，作为一种在有限时空范围内调整可控要素集中攻克治理难题、推动政策创新的改革路径，政策试点是多样态复杂国情下推动国家治理体系和治理能力现代化的重要手段。《人民日报》海外版曾对中央全面深化改革领导小组自 2014 年 1 月 22 日第一次会议至 2017 年 6 月 26 日第三十六次会议的新闻通稿进行了梳理，结果发现"改革"一词共出现 1 280 次，遥遥领先于其他高频词，"制度"一词共出现 276 次位列第二，而"试点"被提及了 191次，在高频词中位列第八，另外"统筹"一词出现了 110 次，位列通稿高频词前二十名②。

韩博天等研究者指出，政策试点是理解"中国奇迹"的基础性制度之一③，王绍光也认为，试点制为中央政府提供了包容性更强的政策学习和制定过程，从而提升了中国体制的适应能力。④ 试点作为具有中国特色"摸着石头过河"改革方略的具体实现形式，通过反复实践，逐步成为剖析中国国家治理创新进程的"密钥"，并不断发挥其防范控制改革风险、推进创新稳步进行、提高政策变迁预见性等积极作用。

政策试点作为一种极具中国特色的政策创新方式，引发了中外研究者的关注。韩博天、谢淑丽等专家以及特雷斯曼、蔡等研究者认为，在中国改革面对

---

① 王翰林. 改革百论 ［M］. 北京：人民出版社，2019.

② 陈振凯. 热词透析 36 次中央深改组会议 ［EB/OL］. http：//politics. people. com. cn/nl/2017/0705/c1001 - 29383164. html.

③ Heilmann，Sebastian，Shih，et al. National Planning and Local Technology Zones：Experimental Governance in China's Torch Programme ［J］. China Quarterly，216.

④ 王绍光. 学习机制与适应能力：中国农村合作医疗体制变迁的启示 ［J］. 中国社会科学，2008 (6).

的复杂国情环境下，政策试点结合了政策变迁的高效率以及变迁过程的低震荡两项优势，致力于"又快又好"地通过政策创新实现治理目标，这是试点在中国治理政策变迁过程中最重要的价值，并被认为是各地积极推行这一方式的基本动因。韩博天在其"分级制政策试验"（Experimentation under Hierarchy）的研究中提出，中国进行政策试点的关键优势在于中央和地方在制定政策时独特的互动过程，试验的有效性并不是建立在全面分权和自发推广政策创新的基础之上，中国的以试验为基础的政策制定过程仍然需要中央领导层的权威来鼓励和保护广泛存在的地方积极性①。诺斯延续其有关制度变迁内生演进的思路，认为"中国之所以能够运用不同的方式开展试验"，其根本动力在于"中国的制度结构存在着一种非比寻常的适应能力"②。诺兰德和特雷斯曼则认为，中国出现政策"试点"的条件归因于中国相较东欧更为分权化的央地关系③。

王绍光指出，中国政府面对的复杂国情和棘手问题，以及在其压力下所形成的政府适应能力及学习能力是推动试点创新的重要动力源④。周雪光、周望等也持类似观点，认为在国情背景下所形成的历史与现实驱使了政策试点的开展。此外，也有研究者关注政策试点的主观推动力量，包括地方领导人的决心⑤、政府系统中存在制度化的学习机制⑥、实务部门人员受到现代治理理念影响，等等。除此之外，刘辉在对我国刑事司法制度改革试点的分析中指出，旁听审判、挂职调研以及来信来访等一些偶然因素，也是促成政策试点的动因来源⑦。

在实践层面，中国的政策试点过程不是盲目摸索，而是依托实践的策略性规划⑧，农村是我国政策创新的主要地区，也是我国政策试点实践的重要场所，从"翟城自治试点"到"北碚模式"，再到邹县实验、定县实验和晓庄实验等乡村建设实验，20 世纪初我国推进了多项农村试点。在中国共产党百年来的革命与建设征程中，通过试点摸索革命战争年代农村土地改革"苏区模范

---

① 韩博天. 通过试验制定政策：中国独具特色的经验 [J]. 当代中国史研究，2010（3）.

② Khalil E L，North DC. Understanding the Process of Economic Change [J]. Journal of Socio - Economics，2009，38（2）：399 - 400.

③ Hongbin Cai，Daniel Treisman. Did Government Decentralization Cause China's Economic Miracle [J]. World Politics，58（1），2007.

④ 王绍光. 学习机制与适应能力　中国农村合作医疗体制变迁的启示 [J]. 中国社会科学，2008（6）.

⑤ Tsai W H，Dean N. Experimentation under Hierarchy in Local Conditions：Cases of Political Reform in Guangdong and Sichuan，China [J]. China Quarterly，2014，218：339 - 358.

⑥ 杨宏山. 双轨制政策试验：政策创新的中国经验 [J]. 中国行政管理，2013（6）.

⑦ 刘辉. 刑事司法改革试点现象 [J]. 中国刑事法杂志，2013（8）.

⑧ 赵慧. 政策试点的试验机制：情境与策略 [J]. 中国行政管理，2019（1）.

乡""模范兴国"等经验,党的第一代领导集体确认了"积极试点""典型示范"这一有效的工作方法;在中华人民共和国成立后,不论是以毛泽东同志为代表的第一代领导集体继续深入总结"典型试验、重点突破、由点到面、点面结合"的工作部署,还是邓小平等领导同志经由农村"包产到户"试点到家庭联产承包责任制的全面普及,以及通过试点实践对我国农村税费改革、新农村建设等工作的推动,源发并持续在我国广大农村地区普遍推行的试点工作方法,一方面体现出中央对于农村经济社会发展复杂环境的深思熟虑与慎重权衡,另一方面更展现出我国国家治理改革创新过程中不被陈规陋矩束缚、不畏艰难险阻、勇于开拓创新的顽强意志及奋斗精神。

习近平同志在深圳经济特区建立 40 周年庆祝大会上指出,支持深圳实施综合改革试点,以清单批量授权方式赋予深圳在重要领域和关键环节改革上更多自主权,深圳经济特区(作为试点地区)"要扛起责任,牢牢把握正确方向,解放思想、守正创新,努力在重要领域推出一批重大改革措施,形成一批可复制、可推广的重大制度创新成果。要着眼于解决高质量发展中遇到的实际问题,着眼于建设更高水平的社会主义市场经济体制需要,多策划战略战役性改革,多推动创造型、引领型改革"①。这不仅是对深圳作为我国改革开放战略前沿综合试点地区所提出的期待,也是对新时期我国正在进行或规划进行各项试点的总体要求,进一步明确了新的历史时期我党领导全国各族人民将"顶层设计"与"摸着石头过河"有机结合,通过试点地区先行先试,推动整体政策创新的布局。

在农业农村工作中,以习近平同志为核心的党中央进行了总体谋划,并在乡村振兴战略部署下积极推动各项农村示范试点工作,仅在 2019 年中央 1 号文件中,就有 14 处提及农村政策试点,涉及 7 大类 12 项具体政策试点项目(表 0 - 1)。而作为更为全面的农村政策试点形式,我国曾先后两批推出 58 个国家级农村综合示范试点项目,涉及 28 个省 58 个县(市/区),根据农业农村部对于试点效果的统计,到 2018 年上述农村改革试验区已有涉及 68 项试验内容的 84 项试验成果被 68 个政策文件所采纳,包括发展农村普惠金融、构建农村社区多元治理服务新机制、完善党组织领导下的乡村治理机制等政策创新经验,已被吸纳作为我国新时期农业农村改革的基本方略予以积极推行。

---

① 习近平. 深圳经济特区建立 40 周年庆祝大会讲话〔EB/OL〕. http://www.xinhuanet.com/politics/leaders/2020 - 10/14/c_1126611269.htm.

表 0 - 1　2019 年中央 1 号文件所提及的政策试点领域及相关表述

| 序　号 | 涉及领域 | 原文表述 |
| --- | --- | --- |
| 1 | 农业生产 | 推进重金属污染耕地治理修复和种植结构调整试点 |
| 2 | 农村生态环境 | 开展土壤污染治理与修复技术应用试点 |
| 3 | 农村生态环境 | 扩大轮作休耕制度试点 |
| 4 | 农村土地制度 | 总结好农村土地制度三项改革试点经验 |
| 5 | 农村土地制度 | 稳慎推进农村宅基地制度改革,拓展改革试点 |
| 6 | 农村土地制度 | 开展闲置宅基地复垦试点 |
| 7 | 农村集体产权制度 | 加快推进农村集体经营性资产股份合作制改革,继续扩大试点范围 |
| 8 | 农业支持保护制度 | 推进稻谷、小麦、玉米完全成本保险和收入保险试点 |
| 9 | 农业支持保护制度 | 扩大农业大灾保险试点和"保险＋期货"试点 |
| 10 | 农业支持保护制度 | 探索对地方优势特色农产品保险实施以奖代补试点 |
| 11 | 乡村治理 | 开展乡村治理体系建设试点和乡村治理示范村镇创建 |
| 12 | 农村精神文明 | 开展新时代文明实践中心建设试点 |

## 二、研究问题及意义

党和国家对农村政策试点的肯定与支持为各地继续推进试点提供了蓬勃动力,在乡村振兴战略背景下势必开展更多的试点探索。但在试点热潮中也必须正视各类政策试点面临的数量庞大、投入巨大但试点水平及效果却差强人意的问题,对此,不少研究者开始在试点热潮中进行审慎的评价,并对具体实践过程中的试点操作及其价值显现等展开了反思。从过程来看,试点准备阶段的动机偏差、试点取样代表性问题、试点选定导向偏移以及试点结果产生透明度低等方面均受到批评;对政策试点过程"黑箱"的描绘,则对政策试点程序合法性提出了质疑,其导致政策试点方法的内在效度和外在效度都面临挑战,并影响试点成果的真实性、适用性和推广性。[①] 从价值显现来看,陈那波认为试点结果仅仅是提供了一些"经过包装"的汇报材料,这种材料除了能催生更多"包装汇报"之外没有任何实际价值,反而消耗了科层体系宝贵的时间和精力并使得改革走向形式主义。[②] 周望也指出,试点存在政策势差与政策时差等衍

---

[①] 刘钊,万松钱,黄战凤. 论公共管理实践中的"试点"方法 [J]. 东北大学学报(社会科学版),2006 (8).

[②] 陈那波,蔡荣. "试点"何以失败?——A 市生活垃圾"计量收费"政策试行过程研究 [J]. 社会学研究,2017 (2).

生效应，其将对试验式改革本身乃至相关改革领域造成困难。① 这正如有的研究者所关注的，从目前中国政策试点研究体系来看，更中观和宏观的、通过试点来探讨央地关系的研究更倾向于肯定试点在中国治理模式中的积极意义；而更微观的、考察试点过程和行动者的研究则更倾向于质疑试点的实际价值。②

在农村生产生活区域差异大、自然地理环境复杂等客观条件制约下，农村政策试点的过程规范与绩效难题更为突出。"有盆景没风景""温室中的弱苗"等严厉批评也见诸上级对于农村试点的评价中。更严重的是，由于缺乏严谨的过程规范，试点权力、经费等资源在试点过程中分配与使用的随意性较大，导致出现挪用、滥用的现象进而滋生出寻租等试点违法问题。如某市中级人民法院曾对全市 2010 年 1 月至 2015 年 12 月所审理的职务犯罪案件进行统计发现，在各项农村试点的推进过程中，相应的"各项支农惠农补贴、种粮直补、移民房改补助、农民救济款物、救灾复产或灾民安置补助、政策补偿等资金都通过村集体发放"，在监督制约机制尚未健全的背景下村干部职务犯罪形势严峻，在该市同期职务犯罪中占比达 19.32%，其中贪污案件占六成以上，农村"两委"负责人犯案占 80.90%。③ "基层存在的不正之风和腐败问题损害群众切身利益，侵蚀干群关系，动摇党的执政之基，人民群众深恶痛绝"④，试点违法行为不仅阻碍了农村政策试点创新目标的实现，而且引发农村政策试点的"失效乃至负效"问题，其更是会侵蚀国家治理的根基，并对广大农村地区的发展与稳定造成恶性影响。

从前述农村政策试点的弱质性和高风险性描述可见，表现各异的农村政策试点效果如何，特别是投入巨大、影响深远的中央农村政策试点实际运行的机理程序如何，其运行过程中存在哪些问题与困难，未来如何优化，等等，均亟待进行深入研究和探讨，但现有的研究并不能有效地响应这些需求。

首先，从研究结构来看，现有政策试点的研究大都基于这样一种预设，即"城乡政策变迁是一样的"，从而使农村政策试点研究长期处于城市试点"同态位移"的状态，但事实上由于农村生产发展程度、区位人口特征、政府治理资源及治理能力等方面的差异，农村政策过程与城市存在巨大差异，政策变迁的

① 周望. "政策试点"的衍生效应与优化策略［J］. 行政科学论坛，2015（4）.
② 陈那波，蔡荣. "试点"何以失败？——A 市生活垃圾"计量收费"政策试行过程研究［J］. 社会学研究，2017（2）.
③ 刘思彬，周展明等. 加强改革发展措施杜绝农村干部腐败——广东梅州中院关于村干部职务犯罪案件的调研报告［N］. 人民法院报，2016－02－18.
④ 人民网，中纪委. 推动解决发生在群众身边的"四风"和腐败问题［EB/OL］. http://politics. people. com. cn/n/2015/0423/c1001－26892979. html.

动机、过程等方面也有其特殊体现；此外，大量研究者将政策试点的分析视角局限在"央地关系"的框架体系之下，但农村政策试点特别是中央农村政策地方试点的具体运行过程中往往涉及更为复杂的主体间关系，中央政府可以进一步区分为中央决策层和职能部委，地方政府内部更是存在着更为复杂的细分空间，而作为试点政策的最终作用对象——广大农民群众则长期游离在既有研究的视界范围之外。

其次，从研究层次来看，专注于农村政策试点的研究成果本就不多，既有研究也大多集中在微观层面对具体试点事项及其效用的分析，主要涉及农村土地承包制度、农村养老保险、农村合作医疗、农村税费改革以及农村社区建设等方面，但鲜有基于城乡治理环境差异而关注农村政策试点理论逻辑与过程机理等中观层面的研究成果。特别就中央农村政策试点而言，作为国家农业政策创新的一种重要形式，其为我国农业发展和农村现代化做出了重大贡献，但这一过程如何在不同时期的"农情"中启动、展开并取得效果，其实施过程受到哪些具备农村特色因子的影响等依旧处于理论的"黑箱"状态，既不能有效解释现实，更无法面向未来提出优化建议。

基于上述认识，本研究拟在利益相关者理论的基础上构建中央农村政策地方试点的解释框架，围绕我国农业农村发展过程中政策试点的运行状况、发展趋势以及成果效用等问题，对具体试点中涉及的动机形成、决策制定、运行过程以及相应的影响要素和作用机制展开分析；通过对试点过程中各利益相关方在不同阶段所进行的利益需求、利益表达、利益博弈及利益整合等一系列过程进行追踪与梳理，探讨我国中央农村政策地方试点中的利益、责任及风险的分担关系，并在对历史及现实进行理论反思的基础上，从顶层设计、制度建构、行为规范与技术赋能等多个角度，提出优化试点过程、提升试点效能的策略体系，以期为进一步发挥试点的效用，推进我国农业农村高质量发展提供理论和实践指导。这既是出于正本清源回归试点方法论萌发的农村情境下重新审视新时代农村试点意义与价值的理论要求，也是为回应评估乡村振兴战略背景下中央农村政策地方试点的机遇与挑战，从而构建更有效的政策试点体制机制的现实需要。

### 三、概念解析

农村问题是我国全面深化改革的重大理论问题和政策问题，"19世纪以来发展中国家的大量事实证明，农村的兴衰治乱是一个国家稳定与否的基石和标志，国家的乱始于农村，农村的治必然带来国家的兴盛与安宁，这几乎是发展中国家政治发展的普遍规律"①。在寻求农村治理创新及相关政策变革的过程中，农村政策试点备受瞩目并得到了反复运用。本研究认为，农村政策由于其政策环境和作用场域的特殊性，使其在三大维度（主体维度、时空维度、内容维度）与城市及其他行业性试点相比表现出明显的差异。

一是主体维度，农村政策试点参与主体数量有限但影响力集中，中央政府、地方政府、基层试点单元（包括承担试点实施具体任务的县、乡基层政府，以及试点范围内行政村和自然村等基层治理单元）与农民是农村政策试点及实施的最重要主体，随着"省直管县""乡镇公推直选""以村民小组或自然村为基本单元的村民自治"等政策创新的试行，使基层试点单元及农民扩大了在参与、决定关系自身利益重大事项中的制度性权利，其在政策试点过程中的主动性与创造性受到空前的关注。

二是时空维度，受到长期以来依赖自然气候条件从事农事耕作的影响的习惯，农村政策试点相较城市更重视依据"时节"自主调动生产生活的节奏，从而对于有关政策干预的时间、频率等提出了更为具体的要求。此外，由于农业生产的季节性和区域差异性的存在，"橘生淮南则为橘，生于淮北则为枳"，使得"单一试点、统一推广"的一般性试点模式和标准化的政策试点实施规程难以为继，因此在农村更倚重对区域性经验和周期性规律的解读、对于既有涉农政策体系的诠释以及政策变迁及其宏观、中观层面的创新试点。

三是内容维度，随着市场化、国家化等因素在传统农村场域的深度嵌入，影响农业生产、农民生活和农村治理的政策因素日趋复杂，涉及城乡之间、区域之间甚至国内外多个层面的政治、经济、社会、文化、生态等多元要素的碰撞与交流，但在这所有的关系和影响要素之中，农民与土地的关系是农村一切关系的根本，土地依然是中国农业农村保持稳定及发展的根本资源，与土地相关的政策及制度创新在农村试点过程中的关联性最广、影响最大。

从上述三个维度的特征分析可见，在我国政策变迁过程中，农村政策试点开辟了一条时空受限的"非线性"政策创新路径。在解释公共政策的非线性变迁方面，鲍姆加特纳和琼斯提出的"间断—平衡"理论提供了有益的解释框架，该理论认为，政策运行在遵循渐进、稳定逻辑过程的同时，不能排除短期内出现急剧变化的政策"间断"可能性。"间断—平衡"模型是问题界定和议程设置引起政策变迁观点的进一步发展，它强调政策图景（policy images）和

---

① 张厚安，徐勇 . 中国农村政治稳定与发展 [M]. 武汉：武汉出版社，1995：79.

政策场域（policy venues）对政策变迁的影响①。其中，政策图景指某个政策在公众和媒体中怎样被理解和讨论，它是与这个政策的信仰和价值观相关的一套体系，经常是经验信息和感情要求的混合物；政策场域则指社会中有权力决定某一问题的机构或团体。②

在我国全面深化改革的过程中，社会利益日趋多元，经济社会结构调整的紧迫性凸显，农村政策变迁的压力和风险陡增。政策试点一方面为农村政策的创新性"间断"提供了契机，从而在时空受限的情况下响应了政策场域和政策图景的变化；另一方面，农村政策试点的功能还体现在其姿态意义，即政策权威通过地方政策试点释放政策变迁的积极信号，引导公众和媒体对政策进行讨论，维持农村政策总体平衡的局面及在此背景下政策图景的良性发展。

基于此，农村政策试点可界定为中央政府、高层级地方政府、基层试点单元和农民共同参与的，在时空受限的条件下针对特定涉农政策议题进行较为剧烈的调整，旨在为更大范围政策变迁提供经验支持的一种政策创新行为。这种行为的影响主要体现为两个方面，一是试点成功，相关政策创新的经验成为其他政策单元学习、模仿的对象，从而实现从政策创新向政策扩散的转变；二是试点失败或尚未取得预期成效，进行政策试点也能表明政策权威高度重视改革既有政策、着手政策创新的决心和毅力，以面向各政策单元释放良性政策变迁的信心（图 0-1）。

图 0-1 "间断—平衡"视阈下政策试点的理论内涵

中央农村政策地方试点是农村政策试点的一种具体体现，其相较一般性的地方自主探索与自发实验更强调中央对于农村试点的"统筹规划"和"综合协调"，强调"摸着石头过河"与"顶层设计"相结合，注重在试点过程中将认识和行动统一于中央决策部署，寻求对于全局改革的示范带动作用的发挥，并

---

① Frank R. Baumgartner, Bryan D. Jones. Agendas and Instability in American Politics [M]. Chicago: The University of Chicago Press, 2009: 127.

② 杨涛. 间断—平衡模型: 长期政策变迁的非线性解释 [J]. 甘肃行政学院学报, 2011 (2).

谋求政策创新过程中法治规范的完善。基于此，中央农村政策地方试点（以下简称"地方试点"）可界定为在中央"统筹规划"和"综合协调"之下，通过"摸着石头过河"与"顶层设计"相结合的方式，由中央政府、高层级地方政府、基层试点单元和农民共同参与的，在时空受限的条件下通过针对特定涉农政策议题进行较为剧烈的调整，旨在为更大范围政策变迁提供制度规范和经验支持的一种政策创新行为。

2016 年中央批准进一步统筹协调推进农村土地制度改革三项试点后，原国土资源部副部长张德霖代表农村土地制度改革三项试点工作领导小组作动员部署讲话，曾系统阐述了对此类试点的要求：[①]

一要深入学习领会习近平总书记关于农村土地制度改革的新思想、新要求。二要继续深入学习和全面贯彻试点的指导思想和基本原则，把握正确方向，坚守改革底线，维护农民权益，坚持循序渐进。三要着力统筹做好三项试点任务的统筹协调推进，做好与经济社会发展大局和相关改革的统筹协调，最大限度释放改革的综合效应。四要把"试制度、试成效"放在更加突出的地位，着眼于形成可复制、能推广、利修法的制度性成果，着眼于对全局的改革示范、突破和带动作用。五要处理好试点探索与修法的关系。要边试点边梳理制度性问题，为法律修改提供好的思路和建议，要加强对试点探索中遇到的重点、难点问题的研究，同时法律修改和试点要相向而行、同步推进。

## 四、研究框架

### （一）研究目标与思路

#### 1. 研究目标

作为政策科学研究的新兴领域，农村政策试点的理论体系正在逐步成形，但仍存在较大理论拓展空间：一是如何将中国特色的农村政策试点纳入规范的政策科学研究范式，用成熟的理论模型揭示试点实践背后的逻辑与规律；二是如何用政策试点的清晰逻辑推进我国农村政策试点实践创新，防止政策试点陷入"象征性移植"或"符号型政策"的窠臼[②]。本研究聚焦上述两大问题并试图在回答中央农村政策地方试点"是什么"（概念内涵、运转过程）、"为什么"

---

① 国土资源部. 中央批准进一步统筹协调推进农村土地制度改革三项试点［EB/OL］. http://www.gov.cn/xinwen/2016-09/22/content_5110753.htm.

② 周志忍，李倩. 政策扩散中的变异及其发生机理研究——基于北京市东城区和 S 市 J 区网格化管理的比较［J］. 上海行政学院学报，2014，（3）.

以及"怎么样"(现状评估、绩效评价)、"要怎样"(创新思路、实践机制)等问题的基础上,尝试构建针对农业农村特色政策创新"由点及面"逐步推进过程的本土性解释框架。

**2. 研究思路与方法**

(1) 研究思路。基于前述目标预设,本研究试图在回顾中国共产党在革命、建设与改革等不同时期领导农村政策试点百年历程的基础上,通过政策文本分析、实地调查研究和参与观察等研究方法,在新时代强调"顶层设计"与"摸着石头过河"有机结合的政策背景下,聚焦于中央农村政策地方试点这种具体形式。通过引入利益相关者理论构建中央农村政策地方试点的解释框架(图 0-2),探索政策试点过程中目标形成、试点决策、试点运行等各个阶段利益相关者主体的构成、偏好、策略行为及其影响,在理顺其理论逻辑的基础上阐释中央农村政策地方试点的过程机理;在对中央农村政策地方试点过程梳理及评估的基础上,探索利益相关者平衡直至协同的试点创新优化策略,以有效弥合农村政策试点宏观意义与微观实效之间的鸿沟,以期更好地推动中央农村政策地方试点有序、有效地开展,更有效地展现其在推动乡村振兴和推进国家治理体系和治理能力现代化中的重要作用和价值。

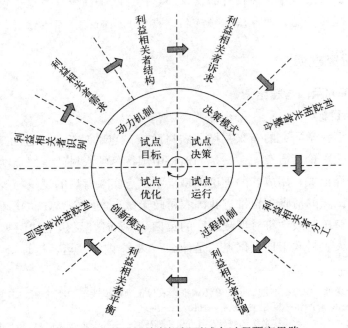

图 0-2 利益相关者视阈下试点过程研究思路

（2）研究方法。本研究基于利益相关者理论讨论中央农村政策试点的过程，并研究这一过程中影响各参与主体利益交互与协调的作用因素及其效果。基于这一研究目标，本研究定位于质性研究，并在实施过程中综合运用归纳与演绎、内容分析法、比较分析法、案例分析法以及政策过程分析法等质性研究的具体方法，梳理中央农村政策试点的历史过程、参与主体的组成及结构、不同利益结构下试点决策的类型以及试点实施策略过程，厘清中央农村政策动力机制、决策机制与实施协调机制的构成，检视上述过程中暴露出的影响试点绩效的阻滞性因子并探究其产生的原因。

在具体的资料搜集方法层面，本研究主要依托党史文献、政府文件和报刊资料中析出的经典案例材料、统计数据、访谈以及参与式观察等信息源，对研究概念进行剖析以获得对研究主题的全面理解，并佐证相关的理论分析与逻辑推理。

（二）技术路线

本研究以"中央农村政策的地方试点"作为研究对象，分析农村政策试点的历史实践、逻辑机理及效用水平。首先，梳理了国内有关农村政策试点研究的已有文献，在进行文献计量分析的基础上对本土研究的类型、特征及其发展趋势展开分析；其次，结合党史文献和典型案例，系统梳理中国共产党领导中国农村政策试点实践的百年历程；再次，引入利益相关者理论，综合运用历史分析法和政策过程分析法，分别从"利益诉求与动力机制形成""利益整合与作出试点决策""利益协调与试点运行过程"三方面对中央农村政策试点过程中中央政府、地方政府、基层试点单元与农民四方主要参与者展开利益交互分析；最后，以这些经验事实及分析为基础，对中央农村政策地方试点展开理论与实践两个层面的反思，并提出总体性视野下协同推进农村政策试点创新转型升级的具体策略。本研究的技术路线如图0-3所示。

（三）结构安排

本研究主要由三个部分共七章内容构成。

第一部分：中央农村政策地方试点的历史解读。分别从理论与实践两个层面，全面回顾中国共产党领导农村政策试点的百年征程，及在此过程中中外研究者对其展开研究的过程、特征与研究趋势。在异常丰富的试点实践背后，我国中央农村政策地方试点实践在主体、时空、内容三个维度的分布状况如何？其在我国政策试点图谱中处于何种位置？如何以政策科学的规范话语来解释我国丰富的农村政策试点实践？在历史及理论上正本清源，厘清农村政策试点的概念内涵、基本特质与发展趋势，是本部分的主要任务。

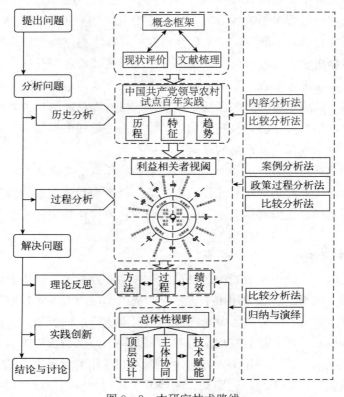

图 0-3　本研究技术路线

　　这一部分包括三章内容：绪论，农村政策试点的研究意义、目的及概念的阐释；第一章，农村政策试点的发生逻辑与文献分析；第二章，中国共产党领导农村政策试点的历史实践。

　　第二部分：利益相关者视角下中央农村政策地方试点的过程分析。中央政府、地方政府、基层试点单元以及农民，四者的关系是政策试点逻辑过程的关键变量，其"协调/冲突"的抉择直接影响政策试点各环节的启动及其效果。以此为主体，治理环境的变化引发政策间断，进而推动政策创新的需求，并注入包括思想、行为、资源等在内的政策试点引擎，启动农村政策试点行为；试点各个主体对于试点项目"资源—利益"的感知差异将形成多种影响试点决策的行为类型，并受此影响产生不同形式的试点决策模式，其经由中央顶层设计、央地多级政府制定试点实施方案后将正式启动试点运行过程；在具体的运行过程中，各参与主体根据其利益考量及其行为偏好可能采取多种策略行为，以修正原有试点运行的路径、节奏及进度安排，进而达到与各利益主体对试点过程中利益形势判断相契合的效果。主体间的利益交互状态与交互关系如何影响中央农村政策的试点过程？其在各个具体环节又经由何种过程而产生现有多种试点决策及行为模式？本部分试图结合实例和数据分析对上述问题作出解答。

这一部分包括三章内容：第三章，农村政策地方试点的利益诉求与动力机制；第四章，农村政策地方试点的利益整合与决策模式；第五章，农村政策地方试点的利益协调与运行过程。

第三部分：中央农村政策地方试点的反思与展望。中央农村政策地方试点继承了自然科学实验在抽象要素之间相互关系、总结事务发展规律等多个方面的优势，但价值无涉条件下的科学实验法一旦被具体应用到复杂且充满变化的公共治理领域，其不可避免地会与价值观鲜明的社会文化环境与道德伦理判断激烈碰撞，并显现出其社会发展规律性认识的"先天不足"，进而影响试验的信度与效度。本部分从理论与实践两个方面反思中央农村政策试点存在的不足，并在查找原因的基础上提出具体的改进策略，在此基础上形成新时代中央农村政策地方试点的创新实践机制。

这一部分包括两章内容：第六章，农村政策地方试点的现状反思与未来展望；第七章，结语。

# 第一章 农村政策试点的发生逻辑与文献分析

## 一、农村政策试点的发生逻辑

农村政策试点是一种特殊的公共政策创新过程，试点的发生逻辑分析则对这一特殊过程如何"缘起"作出了回答，"间断—平衡"理论中政策场域与政策图景概念的提出及其相互作用下政策间断的出现，为梳理这类试点的逻辑机理提供了分析框架。

### （一）开放的农村政策场域

我国传统的政策模式强调中央政府的高度权威和主导，地方政府多是以政策执行者的身份参与政策过程，这一模式在特定时期曾以其整体性和高效性展现出一定的合理性，但也存在忽略地方及政策相对人的作用和政策环境的差异性，不利于激发地方主动参与政策过程的积极性等问题。孙柏瑛在论及地方治理发展趋势时曾指出，当代地方政治发展变革路径的选择是在全球化背景下，面对来自国内外经济、政治和文化的压力，一国政府组织和民间社会力图解决公共问题、增进共同福祉而进行的自我调整、自我完善、自觉选择的过程。[①]杜润生曾将进入 21 世纪后我国农村政策过程形容为"（农民）群众与领导互动""上下互动"[②] 的过程，这生动描述了中央政府、地方政府（包括承担试点的基层试点单元）及农民在农村治理和农村政策实施过程中的主体性地位以及三者互动的重要意义。随着我国农村全面深化改革的进行，在中央统筹规划和整体布局之下，农村政策实施过程已经从"中央—地方"的二元博弈转化成"中央—地方—农民"三方互动的新格局。

#### 1. 地方政府的政策主体地位的扩展

曹阳等研究者在论及农村政策的参与主体时曾强调，有两个重要原因决定

---

① 孙柏瑛．当代发达国家地方治理的兴起 [J]．中国行政管理，2003（4）．

② 杜润生．中国农村体制变革重大决策纪实 [M]．北京：人民出版社，2005：53.

了中国农村决策不仅仅是农户与政府（单一主体）的二重互动性博弈：第一，中央政府与地方政府有着各自相对独立的利益格局，中央政府说"普通话"，地方政府说"地方话"；第二，当代中国农户已经不是传统的自给型封闭小农，农户不但会利用多种渠道了解和分辨中央政府政策和地方政府政策的差异，而且还会利用这种差异来争取自身利益的最大化。①

中央政府与地方政府共同参与农村政策实施过程，不论在法理还是政策层面都有着坚实的保障：在法理层面，我国宪法明确了"充分发挥地方的主动性、积极性的原则"以及地方政府处理区域内公共事务的主体性权力；在政策层面，党的十八大以来，随着"权力清单"制度的推行，中央政府和地方政府在梳理、规范自身公共治理权力的基础上厘清各自职能的边界，其中一个重要的趋势就是明确地方政府的职责范围，强调其在地方治理中的主体地位，近年来我国行政审批权的大量下放就是这一趋势的体现；而从历史来看，我国改革开放进程中，地方政府在制度和发展模式等领域中的大胆、大量创新，为市场配置资源机制的建立和维护确立了制度性基础。② 此外，在主张多元利益主体参与的协商治理过程中，地方政府开始从过去仅仅关注本行政区域范围内的公共事务，跃升至对于国家层面乃至跨越国界的超国家层面的公共议题保持关切，特别是其在弘扬地方多样性和提升地方竞争力方面所扮演的角色变得越来越引人注目。③

**2. 农民政治参与的落实和发展**

农民政治参与是指农民、农民代表或农民组织积极参与政治活动或政治决策，主张自己诉求，并与其他社会成员平等地进行政治博弈，从而影响政治决策和政治活动，使之体现自身意志，维护和保障自身利益的行为。④ 随着村民自治的深入实践和农民权利意识的逐步增强，在包括农村政策试点在内的农村政策实施过程中，广大农民群众政治参与的实践日趋普遍。这一方面是由于农村经济发展促进广大农民群众参与政治活动，经济基础决定上层建筑这一马克思主义哲学的基本观点在我国农村政治参与方面得到了直观反映，随着农村经济市场化、规模化、专业化的发展，大量农业专业合作社和农民互助组织成

---

① 曹阳，王春超，李鲲鹏．农户、地方政府和中央政府决策中的三重博弈——以农村土地流转为例［J］．产经评论，2011（1）．

② 朱秦．地方政府公共政策：模式反思与制度选择［J］．云南社会科学，2005（4）．

③ 喻锋．地方政府上行政治参与：欧洲经验及其对中国的启示［J］．武汉大学学报（哲学社会科学版），2011（4）．

④ 黄军荣．农民政治参与的制约因素与发展路径研究［J］．农业经济，2014（5）．

立，使得农民较以往拥有了更多的财产权利，也具备了保护日渐增多财产权利的动机及能力，经济条件的"利好"将进一步鼓励农民的政治参与；改革开放的历史经验证明，只有调动农民积极性，让农民行动起来，才能启动农村发展的内生动力。另一方面，国家层面的政治发展也在积极鼓励农民的政治参与，尊重农民在农村治理和关系农民切身利益重大安排中的主体地位，这是各个时期党和国家农村工作的重要方法，特别是近年来中央颁布的《中共中央关于全面深化改革若干重大问题的决定》《深化农村改革综合性实施方案》以及历年的中央1号文件都强调，"让广大农民平等参与现代化进程""更好地发挥农民主体作用""坚持党政主导、农民主体、社会协同"等农村工作的基本要求，进一步彰显了中央强调农民重要政策主体地位。此外，地方政府在农村政策实施过程中主体地位的拓展也为农民的政治参与提供了助益，因为"相对于中央政府而言，若地方拥有更大的自主性，将会给民众以更大的参与政治决策的可能性"①，随着农村市场经济的发展和要素流动的加剧，传统农民政治参与所涉及的农村事务正在逐步突破村域的边界，从而对邻近村落、乡镇乃至更高层级公共政策过程产生影响。

**（二）复杂的农村政策图景**

农村政策图景是指在较长时期内，在农村这个特定社会空间，社会公众和媒体围绕农村政策及其实施所形成的对党和政府的看法、对既有政策的评价以及对于政策效用的预测等情绪、态度及意见的总和。自1996年"三农"概念正式提出，经过20余年的努力，农村经济发展和社会治理取得了重大成就，农村面貌得到了较大的改善。但是，在经济社会转型的新常态下，农业经济转型升级、农村治理创新、农村环境保护、城乡统筹发展等多个方面的任务依然艰巨，在工业化、信息化、城市化和全球化等多重压力下，农村资源、人口被过度抽离，"空心村""留守村"问题突出。这些农村发展的现实困境，不仅给农村政策制定及实践带来挑战，也影响社会公众及舆论对于既有农村政策的评价，这在给农村政策图景造成重大影响的同时也形成了推动农村政策"间断"的巨大压力。

**1. 农村政策的关注度日趋提升**

自2004年开始，历年的中央1号文件均将农村发展及治理的相关问题作为政策关注的焦点，充分强调了"三农"问题在我国社会主义现代化进程中的

---

① 喻锋. 地方政府上行政治参与：欧洲经验及其对中国的启示［J］. 武汉大学学报（哲学社会科学版），2011（4）.

重要地位。国家对于农村的高度关注引发了媒体和社会的热议，同时也激起了农民群众的热情，"新农村建设""村民自治""农村土地流转"等政策热点及其解读在农民群众中口耳相传；"上下两头热"的现象也引发了资本市场和商业界的高度关注，随着各类"村村通"项目的推行，以及"京农贷""一小通""银信通"等农村金融项目和"农村淘宝""聚土地""乐村淘"等农村商业项目的开展，新时期农村政策创新不仅体现为具体的治理方式和政府行为的调整，还引发了农村商业模式乃至生活方式的转变，这进一步激起了社会公众特别是广大农民对于农村政策的高度关注。

**2. 农村政策图景中消极内容繁杂**

随着 2020 年我国脱贫攻坚进入收官决胜之年，我国农村精准扶贫取得了辉煌的成绩，但农村贫困问题并没有就此完结，亚贫困人口、边缘贫困户返贫问题依然有待进一步突破；与此同时，农村改革和发展过程中还客观存在着基层腐败现象、城乡二元差距和社会公平正义等问题。经济社会发展的双重压力对广大农民的思想观念和价值判断带来影响，在互联网平台和部分媒体的推波助澜之下，这种心理容易转化为针对农村政策的消极评价，并产生对于既有政策实施过程的不满甚至对抗。

首先，对政策动机的怀疑。在城乡二元化差异进一步拉大，贫富分化问题依然突出的背景下，农村政策容易遭遇到"动机不纯"的误解，农村土地政策、产业调整政策甚至新农村政策中的一些举措被扭曲成"劫贫济富"的误解，农村政策制定与执行也遭遇到"政府改革越深化，农民心里越害怕""干部下乡，鸡鸭遭殃，小车一响，农民心慌"[1] 等乡间民谣的污名化。

其次，对于政策过程的冷漠。利益考虑是人们是否愿意介入政治的一个重要原因[2]，农村地区相较城市在经济上逐利空间受到限制，这影响农民政策参与的热情，农民在农村政策过程中"不作为、不合作、不对话"现象依然存在。在缺乏有效利益连接纽带的前提下，农民漠然地对待一切事物、人际关系，甚至是党和政府在农村的政策、动员、举措。

再次，对政策主体地位的质疑。"农民真苦，农村真穷，农业真危险"的固化认知在农民及社会舆论中挥之不去。这种身份的质疑动摇了农民作为主体参与政策过程的信心，有研究者在对我国农民进行"政治效能感"测度后曾指

---

① 张润泽，杨华. 论农村消极社会情绪的表现、特点、社会表征及调适机制 [J]. 社会主义研究，2005（6）.

② 罗伯特·A. 达尔. 现代政治分析 [M]. 上海：上海人民出版社，1997：82.

出，相当一部分农民认为自己缺少政治参与的知识和技能，不能对政治过程施加影响①。

最后，对于政策目标的困惑。经济条件的限制，以及前述政策参与信心的缺乏，会进一步导致农民在农村政策制定及执行过程中的无力感和疏离感，从而对依靠农民这一身份、依靠农村这一情境改变自身境遇感到怀疑，并延伸至对于农村政策目标的困惑。

"农村作用是个变数，它不是稳定的根源，就是革命的根源"。② 农村公共政策过程中政策场域的扩展以及政策图景的压力迫切要求我国进行农村公共政策的积极创新，从而启动政策"间断"以达至政策"再平衡"的过程。现实环境和历史经验表明，在我国农村进行大规模运动式的整体政策变迁风险巨大，未全面权衡我国农村区位环境、发展水平、资源禀赋等方面差异性的普适性政策变革代价高昂。在政策间断的迫切性与政策平衡的必要性形势均十分迫切的双重压力之下，农村政策试点的必要性显得尤为重要，其一方面强调试点政策的中央统筹而确保了政策变迁的方向性和平衡度，另一方面又通过鼓励地方试点实施相关政策而充分挖掘了创造性和灵活性。农村政策试点基于中央统筹规划、地方择点实施、基层具体探索、农民积极参与的多方互动合作，在中央顶层战略布局之下，通过大胆创新、封闭运行的方式探索出成熟的政策变革思路之后再进行政策对比、扩散和推广，从而由点及面地完成政策变革的目标，成为我国农村政策通过"间断—平衡"实现政策创新的重要路径（图1-1）。

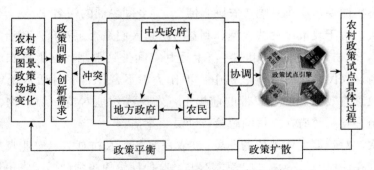

图1-1　我国农村政策试点的发生逻辑

---

① 彭正德. 中国农村消极社会心理的政治学分析 [J]. 政治学研究，2012（6）.
② 亨廷顿. 变化社会中的政治秩序 [M]. 北京：三联书店，1989：146.

## 二、农村政策试点研究文献分析

农村政策试点是具有中国特色政策试点的起源和重要领域，无论是封建时期的，还是民国期间由南京政府在江苏等地推进的乡村建设实验，以及缘起于闽西、赣南等地的中国共产党领导的土地改革试点试验，直至中华人民共和国成立后乡村治理"试验法"的推出以及家庭联产承包责任制试点之后改革开放以来掀起的农村改革试点高潮。农村试点的朴素实践见诸中国历史发展的各个时期并对当时政治、经济及社会发展产生重要影响。

为了系统梳理国内农村治理政策试点的研究状况与特征，本研究基于CNKI 数据库对相关研究进行了检索。考虑到"政策试点"这一概念内涵与外延的延展性，为了尽可能地将相关文献纳入检索范畴，本研究扩展了检索关键词的范畴，采用"TI＝'试点'＋'农村'OR'试验'＋'农村'OR'示范'＋'农村'OR'实验'＋'农村'"的关键词组合阵列，检索截止日期为 2020 年 4 月 30 日。通过数据检索本研究共录得 11 288 条初始文献记录，其中最早有关农村试点的文献记录出现在 1954 年，是中国人民银行松江省分行工作组发表的一篇题为《巴彦县天德村灾区农贷减免缓收试点经验》的论文，但在后续的文献梳理过程中研究者发现大量研究文献并非本研究所关注"农村政策试点"主题，研究水平和质量参差不齐，大量农业种植、养殖、工程、科技开发领域的试验文献被纳入检索内容的范畴，另外还存在着大量的会议通知、会议综述、编者评论、学习体会等无效数据。为此，本研究进一步优化了检索范畴，一是将文献检索的数据库范畴限定为纳入"中文社会科学引文索引"（CSSCI）期刊（以下简称"C 刊"），从而在研究领域和研究水平层面设置筛选条件；二是通过人工筛选的方式删减无效数据；三是借助 CNKI 数据库"知识网络"工具中"引文网络""相似文献""读者推荐"和"相关基金文献"等模块，在前两步录得文献的基础上进一步展开相关 C 刊文献信息的追踪。通过上述操作，本研究最终获得有效文献数据 556 条，有效时间跨度为 1998 年 1 月到 2020 年 4 月。在确定研究数据的基础上，本研究利用 CiteSpace 可视化分析软件对相关数据展开知识图谱分析，用以把握我国农村政策试点研究的现状、热点及趋势。

### （一）我国农村政策试点研究的计量分析

**1. 年度文献数量分析**

为了对我国农村政策试点研究水平及其发展趋势有一个直观的判断，本研究首先采用年度文献统计的方式展现在该主题下 C 刊文献发表的情况。由

图1-2可知，总体而言我国农村试点研究高水平成果产出自1998年以来虽然各年度发文数量起伏不定，但总体而言依然呈现出波浪式上升的态势。需要指出的是这一发展趋势中有几个明显的时间节点：第一个是2005年，自该年后相关研究论文数量开始迈上新台阶；第二个是2011年，该年研究论文量达到研究区间的峰值；第三个是2018年，经过6年的调整，自这一年开始相关研究论文数量重回高位运行的状态。而联系这三个年份我国农村政策创新及调整可以发现，2005年我国《十一五规划》首次将"建设社会主义新农村"纳入国家五年计划战略布局体系；2011年农业部会同有关部门正式启动24个农村改革试验区建设；2018年中央1号文件正式公布《中共中央国务院关于实施乡村振兴战略的意见》，由此可见，政策试点作为农村政策创新的重要工具，不论是在创新实践层面还是在学术研究层面，都一直紧跟相关政策发展的最前沿。

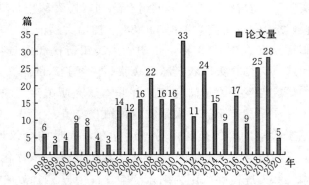

图1-2 1998年以来农村政策试点研究C刊发表量年度分布

**2. 研究机构、发文期刊及研究者统计**

（1）研究机构分析。通过文献计量分析，本研究在Citespace软件中生成了科研机构的知识网络数据，结果显示从1998年至今相关主题C刊发文量高产机构呈现出较为明显的梯队分布：第一梯队包括中国社会科学院农村发展研究所和华中师范大学中国农村研究院（包括其前身"华中师范大学中国农村问题研究中心"），其各发表了6篇相关论文；第二梯队包括中国农业科学院农业经济与发展研究所、中国人民大学公共管理学院等4家单位，其各贡献了4篇C刊相关论文；第三梯队包括南京农业大学金融学院、中国人民大学农业与农村发展学院在内的5家单位，其各发表了3篇相关C刊论文。从发文单位属性可见，除个别单位及其下属二级单位均与"三农"没有直接关联外（仅有中国人民大学公共管理学院、武汉大学社会保障研究中心），其他发文单位不是农业院校（科研机构）下辖二级单位（如河南农业大学文法学院、中国农业科学院农业经济与发展研究所），就是非农院校（机构）下辖涉农二级单位（如中国社会科学院农村发展研究所、华中师范大学中国农村研究院），即绝大部分（81.82%）农村政策试点主题高产单位均直接与农业农村发展有紧密联系（表1-1），这一方面表明"术业有专攻"，农林院校以及专业农村研究二级机构依然是农村政策研究的主体；另一方面也表明其他高校特别是综合类高校以及法律、经济、金融、国土等与农村关系密切的高校二级单位对于农村政策创新试点关注度不高，相关主题研究急需更为强大且充实的力量予以补充。

表1-1 国内农村政策试点C刊发文研究机构信息

| 排　名 | 单　位 | 论文数量 |
|---|---|---|
| 1 | 中国社会科学院农村发展研究所 | 6 |
| | 华中师范大学中国农村研究院<br>（华中师范大学中国农村问题研究中心） | 6 |
| 3 | 中国农业科学院农业经济与发展研究所 | 4 |
| | 中国人民大学公共管理学院 | 4 |
| | 河南农业大学文法学院 | 4 |
| | 武汉大学社会保障研究中心 | 4 |
| 7 | 南京农业大学金融学院 | 3 |
| | 中国人民大学农业与农村发展学院 | 3 |
| | 华南农业大学公共管理学院 | 3 |
| | 东北师范大学农村教育研究所 | 3 |
| | 西北农林科技大学经济管理学院 | 3 |

（2）发文期刊分析。表1-2列出了我国CSSCI学术期刊历年刊登农村政策试点研究论文数量排名前十位的刊物名称及其具体刊文篇数。由表1-2可知绝大多数（7/10）农村政策试点研究论文刊载于农业农村研究专业期刊及农林院校学报，这一方面体现出农村政策试点研究在农业农村研究领域中的受重视程度，另一方面体现出其他专业期刊特别是高等级综合性学术期刊对农村政策试点关注度不高，也说明相关研究依然存在农业农村研究小范围"自娱自乐"的现象，农村政策试点研究的层次和水平有待提升，同时这一研究领域也需要得到更多具有影响力成果展现平台的关注，如何将农村政策试点研究的重要性与影响力上升到与国家治理体系与治理能力相匹配的程度，是相关研究机

构与研究者们需要进一步努力的方向。

**表 1-2　国内农村政策试点论文发表刊物信息**

| 排　名 | 刊　名 | 刊文篇数 |
|---|---|---|
| 1 | 农业经济问题 | 16 |
| 2 | 农村经济 | 10 |
| 3 | 中国土地科学 | 7 |
|  | 经济体制改革 | 7 |
| 5 | 中国农村经济 | 6 |
|  | 西北农林科技大学学报（社会科学版） | 6 |
| 7 | 经济地理 | 4 |
|  | 西北人口 | 4 |
|  | 改革 | 4 |
| 10 | 南京农业大学学报（社会科学版） | 3 |

（3）高产研究者分析。通过 Citespace 对于成果作者的分析，本研究析出 32 位在"农村政策试点"这一主题下 C 刊发文超过 2 篇的研究者，并根据发文数量以及发文先后顺序（有最新成果者排名靠前）对其进行排名并得出表 1-3。从表 1-3 可知，高产作者排名依然延续前述研究机构、发文期刊等的分布特征，前十名高产作者中 80％均归属于农业院校或其他高校涉农二级单位。

**表 1-3　农村政策试点领域高产研究者分析**

| 排　名 | 作　者 | 单　位 | 发文篇数 |
|---|---|---|---|
| 1 | 李伟 | 河南农业大学文法学院 | 4 |
| 2 | 张庆君 | 渤海大学商学院 | 3 |
| 3 | 曲铁华 | 东北师范大学农村教育研究所 | 3 |
| 4 | 温铁军 | 中国人民大学农业与农村发展学院 | 3 |
| 5 | 夏英 | 中国农业科学院农业经济与发展研究所 | 3 |
| 6 | 董明媛 | 武汉大学社会保障研究中心 | 2 |
| 7 | 李祖佩 | 华中科技大学中国乡村治理研究中心 | 2 |
| 8 | 马华 | 山西大学中国城乡发展研究院 | 2 |
| 9 | 周应恒 | 南京农业大学经济管理学院 | 2 |
| 10 | 唐斌 | 华南农业大学公共管理学院 | 2 |

（4）高被引论文。特定研究领域的知识基础是由被引文献组成的，且具有一定的稳定性。[①] 通过对高被引论文的分析，可以分析出相关研究成果中受同行关注的焦点领域和重大问题，以及具备较大影响力的领域内领军人物。由表1-4可知，农村土地政策试点在农村政策试点研究领域中的关注度和影响力最高，十篇高被引论文中有一半（5/10）涉及农村土地政策试点及相关项目，引用频次最高的两篇论文也出自该研究领域；此外，新型农村社会保障议题（"新农保"）、农村经济发展议题（农村股份合作制改革）、农村金融议题（小额信贷扶贫）、农村治理议题（项目化公共品供给）等领域的试点研究也都有高被引文献的产出。

**表1-4　农村政策试点领域高被引论文分析**

| 排　名 | 高被引文献 | 频　次 |
|---|---|---|
| 1 | 李文谦，董祚继. 质疑限制农村宅基地流转的正当性——兼论宅基地流转试验的初步构想 [J]. 中国土地科学，2009（3）：55-59. | 193 |
| 2 | 李晴，常青. "城中村"改造实验——以珠海吉大村为例 [J]. 城市规划，2004（11）：23-27，45. | 147 |
| 3 | 朱守银，张照新. 南海市农村股份合作制改革试验研究 [J]. 中国农村经济，2002（6）：43-47. | 144 |
| 4 | 黄惠春. 农村土地承包经营权抵押贷款可得性分析——基于江苏试点地区的经验证据 [J]. 中国农村经济，2014（3）：48-57. | 130 |
| 5 | 高圣平. 宅基地制度改革试点的法律逻辑 [J]. 烟台大学学报（哲学社会科学版），2015（3）：28-41. | 127 |
| 6 | 卢海元. 我国新型农村社会养老保险制度试点问题研究 [J]. 毛泽东邓小平理论研究，2010（6）：1-8，85. | 119 |
| 7 | 张鹏，王亦白. 对农村集体建设用地使用权流转试点的思考 [J]. 法学，2006（5）：34-40. | 113 |
| 8 | 苏东海，周庆. 新农保试点中的问题及对策研究——基于宁夏新农保试点县的调查分析 [J]. 社会科学，2010（9）：74-80，189. | 106 |
| 9 | 吴国宝. 农村小额信贷扶贫试验及其启示 [J]. 改革，1998（04）：87-94. | 102 |
| 10 | 李祖佩. 论农村项目化公共品供给的组织困境及其逻辑——基于某新农村建设示范村经验的实证分析 [J]. 南京农业大学学报：社会科学版，2012（3）：8-16. | 94 |

---

[①] Persson，Olle. The intellectual base and research fronts of JASIS 1986—1990 [J]. Journal of the Association for Information ence & Technology，1994，45（1）.

## （二）我国农村政策试点研究的热点追踪

本研究将 Citespace 软件的 Time Slicing 设置为"1998—2020"，时间切片设置为 1 年，将分析的内容设置为 Keywords，阈值分别设定为（2，10，0），（2，10，0），（2，10，0），通过对列入分析范围的相关论文进行分析运算后生成我国农村政策试点研究领域的高频关键词统计及归集，通过对分析结果的人工清理与筛选，本研究获得我国农村政策试点研究的八个热点主题，为了更有效地区分这些主题，本研究按相关内容所涉试点领域给每个主题冠以一个总括性的标签，形成包括"＃1 农村金融""＃2 农村经济""＃3 农村土地""＃4 乡村建设""＃5 农村社会保障""＃6 农村治理""＃7 农村财政""＃8 农村试点理论"八个主题类型，各主题下相关研究关键词如表 1-5 所示。在对相关研究进行高频关键词归集的基础上，本研究结合各主题下高被引的代表性文献，对各主题标签下农村试点研究的路径、观点和特征等进行梳理和归纳。

**表 1-5　我国农村政策试点热点主题标签**

| 主题标签 | 关　键　词 |
| --- | --- |
| ＃1 农村金融 | 政策性金融；农村信用社；信用社资金；信用合作社；农村金融改革；农村金融体制；抵押融资；小额信贷扶贫；政府行政干预；抵押贷款；村镇银行；农村金融创新；民间资本；普惠金融；新型农村合作金融机构 |
| ＃2 农村经济 | 产权制度；农村集体经济组织；集体资产；治理结构；集体组织成员；股份权能改革；集体林权；集体资产股份权能改革 |
| ＃3 农村土地 | 宅基地资格权；土地管理；农村土地制度改革；建设用地入市；三权分置；宅基地用益物权；集体所有制；农地制度改革；集体建设用地；宅基地有偿退出；增减挂钩；土地承包经营权；农地确权；土地产权改革；土地退出 |
| ＃4 乡村建设 | 定县实验；乡村社会重建；南农实验；水月实验；岳东实验；民间组织；社区营造；社会保护；社会补偿；乡村建设实验；多元主体；巴伐利亚试验；清河实验区；翟城实验区 |
| ＃5 农村社会保障 | 新型农村社会养老保险；制度完善；试点情况；城乡居民基本养老保险；"新农保"；农村社会保障；养老金替代率；农村新型合作医疗；财政补贴 |
| ＃6 农村治理 | 新农村建设；农村公共产品；共建与整合；公共服务；网络治理；农村社区；社区建设；公推直选；制度变革；村民选举；乡村协商 |
| ＃7 农村财政 | 财政补贴；乡财县管；制度评价；政策效应；税费改革；三提五统；农村税费改革；农村财务管理；财政涉农资金；资金整合；"两大平原" |
| ＃8 农村试点理论 | 政策试验；政策创新；政策扩散；乡村治理；中国经验；农村改革；权力实践；动力机制；扎根理论；中医式改革；农村改革及试验 |

**1. 农村金融改革试点研究路径**

通过关键词词频梳理可知，农村金融改革试点研究主要体现出"宏观—微观"结合的路径特征。

（1）农村宏观金融制度改革试点。即部分研究集中关注"农村金融体制改革""农村信用合作社改革""政策性金融"等政策、机制、结构调整等宏观架构方面的问题，及其被纳入农村政策试点之后对于农村经济社会发展的影响。如中国人民银行福州市中心支行课题组（2003）从农村信用社利率改革是我国利率政策的合理选择分析入手，反思利率改革试点地区的实践，并提出农村信用社利率改革试点必须建立有效的利率监管机制、利率风险管理机制、市场反应机制等建议[①]；丁忠民（2009）就如何通过农村金融改革试点有效发挥村镇银行作用缓解农村金融困境展开了探讨[②]；田剑英，黄春旭（2013）则通过灰色关联分析梳理了民间资本金融深化与农村经济发展之间的关系；[③] 林乐芬，王步天（2015）对农村金融改革试验区中农地经营权抵押贷款制度供给的效果进行了评价。[④]

（2）农村金融改革试点的具体措施及其实践。另一部分研究则更为关注微观主体农户、农民企业家等对于相关农村金融改革试点的接受度与适应性，其中陈东平，周振（2012）分析了农村金融改革试点过程中政府管制、农村信用合作社关注、农户认知、组织间模仿等组织场域对于新型农村合作金融机构支农绩效的影响机理。[⑤] 黄惠春（2014）基于江苏试点地区的经验对农村土地承包经营权抵押贷款可得性展开了量化分析。[⑥] 刘卫柏（2018）等则基于对湖南4个试点县的调查，对种养专业大户农村土地经营权抵押融资需求意愿及影响因素进行了研究。[⑦]

① 中国人民银行福州市中心支行课题组．盲从与理性：农村信用社利率改革试点的现实思考［J］．金融研究，2003（9）．

② 丁忠民．村镇银行发展与缓解农村金融困境研究——以城乡统筹试验区重庆市为例［J］．农业经济问题，2009（7）．

③ 田剑英，黄春旭．民间资本金融深化与农村经济发展的实证研究——基于浙江省小额贷款公司的试点［J］．管理世界，2013（8）．

④ 林乐芬，王步天．农地经营权抵押贷款制度供给效果评价——基于农村金融改革试验区基于农村金融改革试验区418名县乡村三级管理者的调查［J］．经济学家，2015（10）．

⑤ 陈东平，周振．组织场域对新型农村合作金融机构支农绩效的影响——以盐城市试点为例的实证研究［J］．农业经济问题，2012（2）．

⑥ 黄惠春．农村土地承包经营权抵押贷款可得性分析——基于江苏试点地区的经验证据［J］．中国农村经济，2014（3）．

⑦ 彭魏，刘卫柏．种养专业大户的农村土地经营权抵押融资需求意愿及影响因素——基于湖南4个试点县调查的实证研究［J］．经济地理，2018（12）．

**2. 农村经济改革试点研究路径**

通过梳理相关研究成果高频关键词可以发现，这一主题标签下的研究集中关注经济发展三大要素：人力资本、资金、生产资料（土地），并依此形成三条细分路径。

（1）农村经济改革试点中的人力资源要素。如何发挥农村人口红利对于农村经济发展的促进效用，是相关研究关注的焦点。李新平、徐睿（2010）就成都城乡统筹试验区如何调整农村就业政策，促进产业转移的顺利进行和人口红利的高效再分配展开了实证分析。[1] 于艳丽、李桦（2018）则分析了全国集体林权改革试点过程中村域环境、家庭禀赋与农户林业再投入意愿之间的交互影响。[2]

（2）农村经济改革试点中的资产资金要素。在资金层面，股权作为出资份额体现在农村发展特别是集体经济发展过程中的作用异常重要。对此朱守银、张照新（2002）指出农村股份合作制试点过程中存在股权的社区封闭性与其开放性的要求相矛盾等六个方面问题，并揭示了其背后隐含的"国家—地方—农民"三者责、权、利关系协调的深层次问题。[3] 钟桂荔、夏英（2017）则通过8县试点的调研观察，提出农村集体资产股份权能改革试点实践在认识、法规、股权设置、权能流转等八个方面的问题。[4] 邓大才、张利明（2018）对农村集体资产股份权能改革试点的治理效应进行了分析，并在此基础上提出"规则—程序型自治"这一概念框架。[5]

（3）农村经济改革试点与土地资源要素调整。土地作为农业生产与经济发展最重要的物资，在农村经济改革试点研究过程中受到高度重视。张洪松（2013）通过成都实验的考察，阐释了地权改革与农村社区集体经济组织重塑之间的关系，他认为在地权改革的背景下，农村社区集体经济组织重塑包括对外法人主体地位的重塑、内部利益分配关系的重塑和集体经济组织法人

① 李新平，徐睿. 人口红利、产业承接与农村劳动力就近转移——以成都城乡统筹试验区为背景 [J]. 西北人口，2010（4）.

② 于艳丽，李桦，姚顺波. 村域环境、家庭禀赋与农户林业再投入意愿——以全国集体林权改革试点福建省为例 [J]. 西北农林科技大学学报（社会科学版），2018（4）.

③ 朱守银，张照新. 南海市农村股份合作制改革试验研究 [J]. 中国农村经济，2002（6）.

④ 钟桂荔，夏英. 农村集体资产股份权能改革的关键问题—基于8县（市，区）试点的调研观察 [J]. 农业经济问题，2017（6）.

⑤ 邓大才，张利明. 规则—程序型自治：农村集体资产股份权能改革的治理效应——以鄂皖赣改革试验区为对象 [J]. 学习与探索，2018（8）.

治理架构的重塑三个方面。① 米旭明、代单（2020）则运用统计数据，评估了农村集体建设用地流转"地票制度"试点对地区产业结构优化升级的作用和影响。②

**3. 农村土地改革试点研究路径**

土地改革试点主题是国内农村政策试点研究 C 刊成果最多的研究领域，这一主题涉及的细分类目众多（表 1-4）。根据试点所涉及的农村土地保护或利用环节来看，相关研究可以分成"土地规范""土地流转""土地利益保护"和"涉农土地活化利用"等几个具体研究路径。

（1）农村土地规制改革试点。试点过程中的土地规范研究领域又可分成法律路径和政策路径，其中法律路径主要关注现有法律条文与各地试点实践的冲突或矛盾，并致力于谋求二者调和的变通策略。在此路径中，王亦白（2006）聚焦农村集体建设用地使用权流转的试点与我国现行相关法律相矛盾这一问题，就如何使相关试点工作取得合法性展开了探讨。③ 高圣平（2015）系统梳理了宅基地制度改革试点的法律逻辑，他认为宅基地的福利性不能抹杀宅基地使用权本身的财产属性，农民无偿地创设取得宅基地使用权之后，即享有这种被《物权法》确认为用益物权的财产，宅基地使用权的流转或处分是宅基地财产属性的题中之义。④ 唐健、谭荣（2019）分析了现行法律法规不允许集体建设用地直接进入市场的条件下，相关试点运行过程中农村集体经营性建设用地不同地类的入市途径及其存在的问题。⑤ 而在政策路径方面，相关研究者主要关注土地制度及相关政策自身的安排及其调整。其中，廖洪乐（1998）对农村改革试验区的土地制度建设试验内容、成效和存在的问题进行了梳理。⑥ 扈映、米红（2010）以浙江省嘉兴市"两分两换"农村土地制度创新实验为例，梳理了土地政策创新实验的制度安排、制度需求、预期收益、约束条件及后续问题。⑦

（2）农村土地流转试点。李文谦、董祚继（2009）等研究者通过分析农村

① 张洪松. 地权改革与农村社区集体经济组织重塑——基于成都实验的考察［J］. 经济体制改革，2013（4）.

② 米旭明，代单. 农村集体建设用地流转与产业结构调整——基于地票制度的自然实验研究［J］. 经济学动态，2020（3）.

③ 张鹏，王亦白. 对农村集体建设用地使用权流转试点的思考［J］. 法学，2006（5）.

④ 高圣平. 宅基地制度改革试点的法律逻辑［J］. 烟台大学学报（哲学社会科学版），2015（3）.

⑤ 唐健，谭荣. 农村集体建设用地入市路径——基于几个试点地区的观察［J］. 中国人民大学学报，2019（1）.

⑥ 廖洪乐. 农村改革试验区的土地制度建设试验［J］. 管理世界，1998（2）.

⑦ 扈映，米红. 经济发展与农村土地制度创新——浙江省嘉兴市"两分两换"实验的观察与思考［J］. 农业经济问题，2010（2）.

宅基地流转的正当性和基本模式后，提出了农村宅基地流转试验的基本构想，以及相应法律制度配套的需求。[①] 裴厦、谢高地（2011）对农地流转试点过程中的农民意愿和政府角色进行了分析。[②] 杨鹃飞（2014）则对民族地区农村土地流转所进行的政策试验与遭遇到的制度壁垒进行了分析。[③]

（3）农村土地权益保护。陈美球、马文娜（2012）对"增减挂钩"试点农民利益保障问题进行了专题调研，并提出试点过程中保障农民利益的五方面对策。[④] 李祖佩，管珊（2013）分析了农地确权试点实践过程中自上而下的确权政策表达遭遇到多方面的抵制，进而导致确权实践"被产权"的现象。[⑤] 刘圣欢，杨砚池（2018）对农村宅基地制度改革试点过程中农村宅基地"三权分置"的权利结构与实施路径进行了研究。[⑥]

（4）农村土地资源活化利用。李晴，常青（2002）系统分析了珠海吉大村"城中村"改造实验，梳理出城中村改造"保留优秀的建筑遗产""保护性改造""引导社区新风尚形成"等经验。[⑦] 而钟荣桂、吕萍（2018）则分析了江西余江宅基地制度改革试点经验与启示。[⑧] 张勇（2019）总结了宅基地有偿退出机制试点"置换式、变现式、收储式"三种实施模式，并对不同模式的实施目标与成效、主导方和补偿资金来源、实施对象、基本特征等进行了比较。[⑨]

**4. 乡村建设实验研究**

（1）民国时期三大乡村建设实验。乡村建设实验作为一种源自民间以自下而上的方式推动农村改革和政策创新的途径，在我国有着非常丰富的历史实践。特别近代以来我国各地涌现出多种民间乡村建设试验模式，对此，有研究

---

① 李文谦，董祚继. 质疑限制农村宅基地流转的正当性——兼论宅基地流转试验的初步构想 [J]. 中国土地科学，2009（3）.

② 裴厦，谢高地，章予舒. 农地流转中的农民意愿和政府角色——以重庆市江北区统筹城乡改革和发展试验区为例 [J]. 中国人口资源与环境，2011（6）.

③ 杨鹃飞. 民族地区农村土地流转：政策试验与制度壁垒 [J]. 西南民族大学学报（人文社科版），2014（12）.

④ 陈美球，马文娜. 城乡建设用地增减挂钩中农民利益保障对策研究——基于江西省《"增减挂钩"试点农民利益保障》专题调研 [J]. 中国土地科学，2012（10）.

⑤ 李祖佩，管珊. "被产权"：农地确权的实践逻辑及启示——基于某土地产权改革试点村的实证考察 [J]. 南京农业大学学报：社会科学版，2013（1）.

⑥ 刘圣欢，杨砚池. 农村宅基地"三权分置"的权利结构与实施路径——基于大理市银桥镇农村宅基地制度改革试点 [J]. 华中师范大学学报（人文社会科学版），2018（5）.

⑦ 李晴，常青. "城中村"改造实验：以珠海吉大村为例 [J]. 城市规划，2002（11）.

⑧ 钟荣桂，吕萍. 江西余江宅基地制度改革试点经验与启示 [J]. 经济体制改革，2018（2）.

⑨ 张勇. 农村宅基地有偿退出的政策与实践——基于2015年以来试点地区的比较分析 [J]. 西北农林科技大学学报：社会科学版，2019（2）.

者总结出民国时期的三大乡村建设实验模式，包括晏阳初创造的"平民教育——乡村科学化"模式、梁漱溟创造的"文化复兴——乡村学校化"模式和卢作孚创造的"实业民生——乡村现代化"模式①。对此，孙诗锦（2006），冯杰（2007），宣朝庆（2011），张艺英、温铁军（2018），李善峰（2018）对晏阳初及平教会领导的定县实验进行了梳理并从农村教育、治理以及社会组织发展等角度阐释其对于现代农村改革的意义；杨金卫（2006），陈锐（2016）则对梁漱溟"邹平建设实验"置于当下乡村现代化语境中进行剖析②，并总结出四个基本方面：文化崩溃的本质问题认识、差序格局的组织构造介入、文化路径的多元主体参与、乡村尺度的实验话语建构。

（2）中华人民共和国成立前其他乡村建设实验。事实上，除了这三种具有代表性的模式之外，包括晓庄实验、清河实验区、三峡试验区等其他多方面的乡村建设实验都受到了研究者们的关注。其中王先明、李伟中（2003）系统梳理了 20 世纪 30 年代南京国民政府与乡村建设派合作进行的县政建设运动，并对其间五个实验县的实验背景、运作模式、实验方式和实验内容进行了对比分析。③ 张德明（2013）对燕京大学社会学系 1930 年开办清河实验区的建设过程、运行情况及其历史影响进行了分析。④ 金一虹（2018）则全面回顾了费达生于 20 世纪 20 年代所推进的以"技术经济—社会"为特征的乡村建设实验。⑤而中国共产党领导的各项农村改革也是该历史时期农村试点实践的重要组成部分，马维强、邓宏琴（2018）就对中华人民共和国成立前夕张庄土地改革试点进行了研究，并揭示了土地改革对于乡村政治变革及民主发展的历史意义。⑥

（3）中华人民共和国成立后民间主导的乡村建设实验。中华人民共和国成立之后特别是改革开放以来，在具有中国特色由上级政府主导的各项农村政策试点迅速发展的同时，以民间力量为基础的乡村建设实践并没有停下脚步，其依然在乡村教育、乡村经济建设、乡村社会发展等多个方面发挥着重要的创新探索功能。其中马华（2018）在社科顶级刊物上分析了华中师范大学中国农村

　　① 张秉福．民国时期三大乡村建设模式：比较与借鉴［J］．新疆社会科学，2006（2）．
　　② 陈锐．乡村建设的儒学实验——现代化视角的梁漱溟"邹平建设实验"解读［J］．城市规划，2016（12）．
　　③ 王先明．20 世纪 30 年代的县政建设运动与乡村社会变迁［J］．史学月刊，2003（4）．
　　④ 张德明．教会大学与民国乡村建设——以燕京大学清河实验区为个案的考察［J］．北京社会科学，2013（2）．
　　⑤ 金一虹．"有实无名"的乡村建设——从费达生的社会实验说起［J］．开放时代，2018（3）．
　　⑥ 马维强，邓宏琴．土改的试点与试点的土改：山西潞城县土改整党试点研究［J］．开放时代，2018（5）．

问题研究中心组织的以"制度""组织""能力"为核心要件的三场"村治实验"（"水月实验""岳东实验""南农实验"），并梳理了其反映出的中国农村基层民主的发展样态和实践逻辑。① 袁方成（2006）也通过对岳东实验的观察，提出参与式发展是促进农村草根组织发育和成长，从而推动和实现农村社区稳定而持续的内源式发展的路径选择。② 楚成亚、陈恒彬（2007）通过对张高村民间组织建设实验的观察，分析了新时期农村民间组织的效用及其生长机制。③ 陈静、王名（2018）通过对湖北省 T 村公益社会创新实验的分析，讨论了社区营造与留守儿童社会保护机制构建之间的内在联系。④ 邱建生（2005）关注了晏阳初乡村建设学院开展的翟城实验，并对其"知识农村化，农村知识化"实验理念进行了梳理。⑤

此外，由德国赛德尔基金会援助实施的山东青州"巴伐利亚试验"引起了不少研究者的关注，邹勇文、汤慧（2006）就曾专文梳理了德国赛德尔基金会提供援助，在山东青州南张楼村实施"巴伐利亚试验"的过程、内容及其效果。⑥ 李培（2007）也关注到"巴伐利亚试验"的实际操作过程，并就试验的核心理念"城乡等值化"的内涵及其实现进行了阐释。⑦

**5. 农村社会保障研究路径**

统筹城乡社会保障制度是我国农业农村发展过程中一项重要的民生工程，其对于城乡一体化发展和农民富裕增收具有重要意义。为此，我国分别在2003 年和 2009 年启动了新型农村合作医疗制度和新型农村社会养老保险和农村社会保障两大重要领域的政策试点工作，相关研究也在项目启动后陆续繁荣起来，并由此形成两条特色鲜明的研究路径。

（1）新型农村合作医疗试点。在新型农村合作医疗方面，自 2004 年国办发〔2004〕3 号《关于进一步做好新型农村合作医疗试点工作的指导意见》对

---

① 马华. 村治实验：中国农村基层民主的发展样态及逻辑 [J]. 中国社会科学，2018 (5).

② 袁方成. 参与式发展：草根组织成长与农村发展的路径选择——岳东实验观察 [J]. 社会主义研究，2006 (5).

③ 楚成亚，陈恒彬. 新时期农村民间组织生长机制研究——基于张高村民间组织建设实验观察 [J]. 东南学术，2007 (1).

④ 陈静，王名. 入乡随俗的"社会补偿"：社区营造与留守儿童社会保护网络构建——以 D 县 T 村的公益创新实验为例 [J]. 兰州学刊，2018 (6).

⑤ 邱建生. "知识农村化，农村知识化"——翟城实验区的疑虑和希望 [J]. 开放时代，2005 (6).

⑥ 邹勇文，汤慧. 中国式"巴伐利亚试验"的实践及对新农村建设的启示 [J]. 江西社会科学，2006 (10).

⑦ 李培. 社会主义新农村建设的模式探究——以"城乡等值化试验"为例 [J]. 财经问题研究，2007 (5).

开展新型农村合作医疗试点工作的重要性和艰巨性、试点任务、试点原则等予以进一步明确以来，各地相关试点工作得到迅速推进。在此背景下左菁（2006），杨立雄、刘湘玲（2006），丁少群、杨复兴（2007），孟翠莲（2007），杜爱萍、马慧娟（2007）等研究者分别对湖北、湖南、贵州、内蒙古、山西、山东以及云南等省区开展新型合作医疗试点的运行情况进行了调研，调研发现试点在一定程度上缓解了农民因病致贫、因病返贫的现象，但在实施过程中也存在法律制度欠缺、自愿参保引致逆向选择、保障不足、部门职责不清、对医疗费用的合理控制等一些亟待解决的问题。随着试点的深度推进，另一些研究开始关注试点过程中更为深层次的问题，其中李晓燕，谢长青（2008）对黑龙江省新型农村合作医疗制度公平性进行了实证研究，并发现现有合作医疗资金筹资制度设计仍没有实现垂直公平，并建议采取划分农民等级、缴纳不同费用的办法予以改善。[①] 武永生（2011）从制度和经济基础两个方面，对昆山、成都和重庆的统筹城乡医疗保障建设模式进行了比较分析。[②] 代宝珍（2014）系统分析了江苏南部现代化社会医疗保险制度建设过程中经济社会发展、人口老龄化和现代化社会医疗保险制度建设的关系，研究发现政策延续与经济发展是示范区社会医疗保险制度建设取得改革发展先机的重要因素。[③]

（2）新型农村社会养老保险试点。在新型农村社会养老保险（以下简称新农保）方面，国发〔2009〕32号文对新农保试点实施的基本原则、目标、流程及条件等进行了明确，从而拉开了区别于以往地区探索农村社会保险的全国性新型农村社会养老保险试点的帷幕。在实践的过程中，许多研究者对试点过程中发现的问题和困难进行了归纳，并开展了对策探讨。其中，卢海元（2010）总结出新农保试点实施过程中存在的"三个不平衡""三大瓶颈""三大难题""三项政策待完善"[④]；苏东海、周庆（2010）基于宁夏新农保试点县的调查分析总结出新农保试点中农民参保的积极性不高、农民领取的基础养老金待遇过低、农民无法实现养老保险关系异地转移接续等问题[⑤]；任海霞

①　李晓燕，谢长青，杨明洪 . 新型农村合作医疗制度公平性研究——基于黑龙江省农村新型合作医疗试点县的实证分析［J］. 华南农业大学学报：社会科学版，2008（3）.

②　武永生 . 统筹城乡医疗保障制度试点城市的比较——以昆山、成都和重庆市为例［J］. 南京人口管理干部学院学报，2011（1）.

③　代宝珍 . 苏南现代化建设示范区经济，人口与社会医疗保险——以常熟市居民基本（农村合作）医疗保险为例［J］. 华东经济管理，2014（4）.

④　卢海元 . 我国新型农村社会养老保险制度试点问题研究［J］. 毛泽东邓小平理论研究，2010（6）.

⑤　苏东海，周庆 . 新农保试点中的问题及对策研究——基于宁夏新农保试点县的调查分析［J］. 社会科学，2010（9）.

（2013）则提出新农保试点存在政府财政补贴资金的可持续性不强、基础养老金的收入替代率不高、新农保与其他制度的有效转换与衔接难等五个方面的关键问题。[①] 而随着新农保试点的深入，一些研究对运行过程中的具体问题展开了集中研讨，刘晓梅（2011），张思锋（2012）对新农保区域差异问题进行了分析；石玉梅、张敏（2011）则对新农保制度下地方政府财政补贴政策效应展开了研究；范永茂（2011）通过四个县区的新农保改革试点的考察，分析了新农保运行过程中财政管理方面的问题[②]；罗遐（2012）则对新农保试点过程中政府行为对农民参保选择的影响展开了实证研究。[③]

### 6. 农村治理改革试点的研究路径

2005 年 10 月 8 日，中国共产党十六届五中全会通过《十一五规划纲要建议》，提出要按照"生产发展、生活宽裕、乡风文明、村容整洁、管理民主"的要求，扎实推进社会主义新农村建设，并将政治建设作为社会主义新农村建设的重要内容。自此，我国农村治理创新改革进入了快车道，并产生了多种形式的治理创新试点。

（1）农村治理改革试点的价值与要素。有研究者关注到如何将性别意识纳入村民自治过程这一议题。刘筱红（2005）研究了提高农村妇女当选村委会成员比例政策创新示范项目，并对如何将社会性别意识纳入村民自治主流展开了探讨。[④] 陈琼等研究者（2008）通过对湖北广水"性别两票制"选举试验观察，认为保护性政策没有改变农村妇女公共参与"推而不动"的状态的根本原因在于政策运行的村庄社会基础[⑤]；此外，农村社区建设试点也受到研究者的关注，许远旺（2008）基于湖北试点的考察分析了我国农村社区实验的运行模式及组织定位[⑥]；而在 2015 年 5 月中央印发了《关于深入推进农村社区建设试点工作的指导意见》后，农村社区试点研究被进一步激活，刘友田（2017）提出深入推进农村社区建设试点工作必须做到发展农村经济、增加农民收入、创

① 任海霞. 当前内蒙古新农保的财政补贴研究 [J]. 现代营销，2013 (3).
② 范永茂. 新型农村养老保险财政管理问题研究——以某省会城市四个县区的改革试点为例 [J]. 中山大学学报：社会科学版，2011 (4).
③ 罗遐. 政府行为对农民参保选择影响的实证分析——基于新农保试点的调查 [J]. 山东大学学报（哲学社会科学版），2012 (2).
④ 刘筱红. 塘沽模式：将社会性别意识纳入村民自治主流——对"提高农村妇女当选村委会成员比例政策创新示范项目"的观察与思考 [J]. 妇女研究论丛，2005 (5).
⑤ 陈琼，刘筱红. 保护性政策与妇女公共参与——湖北广水 H 村"性别两票制"选举试验观察与思考 [J]. 妇女研究论丛，2008 (1).
⑥ 许远旺. 当前农村社区的实验模式及组织定位——对湖北农村社区建设试点的调查与思考 [J]. 社会主义研究，2008 (2).

新组织管理等七措并举。[①] 李诗悦（2017）基于对湖南 23 个实验区的调查，提出农村社区治理实验区建设包括价值认同、主体建构、运行机制、建设基础等核心内涵。[②] 何包钢、周艳辉（2017），张立伟（2019），党亚飞、应小丽（2020）则对农村社区治理试点过程中的协商治理状况（包括协商主体单元的界定以及协商议事效果的发挥）等问题进行了研究。[③]

（2）农村治理改革试点的运行及评估。除此之外，邓立新（2014）通过对成都市农村中小型公共设施"村民自建"试点的调查，提出破解公共产品供给效率和均等化难题的新思路。[④] 曾维和，杨星炜（2016）基于乡镇党委与乡镇长公推直选实验的比较分析，梳理了乡镇授权型组织结构变革的三类实践模式，并提出乡镇授权型组织结构变革的生命周期理论模型。[⑤] 杜焱强，刘平养（2018）等研究者基于多个试点地区的案例分析，阐释了中国农村环境治理失灵的多重困局以及引入 PPP 模式的治理优势和有效性。[⑥]

**7. 农村财政改革试点研究路径**

财政是农村发展与治理的重要支撑，主要涉及农村税费、财政资金分配以及农村财务管理等方面的内容。国内相关试点的学术研究集中关注农村财政改革历程中的两个标志性阶段，及农村税费改革与涉农资金整合改革。

（1）农村税费改革试点。为进一步减轻农民负担，规范农村收费行为，中央明确提出了对现行农村税费制度进行改革，并从 2001 年开始逐步在部分省市进行内涵为"三取消、两调整、一改革"的税费改革试点工作。基于试点实践的考察，祝保平（2001），湖北省地方税务局课题组（2002），朱刚（2002）以及赵伟、綦好东（2003）等研究者（团队）分别对安徽、湖北、陕西、浙江、湖南及山东等地农村税费改革试点情况进行的抽样调查和实地调研，阐述了此次农村税改试点对减轻农民负担、改革乡镇财政制度等方面取得的成效，并对试点过程中出现的问题及其对策进行了分析。在一般性调研的基础上，另

---

① 刘友田 . 推进农村社区建设试点工作的对策研究［J］. 山东社会科学，2017（3）.

② 李诗悦 . 农村社区治理创新的现实困境与对策研究——基于湖南 23 个实验区的调查［J］. 江西社会科学，2017（10）.

③ 张立伟 . 我国农村社区协商治理的现状、困境及发展对策 ——基于全国 7 个农村社区治理实验区的分析［J］. 行政论坛，2019（3）.

④ 邓立新 . 农村公共产品供给效率与制度构建——对成都市农村中小型公共设施"村民自建"试点的调查思考［J］. 经济体制改革，2014（3）.

⑤ 曾维和、杨星炜 . 制度的周期：乡镇授权型组织结构变革——基于乡镇党委与乡镇长公推直选实验的比较分析［J］. 甘肃行政学院学报，2016（6）.

⑥ 杜焱强，刘平养，吴娜伟 . 政府和社会资本合作会成为中国农村环境治理的新模式吗？——基于全国若干案例的现实检验［J］. 中国农村经济，2018（12）.

一些研究者则选择更为细致的切入点对农村税费改革试点进行了分析和评价，其中冼国明、张岸元（2001）在国内经济学顶级刊物上对"三提五统"与农村新税费体系进行了研究，文章基于对安徽省农村税费改革的调查，认为从建立合理、规范、稳定的农村利益分配格局的要求来看，改革方案（2001 版）仍然在多方面具有过渡性制度安排的色彩。① 谢培秀（2001）也审慎地提出了农村税费改革试点过程中计税面积确定、农业特产税调整等具体操作与农业可持续发展之间的矛盾还未有效化解。② 在改革试点经历了一个周期之后，国务院农村税费改革工作小组办公室王惠平（2005）从政策层面就如何进一步深化农村税费改革试点工作提出了意见建议。③

（2）涉农资金整合试点。作为建设现代农业综合配套改革试验区的重要内容，黑龙江省政府办公厅于 2013 年 11 月印发《黑龙江省"两大平原"现代农业综合配套改革试验涉农资金整合方案》，从而在全国率先开启了涉农资金整合的试点探索。相关研究也自此被激活，刘键（2015）就对黑龙江"两大平原"现代农业综合改革试验区涉农资金整合第一阶段的成果及存在的问题进行了调研和分析。④ 随着黑龙江试点改革的逐步推进，国发〔2017〕54 号文件《国务院关于探索建立涉农资金统筹整合长效机制的意见》明确提出"探索建立涉农资金统筹整合长效机制，是发挥财税体制改革牵引作用、推进农业供给侧结构性改革的重要途径，是加快农业现代化步伐和农村全面建成小康社会的有力保障。"并对如何加强涉农资金统筹整合，探索建立长效机制提出了具体意见。自此之后相关试点内容得到进一步深化。桂华（2018）基于广东清远市农村"资金整合"试点的考察分析了赋予村庄"财权"让村庄治理重新走向实体化的路径及其意义⑤；杜辉（2019）在对黑龙江省"两大平原"试点进行评估的基础上，认为涉农资金整合与现代农业发展须紧密"衔接"，以择定整合平台为抓手，同步实现资金集中与规划使用，凸显促进产业发展的政策导向。⑥

① 冼国明，张岸元，白文波．"三提五统"与农村新税费体系——以安徽农村税费改革试点为例 [J]．经济研究，2001（11）．

② 谢培秀．农村税费改革与农业可持续发展——从安徽的试点说起 [J]．财政研究，2001（12）．

③ 王惠平．关于深化农村税费改革试点工作的思考 [J]．经济社会体制比较，2005（1）．

④ 刘键．整合财政涉农资金 努力建设新农村——黑龙江"两大平原"现代农业综合改革试验区涉农资金整合的启示 [J]．财政研究，2015（6）．

⑤ 桂华．村级"财权"与农村公共治理——基于广东清远市农村"资金整合"试点的考察 [J]．求索，2018（4）．

⑥ 杜辉．财政涉农资金整合视域下现代农业发展路径探究——黑龙江省"两大平原"地区的经验与启示 [J]．学术交流，2019（6）．

**8. 农村政策试点理论研究**

这一研究路径下相关研究者脱离了具体的试点操作，而从理论层面对农村政策试点的动机、过程机理及结果意义等进行分析和总结，进而逐步明晰政策试点这一特殊政策创新模式在我国实践的逻辑路径。

（1）试点动机。在试点动机方面，李广（2007）比较了"运动—动员"与"试点—推广"两种乡村治理模式，并对乡村治理试点的动机及其效用进行了分析[①]；唐斌（2018）对农村政策试点的动因展开了扎根理论分析，提出农村政策试点的动因主要体现在"压力应激"与"环境适应"两大领域，并认为农村基层试点运行的根本动力在于经由试点能够形成政策过程的嵌套。[②]

（2）试点机理。李元珍（2013）在"软政策执行"概念下通过央地关系的视角探讨了政策试点实施过程中政策执行结果与政策目标发生偏差的机制性根源。[③] 叶敏、熊万胜（2013）通过某新农村建设示范案例的分析，进行了政策执行的"示范"机制模型的理论化建构和要素的梳理[④]；陈锐、王红扬（2016）等研究者则通过对民间乡村建设实验的考察，总结了三类乡村建设实验新型主体——企业资本、NPO与NGO、知识分子与本土精英，并梳理出其在乡村建设试点中构建的自上而下型、协调权益的中间桥梁型、血缘牵连的自下而上型三类治理结构。[⑤] 李洁（2016）在国内社会学顶级刊物上通过对安徽省农村改革早期实践的考察，认为通过在灾害这一特殊背景下对国家政策的策略性变通，改革者成功实现了对基层民众意愿的捕捉和凝聚，并进一步以"试点"的方式打开了地区政策变革的通道，并实现了国家在市场转型初期治理意象的延续和统一。[⑥] 唐斌（2018）则认为农村政策试点在我国政策变迁过程中开辟了一条时空受限的"非线性"政策创新路径。[⑦]

（3）试点评价及结果应用方面。韩国明、王鹤（2012）基于示范村建设个

---

[①]　李广．从"运动"到"试点"：新中国乡村治理体系建构中的政治传播模式比较研究 [J]．理论与改革，2007（3）．

[②]　唐斌．示范引领、压力应激与环境适应：农村政策试点动因的扎根理论分析 [J]．社会科学，2018（7）．

[③]　李元珍．央地关系视阈下的软政策执行——基于成都市 L 区土地增减挂钩试点政策的实践分析 [J]．公共管理学报，2013（3）．

[④]　叶敏、熊万胜．"示范"：中国式政策执行的一种核心机制——以 XZ 区的新农村建设过程为例 [J]．公共管理学报，2013（4）．

[⑤]　陈锐，王红扬，钱慧．治理结构视角的"乡村建设实验"特征考察 [J]．现代城市研究，2016（10）．

[⑥]　李洁．农村改革过程中的试点突破与话语重塑 [J]．社会学研究，2016（3）．

[⑦]　唐斌，张玉．农村治理政策试点的理论逻辑与实践机制 [J]．学术探索，2017（11）．

案，对我国公共政策执行的示范方式的失效问题进行了分析，并提出，公众对行政官员没有形成有效的制约，部分地方官员为了产生有显示度的政绩成果，将各种政府项目相对集中地投入到少数示范村，是导致公共政策执行的示范方式失效的主要原因。[①] 在试点经验推广应用方面，郑文换（2013）总结出基层试验性政策跃升为国家级政策主要是三个组织性机制的结合，一是纵向越级互动的"制度化捷径"；二是横向的各层级"领导小组"；三是正式科层制度支撑。[②] 杨正喜（2019）则总结出新时代中国乡村治理政策试点创新后相关经验扩散的基本模式，即中央通过规范和监督地方试验创新，再吸纳有价值的乡村治理创新进入国家政策中，最终实现顶层设计和地方探索良性互动、有机结合。[③]

### （三）我国农村政策试点研究主题聚类及其趋势分析

#### 1. 主题聚类

本研究利用 Citespace 软件运算后生成我国农村政策试点研究领域的关键词共现知识图谱（图1-3）。由图1-3可知，相关研究的关键词存在前文所列八个热点主题，但主题之间的聚类关系的亲疏程度却存在着较为明显的差异。其中，"♯2农村经济"特别是农林集体产权制度改革试点与"♯3农村土地"改革试点关系密切，但与其他农村试点研究领域的关联则较为松散。而"♯5农村社会保障"自成体系，其两大主要研究议题"新农保"与"新农合"关系密切，但与其他农村试点研究领域也缺乏紧密联系。除了这三个方面主题相对处于游离状态之外，其他五个主题，包括"♯1农村金融""♯4乡村建设""♯6农村治理""♯7农村财政"以及"♯8农村试点理论"的研究相互之间存在着较为紧密的联系。

#### 2. 趋势分析

在 CiteSpace 中导入样本文献并以 Timezone（时区）模式导出运行结果，可以得到我国农村政策试点研究的主题时区图（图1-4）在主题时区图中，各年份不断涌现出新词汇，这直观地反映出农村政策试点研究螺旋上升式的递进发展状态以及农村治理政策试点实务热点的变化规律：在通过可视化方法形成我国农村政策试点研究主题时区图之后，本研究发现农村政策试点的研究并没有形成明显的研究主题，相关试点研究主题跟随同期国家农业农村发展各项

---

① 韩国明，王鹤. 我国公共政策执行的示范方式失效分析——基于示范村建设个案的研究 [J]. 中国行政管理，2012（4）.

② 郑文换. 地方试点与国家政策：以新农保为例 [J]. 中国行政管理，2013（2）.

③ 杨正喜. 中国乡村治理政策创新扩散：地方试验与中央指导 [J]. 广东社会科学，2019（2）.

图1-3　我国农村政策试点研究高频关键词聚类图谱

中心任务及其开展的主要试点变化，从世纪之交的农村税费改革试点，到2003年启动的农村新型合作医疗试点，再到新农村建设各项试点以及农村新

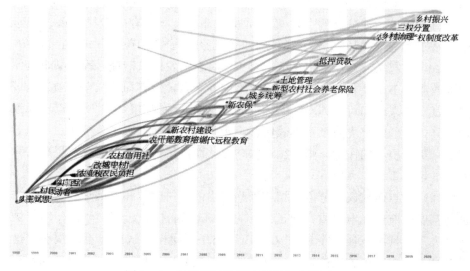

图1-4　我国农村政策试点研究主题时区

型养老保险制度试点、农村土地制度改革试点，直至乡村振兴战略实施过程中统筹多个方面的综合性示范试点项目的开展而呈现出阶段性更替的螺旋上升状态。从总体趋势来看，我国农村政策试点的研究依次呈现出财政改革试点、社会改革试点、经济改革试点、金融改革试点等阶段性热点，但十九大报告提出乡村振兴战略以来，这种单个领域阶段性集中试点研究的趋势有所改变，取而代之的是在"五大振兴"的总体规划下，融合农村治理、经济、文化、社会等多个方面的整体性、综合性试点项目及其相关研究，以"试验区、示范区"取代点状分布的"试点、示范基地"。

### （四）国内农村政策试点研究的现状评价及展望

**1. 现状评价**

通过前面的分析可以看到，农村公共治理过程中试点研究逐步成为研究者洞悉农村经济社会发展创新与农村治理体系和治理能力创新的突破口，特别是农村税费改革试点研究、农村土地政策及土地资源有效利用政策试点与实践的研究，"新农保""新农合"等农村社会保障政策试点研究，已经成为农村财税政策、土地政策以及社会保障政策研究领域中的热点或前沿主题。但与国内试点研究在试点的概念、类型、过程及价值等基本形成共识的研究相比，农村政策试点尚停留在"概念归集"阶段，研究主题分散且对农村试点的概念、特征、过程、功能等基本要素缺乏系统的阐述，有关试点运行、评价及其成果扩散等更深层次的机理研究则更是停留在对朴素实践分析的经验归纳阶段。整体而言农村政策试点研究仍然处于起步阶段，严重滞后于试点实践。

（1）过于重视试点的事件意义而非政策意义。现有的农村政策试点研究中，基于某一个或某一类试点的经验归纳是开展研究的普遍方式，在这种方式下的试点研究重心往往落定于试点对于解决农村发展或治理过程中某个具体问题的效用、不足及其对策。虽然以政策试点为名，但其却将试点事项、区域及其由试点带来的相对"纯净"的政策环境作为一种叙事背景，从而谋求极致环境下具体问题的解决路径及其效用。至于试点对于促进农村政策制定及执行过程这一更为根本的作用，则往往被忽略，从而使得大量试点研究成果成为官方总结的学术版本。

（2）试点研究议题分散且相互隔绝。当前农村改革和发展过程中，地方特别是基层政府选择申报或开展试点存在随机性和盲目性，甚至在 A 领域试点业已失败的情况下换一个理由又在 B 领域开展同样的试点并重蹈覆辙，这急需对试点这一改革方法论在农村场域的实践进行理论梳理与规范。然而现有国内农村政策试点虽然都被冠以试点研究，但其并未形成一个完整的研究脉络，

"就事论试"现象比较普遍，聚焦分散的各类试点研究大多致力于试点事例中具体问题的解决和经验的总结，并未将试点作为一个独立的研究体系，而是自觉归类到各自试点项目所述的体系，如农村社会保障、农村土地改革、城乡基本服务均等化等具体事务研究中。不同领域、项目的试点研究之间呼应和启发非常有限，长期以来无法形成有关农村试点的核心理念与要素判断，缺乏对于农村试点的指导价值。

**2. 研究展望**

（1）尽快完成农村政策试点的"概念归集"。在系统梳理国内外政策试点研究成果的基础上，厘清政策试点、试验、实验、示范等概念的内涵边界、适用性及其相互关系，摒弃无意义的纯字面意义上的概念争论和"定尊"意识，结合农村发展及治理的过程中时空条件、生命周期、自然生态等方面的特殊性，形成农村政策试点的"概念集"，凝聚概念集内相关概念内涵及其应用边界的共识。

（2）聚焦农村试点过程机理，解开试点"黑箱"。目前大量农村试点研究成果集中关注试点的"两头"，即试点必要性、试点成绩与不足、试点意义等经验总结，对于衔接上述热点的试点过程机理则语焉不详，从而形成试点的"黑箱"。过程机理的缺失导致农村试点研究各要素、环节之间缺乏清晰的逻辑联系，使得有关研究处于散点状态，需要继续通过完整的农村试点过程进行有效的机理归纳以解开"黑箱"。

（3）具有农村特色的试点评估研究。随着乡村振兴战略的深入落实，大量的农村政策试点项目、试验示范区被持续推出，但与蓬勃开展的试点项目形成鲜明对比的是，农村试点成效的展现并不明显，"一试就灵、一推（广）又乱""有盆景，没风景"等问题持续存在，更严重的是，由于对试点这种非常规政策创新过程及其结果缺乏有效评估，试点权力、经费等资源在试点过程中的分配与使用随意性较大，导致出现挪用、滥用的现象进而滋生出寻租等试点腐败问题。与现实中农村试点形势严峻形成对比的是，目前大量农村试点的研究依然停留在试点意义的张扬与各种具体试点项目经验的总结层面，缺乏对于业已开展或是正在进行的农村政策试点的评估与反思，这导致试点实践与理论研究长期处于"同态反复"的状态。这急需通过科学的方法和规范的程序构建农村政策试点的评估理论、框架和评价体系，并在考察评估实践的基础上对农村试点进行理论层面的评价与反思。

（4）规范的农村试点案例研究。现有农村政策试点研究有很大比例采用案例研究的方式，对试点具体项目进行经验总结和理论分析。但作为一种"知易行难"或者说"入门易，精通难"的研究形式，公共管理案例研究应用过程中"理论目标不定、应用边界不清、操作规范不明"现象在农村政策试点研究中同样广泛存在，以致回顾我国农村政策试点创新成果时，依然仅有"小岗模式"和"枫桥经验"等寥寥数个典型。因此，要通过规范的农村政策案例研究来"扎根本土治理情境，聚焦典型分析对象，讲述中国农村治理故事"，一是凝练典型案例，参照20世纪初乡村建设实验研究模式以及华中师大研究团队对"水月模式""南农模式"等乡村建设实验的凝练，通过扎实的田野调查与观察，对政府主导的各类试点、实验的典型案例展开研究；二是进行系统分析，通过对试验区、示范区等带状、块状试点形式的多案例比较与分析，形成更为系统的农村政策试点理论框架与实践模式，打造具有农村特色的试点理论和话语体系。

## 三、本章小结

农村公共政策过程中政策场域的扩展以及政策图景的压力迫切要求我国进行农村公共政策的积极创新，从而启动政策"间断"以达到政策"再平衡"。在政策间断的迫切性与政策平衡的必要性双重压力之下，农村政策试点的必要性得以充分显现，成为我国农村政策通过"间断—平衡"实现政策创新的重要路径。

我国现有农村政策试点的研究呈现出较为明显的主题聚类，但主题之间的聚类关系的亲疏程度却存在着较为明显的差异，研究主题间曾呈现出较为明显的代际更迭趋势，但乡村振兴战略之后不同主题之间的交融趋势逐步凸显。总体而言，现有的研究尚停留在"概念归集"阶段，研究主题分散且对农村试点的概念、特征、过程、功能等基本要素缺乏系统的阐述，有关试点运行、评价及其成果扩散等更深层次的机理研究则更是停留在对朴素实践分析的经验归纳阶段。整体而言农村政策试点研究仍然处于起步阶段，严重滞后于试点实践。

# 第二章 中国共产党领导农村政策试点的历史实践

中国共产党自 1921 年成立以来，高度重视农业农村工作，始终坚持把解决好农业农村问题作为全党工作的重中之重是我党在社会主义革命和建设各个时期一脉相承的政策传统，而"政策试点"这种具有中国特色的制度创新工具，也正源自我党领导农业农村工作的历史经验并在反复实践中成为理解中国改革与发展的"密钥"。研究具有中国特色农村政策试点的发展历程与成就，既要关注不同历史时期我党领导各项试点变革的历史实践，也要深刻认识不同历史时期试点安排背后党的领导集体所凝聚的创新思想，在二者结合的基础上相互贯通，才能总结出其中的经验和智慧，以全面把握中国共产党百年农村政策试点的伟大实践、伟大成就与伟大意义。

## 一、中国共产党历来重视农业农村工作

我党历来重视农业农村工作，早在建党初期李大钊同志就指出，"我们中国是一个农国，大多数劳工阶级就是那些农民。他们若是不解放，就是我们国民全体不解放；他们的苦痛，就是我们国民全体的苦痛；他们的愚暗就是我们国民全体的愚暗；他们生活的利病，就是我们政治全体的利病"[①]。1923 年党的"三大"通过的《党纲草案》也指出，"农民占中国人口百分之七十以上，占非常重要的地位，国民革命不让农民参与，也很难成功"[②]。在此背景下，我党坚持依靠广大贫苦农民，以变革农村土地所有制度为突破口，通过发动农民建立农村革命根据地走"农村包围城市"的革命道路，从"打土豪、分田地"建立革命政权到"减租减息"建立抗日民族统一战线，以及通过建立"工

---

① 李大钊．李大钊全集（第二卷修订本）[M]．北京：人民出版社，2011：422-423.
② 中央档案馆．中共中央文件选集（第1册）[M]．北京：中共中央党校出版社，1989：139.

农联盟"取得新民主主义革命的伟大胜利建立社会主义新中国,中国革命取得伟大胜利的重要法宝,就在于中国共产党高度重视农村政权建设、满足农民土地需求以及各项权利的实现。

中华人民共和国成立以后,我党继续高度重视农业农村工作,并在代行宪法功能的《共同纲领》中明确"以工农联盟为基础,以工人阶级为领导"的中国人民民主专政的政权性质,确立了农民在国家基本纲领中当家做主的政治地位,而土地改革运动则将政治地位的提升在生产资料的拥有方面予以落实。1954年我国第一部《宪法》继续明确了这一政治定位,并强调"国家依照法律保护农民的土地所有权和其他生产资料所有权",在巩固中国农民政治地位的同时,进一步明确广大农民群众的生产和经济保障。

十一届三中全会以后,面对百废待兴的局面,我党认识到,只有大力恢复和加快农业生产,才能保证整个国民经济的迅速发展,为此,必须首先调动我国几亿农民的社会主义生产积极性,必须在经济上充分关心他们的物质利益,在政治上切实保障他们的民主权利[①]。我党通过家庭联产承包责任制、扶持乡镇企业、推进农村扶贫工作等一系列政策创新,迅速发展了农业生产效率并有效应对改革开放以后市场化、国际化的冲击;在此过程中,通过启动农村税费改革、启动农村新型合作医疗和新型农村社会养老保险等政策,在发展农业生产的同时不断降低农民负担,提升农民在改革开放进程中的获得感和幸福感。

党的十九大庄严宣告中国特色社会主义进入新时代,在百年未有之大变局中我国农村改革发展也面临着全新的机遇和挑战,正如习近平总书记所说:"中国改革经过30多年,已经进入深水区,可以说,容易的、皆大欢喜的改革已经完成了,好吃的肉都吃掉了,剩下的都是难啃的硬骨头"[②]。在此背景下,我党以"乡村振兴战略"和"精准扶贫战略"两大基本战略为抓手,将顶层设计与"摸着石头过河"相结合,通过建立健全城乡融合发展的体制机制和政策体系,采取加快推进农业农村现代化等措施,努力实现中国农村的系统性振兴——产业兴旺、生态宜居、乡风文明、治理有效、生活富裕。

## 二、中国共产党领导农村试点的历史实践与典型经验

由于我国国土面积辽阔,自然风貌和人文环境区域差异巨大,这使得我国

---

① 邓小平. 邓小平文选(第3卷)[J]. 北京:人民出版社,1994:354.
② 习近平. 中共中央关于全面深化改革若干重大问题的决定 [EB/OL]. 中华人民共和国中央人民政府网,http://www. gov. cn/jrzg/2013 - 11/15/content_ 2528179. htm? 2013.

农业生产和农村治理的环境存在较大差异；同时，在中国共产党领导土地革命、敌后抗日战争以及解放战争的过程中，艰苦卓绝的斗争环境使得大量的农村改革与发展措施都只能够在"苏区""敌后根据地""解放区"等有限的范围内开展。在此背景下，中华人民共和国成立之前的大量农村工作都是通过小范围试点的方式先期运行，然后再扩展到更大范围，由此也确立了我党"试点—推广"的政策创新传统。中华人民共和国成立以后，面对我国农村地区面积辽阔、自然地理及社会文化环境差异巨大、生产发展与基层治理水平参差不齐的现实，我党继续沿用"试点"这一法宝，将一般号召与个别指导相结合，"突破一点，取得经验，然后利用这种经验去指导其他单位"[①]，不断攻坚克难、稳步创新，持续取得中国农村建设与改革的政策突破。

## （一）土地革命时期农村试点的初步尝试（1921—1936 年）

20 世纪 20 年代后期，中国共产党成立不久就接连遭遇第一次国共合作破裂和以城市为中心的武装暴动遭遇重大挫折的严峻挑战，在此背景下以毛泽东为代表的中国共产党人将马克思主义基本原理同中国革命具体实践相结合，开创了农村包围城市的道路，并由此开启了土地革命时期政策试点的初步尝试，主要表现在各革命根据地围绕田地权属及其分配而进行的政策探索。由于当时革命形势复杂，各根据地条件差异较大，在此背景下各个根据地的党组织充分发挥创造性，领导广大农民群众探索出多种土地征收、分配的经验，为根据地废除封建土地制度、激发农民革命热情并巩固根据地人民政权做出了重要贡献。

### 1. 土地革命试点

大革命失败之后，毛泽东在"八七"会议上提出"枪杆子里出政权"的著名论断，这一论断在南昌起义、秋收起义探索后逐步形成"工农武装割据""农村包围城市"等符合中国国情的武装斗争道路，并在多地建设了革命根据地。在革命根据地的建设和发展过程中，如何激发广大农民群众的革命热情、促进根据地生产发展、夯实共产党在根据地的革命根基，是巩固革命政权的首要问题。对此，多个根据地均以土地为抓手，通过开展"打土豪、分田地"的方式维护农民群众的切身利益。但由于各个根据地生产环境不同且缺乏成熟的经验，不同地区之间也缺乏有效的沟通手段，缺乏统一调度土地改革的可行性。在此背景下各根据地充分结合各地实际情况，通过分田试点的方式因地制宜探索有效的策略。

---

①　毛泽东. 关于领导方法的若干问题（一）[J]. 青海党的生活，2016（6）：43.

（1）湘赣边革命根据地分田试点。1928年，毛泽东通过在湘赣边革命根据地进行调查研究后提出，"大体来说，土地的百分之六十以上在地主手里，百分之四十以下在农民手里"[①]，在此背景下，以毛泽东为代表的湘赣边界根据地革命领导人提出"打土豪，还要分田地，这才是农民群众的愿望和切身利益"的革命道理，并亲自领导开展了土地革命试点。其中有代表性的包括1928年2月毛泽东派毛泽覃在宁冈大陇桥村进行的土地革命试点和1928年2月毛泽东在酃县中村、桂东县沙田村等地进行了近五个月的分田试点，在湘赣边界土地分配试点经验的基础上，以毛泽东为书记的湘赣边特委制定和颁布了我党历史上的第一部土地法——《井冈山土地法》。

（2）福建永定溪南土地分配试点。1928年8月，邓子恢领导了福建省永定县溪南区苏维埃政府的土地分配试点工作，试点以金砂乡作为典型进行，其具体步骤包括：召开各种会议、进行动员解释、由没收分配土地委员会进行人口和土地调查登记；按照既定的政策公平合理地进行土地分配；分配后张榜公布，说明每人分得土地多少，土地在什么地方；公布之后召开群众大会讨论，大家一致通过了，就算定案。[②] 通过试点，金砂乡仅用约20天时间就完成了土地分配，且农民群众满意度高，该乡的成功经验随后在溪南苏维埃政府的其他地方全面铺开，仅用不到一个月时间就完成了13个乡两万人地区的土地没收和分配工作，为整个闽西地区大范围土地革命斗争提供了宝贵的经验。

（3）其他革命根据地土地改革试点。1930年2月，邓小平、韦拔群在广西东兰、凤山进行土地革命试点并颁布《土地暂行条例》，详细说明了土地革命的意义、方针、政策和分配土地的办法。1934年，在叶飞的领导下，闽东中心县委决定由曾志参照闽西苏区的分田方法，起草分田大纲，在柏柱洋进行分田试点然后再进行推广，使土地革命在整个闽东苏区开展起来，分田人口超过60万人[③]。同年，郭洪涛、马明方按照中共陕北特委的安排，到清涧县部分地区进行土地分配试点，在取得试点经验之后，通过举办分配土地训练班、培训骨干的方式带动整个陕北根据地土地分配。

随着各根据地土地革命试点的持续开展，各地朴素的试点尝试逐步成熟，并形成土地革命时期农村土地改革试点的历史经验，其主要表现在：第一，坚持党的领导，颁布试点纲领性文件作为行动指南；第二，放手发动群众、充分

① 毛泽东. 毛泽东选集. 第1卷 [M]. 北京：人民出版社，1966：68.
② 赵敏民. 中国土地改革史 1921—1949 [M]. 北京：人民出版社，1990：75.
③ 林强，鲁冰. 叶飞传（上）(1914—1999)[M]. 北京：中央文献出版社，2007：30.

相信群众，吸收群众参与试点政策和方案的讨论、参与试点的具体运行，不搞包办代替；第三，成立专门"土地委员会"等专门试点机构，并吸收农民群众代表加入；第四，通过干部交流，将试点地区的干部和积极分子分派到新的试点地区，推动试点经验的扩散。

**2. 查田运动试点**

1933 年 2 月 1 日，苏区临时中央通过中央政府土地人民委员会第二号训令，号召全苏区马上"重新分田"和"查田"，同年毛泽东按照临时中央的安排领导中央苏区的查田运动。查田运动开始时，毛泽东没有完全按当时"左"的指令盲目大范围推进，而是在 2 月首先派出由时任土地部副部长的王观澜等参加的工作队，到瑞金县云集区叶坪乡进行查田工作试点。

试点通过广泛发动群众和成立查田委员会进行综合分析两手抓的方式，清查地主、富农并将混入党支部和乡政府的坏人也查了出来，同时解决了在中央苏区长期存在的分田不合理问题。在试点过程中，毛泽东亲自作出指示：一是农村土地问题必须发动群众，通过将农民群众组织起来的办法解决问题；二是要注意掌握政策，团结大多数，不要人为扩大打击面。为期 58 天的叶坪乡查田试点取得了如何划分阶级成分、区分剥削方式、时间和数量，以及如何区分地主和富农、富农和中农（尤其是富裕中农）的界限等方面的经验，同时"极大地调动了农民群众的积极性，革命和生产都发生了明显的变化"[①]。试点的成果经验很快被苏区中央政府采纳，其于 1933 年 6 月 1 日发布《关于查田运动的训令》，次日中共苏区中央局也作出《关于查田运动的决议》，毛泽东和临时中央政府组织在瑞金县的云集、壬田两区扩大试点，继续摸索经验并逐步开展普遍深入的查田运动。[②]

**（二）抗日战争时期农村试点的调整与发展**（1937—1945 年）

随着抗日战争和根据地建设形势的变化，除土地问题这一核心工作外，在抗日战争时期我党在根据地农村政权建设、文化建设、党的建设等多个领域应用试点这一工作方法，以达到"突破一点，取得经验，然后利用这种经验去指导其他单位"的政策效果[③]。在此过程中，涌现出抗日民主政权"三三制"的制度创新，同时也产生了包括"投豆选举法""庄户学"等适应抗战根据地农村形势的办法，为发展和巩固敌后抗日根据地并最终取得抗日战争的全面胜利奠

---

① 李柏林. 减租减息与淮北抗日根据地的社会变迁 [D]. 桂林：广西师范大学，2005.
② 赵敏民. 中国土地改革史 1921—1949 [M]. 北京：人民出版社，1990：192.
③ 毛泽东. 毛泽东选集（第 3 卷）[M]. 北京：人民出版社，1991：897.

定了坚实基础。

**1. 根据地"民主选举"试点**

陕甘宁边区民主选举运动根据彻底民主的原则，在具体操作办法上采取真正民主的方式进行，实行普遍选举权、平等选举权和直接选举权；在推进方式上，此次民主选举运动首先在一个或几个地方试点进行，然后再推广到其他地区。

1936—1937年，谢觉哉受中央委派，在中央机关驻地陕北宝安县麻子沟乡开展乡政府民主选举试点。在试点过程中，针对当地群众文化水平低，地方没有选举经验和习惯，直接投票、无记名投票无法操作等问题，试点工作组针对干部群众的思想顾虑，耐心细致地做思想工作，提高试点干部的认识，增强他们的信心；试点干部吃住在农民家，随时随地向农民宣传党的政策和选举的意义，充分发动群众，充分发挥人民当家作主的权利，并针对农民不识字的现实情况，创造了"投豆子选举法"[①]，在充分做好思想动员并发动群众的基础上，麻子沟乡的选举试点取得了良好的效果，充分发挥了人民当家作主的权利。

**2. 抗日根据地"识字班"试点**

为了提高根据地民众的文化素质，中国共产党在抗日敌后根据地开展了一系列的文化扫盲运动，识字班是其中最为普遍的一种组织形式，人们按年龄、性别分班，利用业余时间学习文化，提高素质，后来逐步发展成为包括政治教育、生产教育、文化教育和军事教育多种内容在内的有组织的社会文化运动。[②]

从1939年底开始，在山东省妇联的号召下，山东沂蒙根据地莒南县的大店、洙边、板泉等区乡先后开展了识字班试点，这些地区广泛动员农村青年妇女参加学习，利用劳动休息的时间学习文字和书写，在短时间内使其掌握认字、阅读和书写能力，在提高农村妇女文化水平方面取得了较好的成效，当时洙边的"庄户学"曾被誉为根据地优秀办学经验并广为传播。

据当时《大众日报》的报道，到1941年3月，沂蒙山区已有冬学600处，学员18 462人；识字班225处，学员4 502人，出现了"村村办学，户户读书，抗日救国，人人争先"的新气象，掀起了面向人民大众的新文化普及运动高潮。

**3. "双减"试点与"查减"试点**

1940年12月25日，中共中央根据对敌后抗日根据地形势的判断，就根

---

① 本刊编辑部.《谢觉哉传》选载（下）[J]. 瞭望，1984（13）.

② 张神根，姚燕. 我们一起走过：党密切联系群众的99个故事 [M]. 北京：人民出版社，2013：71.

据地土地政策发出党内指示，明确提出地主减租一般实行"二五减租"（即减原租额的百分之二十五），"农民交租交息"，土地所有权和财产所有权仍属地主。1942 年 1 月 28 日，中共中央作出《关于抗日根据地土地政策的决定》，2月 6 日又发出《关于如何执行土地政策决定的指示》，特别指明，"现阶段不是消灭封建剥削"，是"联合地主阶级一致抗日"，是承认资本主义生产方式是中国现实比较进步的生产方式，对富农"鼓励其资本主义部分发展"①。

为推动减租减息运动的开展，中共山东分局确定以滨海区的莒南、临沭两县为"实验中心县"，部署开展以"双减"为主要内容的群众运动，并抽调200 多名干部，组成两个工作团分赴莒南筵宾区、大店区和临沭县大兴区、蛟龙区进行试点，在试点过程中通过批判"恩赐"观点，强调"双减"不能由共产党"包办代替"，总结出发动群众自觉按照政策实行的实施方式，为调动农民生产积极性起到了一定的作用。

1943 年 10 月 1 日，中共中央政治局发布《关于减租减息生产拥政爱民宣传十大政策的指示》进一步明确彻底推进减租减息工作的部署，在此背景下，为巩固"双减"试点工作成效，中共山东分局在 1944 年以莒南县为实验县展开了"查减"试点，通过派驻工作团、召开全县群众斗争大会、清算汉奸与恶霸地主抗拒减租减息罪行等方式，使 612 户农民收到退回的租息，地主被迫减租土地 8 262 亩②，减租粮 78 430 斤③。

"双减"试点及其后实行的"查减"试点，主要目的在于在不改变根据地原有土地所有权的前提下改善贫雇农生活，其一方面调动了农民尤其是佃农的生产积极性，促进了根据地内农业经济的恢复与发展，激发了抗日积极性；另一方面，又有助于建立抗日民族统一战线，使地主中的一些开明人士诚心诚意与共产党合作抗日；此外还在思想上、行动上为废除封建土地所有制打下了基础，激发了广大贫雇农的权利意识与斗争精神。

**4. 抗日民主政权"三三制"试点**

由于抗日战争形势以及建立抗日民族统一战线的需要，中国共产党在延安适时调整了政权建设的思想，并提出建设抗日民族民主政权的号召。1940 年 3月，毛泽东在《抗日根据地的政权问题》党内指示中，提出了政权制度建构的"三三制"原则，认为"根据抗日民族统一战线政权的原则，在人员分配上，

① 安作璋. 山东通史：现代卷 上册 ［M］. 济南：山东人民出版社，1994：260 - 261.
② 亩为非法定计量单位，1 亩＝1/15 公顷。——编者注
③ 斤为非法定计量单位，1 斤＝0.5 千克。——编者注

应规定共产党员占三分之一，非党的左派进步分子占三分之一，不左不右的中间派占三分之一"。①

1940年开始，陇东、绥德两个分区作为试点，开始试行三三制原则，由分区到各县自上而下召开、布置参议会，传达选举的精神和措施。在试点过程中，结合农民分区群众文化水平不高的现实，在帮助农民提高识字水平的同时，通过多种灵活的"土办法"帮助其行使选举权利，其中既包括在民主选举试点中创造的"豆选"，也有画圈、划杠和烟头烧洞等形式，以调动农民的积极性和参与率。

在先期试点基础上，1941年1月，陕甘宁边区中央局就如何实行"三三制"原则给各级党委发出指示，要求这一原则不仅要实行于参议会，而且要实行于政府机关之中。随后以陕甘宁边区为试点，"三三制"原则在党领导的各抗日根据地得以贯彻执行。②

### （三）解放战争时期农村试点的持续探索（1946—1949年）

随着我党领导解放战争的全面胜利，解放区的面积迅速扩展，政策试点作为我党的一种常用工作方法在发展农业生产、支援解放战争前线、建设并巩固解放区农村政权等多个方面得到了广泛的应用，特别是在解放区土地改革方面，通过持续的试点探索，涌现出丰富的经验模式和理论成果。

#### 1. 解放区土地改革运动试点

抗日战争结束后，党中央根据国内革命战争形势的变化和对解放区群众运动发展形势的判断，了解到抗战期间实行的以"双减"为主要内容的土地政策已经不能满足农民群众对于土地和农业生产自主性的需要，广大农民要求彻底消除封建剥削、真正实现"耕者有其田"。在此背景下，中共中央于1946年5月4日发出《关于清算减租及土地问题的指示》（史称《五四指示》），指出要"坚决拥护广大群众这种直接实行土地改革的行动""坚决拥护农民一切正当的主张和正义的行动，批准农民获得和正在获得土地"，强调"各地党委必须明确认识，解决解放区的土地问题是我党目前最基本的历史任务，是目前一切工作的最基本环节。必须以最大的决心和努力，放手发动和领导目前的群众运动来完成这一历史任务"③。

---

① 毛泽东. 毛泽东选集. 第2卷［M］. 北京：人民出版社，1991：742.
② 王建华. 中国共产党局部执政时期制度建设的逻辑分析——以陕甘宁边区为中心［J］. 江苏社会科学，2011（2）.
③ 蔡彬. 新中国这样走来——《中央关于土地问题的指示》［EB/OL］. http://guoqing. china. com. cn/2019－10/16/content_75316335. htm.

　　为了贯彻中央《五四指示》，真正实现"耕者有其田"，全国多个解放区都开展了土地改革运动的试点，并涌现出一系列政策内容及其执行方式的创新经验。

　　（1）鹅钱乡土地改革运动试点。1946年，按照中央部署，邓子恢派李坚到淮安县鹅钱乡开展土地改革运动试点，作为华中解放区贯彻中央《五四指示》的第一个示范乡，鹅钱乡最先实行了"中间不动两头平"（保留中农土地，把地主、富农多余的土地抽补给无地、少地的农民）的土地政策，具体措施包括学习中央苏区时期经验，深入农民家进行调查访问，发动农民组织阶级队伍，成立贫雇农特别会议，倾听并满足农民的要求等。经过试点，鹅钱乡不仅有效完成了《五四指示》强调的土地改革任务，试点经验也在华中解放区加以普遍推广，还被上报中央，并在1947年召开的全国土地政策会议上被中央肯定为"最坚决的土改路线"[①]。

　　作为鹅钱乡土地改革试点的见证者，邓子恢总结了此次土地改革试点成功的四条经验：第一，鹅钱乡的土地状况是中国土地状况的缩影，从鹅钱乡状况可以看出，只有实行彻底的土地改革，才能实现"耕者有其田"，才能提高农业生产力和农村购买力，从而扩大工业市场，扫除封建残余势力和外国侵略者在中国的统治基础；第二，鹅钱乡土地改革取得的经验是，充分发动了群众，贫雇农建立了优势，农民在经济上翻身了，农民组织起来了，农民武装起来了，农民觉悟提高了；第三，依靠贫雇农、团结中农，对富农又斗争又联合，对地主采取分化和改造的政策，巩固了农村反封建民主统一战线；第四，发现、争取和提拔积极分子，是土地改革运动的核心，是开展运动的中心一环，是巩固运动胜利的基本条件。[②]

　　（2）陕甘宁边区土地征购试点。1946年12月20日，陕甘宁边区政府正式公布《陕甘宁边区征购地主土地条例草案》（以下简称《草案》），要求"在未经土地改革区域，发行土地公债，征购地主超过应留数量之土地，分配给无地或少地之农民，达到耕者有其田之目的"。为落实《草案》精神，边区政府确定在绥德、米脂、陇东三个分区进行试点，并派出干部组成工作团，深入未经分配土地的县、区、村开展土地征购试点，其中米脂县河岔区六乡、绥德新店区贺家石村等地作为具体承接点，从1946年11月29日开始正式试点，试点主要包括宣传动员、调查讨论研究和征购地主土地三个阶段，在具体实施过程

---

　　①　李坚真.1946年淮安鹅钱乡土地改革实验的回顾［J］.江苏党史资料，1987（3）.

　　②　本书编委会.回忆邓子恢［M］.北京：人民出版社，1996：112.

中强调农民思想境界的提升，宣传"着重挖穷根，并教育阶级观念"，同时通过召开群众座谈会和挨家挨户了解情况的方式进行农户调查，在正式征购过程中注意听取多方面的意见，在全乡大会上选出地主与农民的代表参加征购工作，同时按条例规定的六种情况给地主留地，在自上而下的行政动员下，此次征购试点得到了有效的推进。

通过土地征购试点，相关区域无地和少地农民都分得了土地，并显现出其调节农村内部矛盾、取得折中共识的优点，"这种办法全国人都不反对，黄炎培、梁漱溟也赞成，中外记者都赞成，连蒋介石也不反对，因为这是孙中山书上讲的"。但在试点过程中这种办法的危险性和缺点也很快显现出来，即此次运动没有广泛发动群众、没有走群众路线，使土地征购容易产生干部包办代替和群众产生恩赐观点[1]。

**2. 豫西解放区清匪反霸试点**

1948 年，根据中央关于新解放区停止急性土地改革的指示，特别是进入新区以后，连续发生多起暗杀干部、突袭哨兵的恶性事件，邓子恢等地方党的领导同志决定发动群众清匪反霸斗争，消除压在农民头上的凶残势力，稳定解放区的社会环境。

此次运动中，豫西区党委决定将许昌地委的宝丰、临汝、郏县和鲁山四个县，划为豫西清匪反霸重点试验地区进行试点，在试点过程中注重工作方式、方法的创新，一是改变了传统自上而下、自下而上同步并用的方法，着重自下而上；二是每个重点县选择重点试点村和预备试点村，集中力量突破重点，取得实践经验；三是调派干部和重点村新发展的积极分子到预备试点村开展工作。此外，发现、培育优秀的农民积极分子，使外来干部在群众中真正扎根下去，本村积极分析串联、发动组织群众，是打开重点试验村局面的关键[2]。

经过清匪反霸斗争试点后，新解放区农村社会秩序完全安定，干群关系也得到了极大的改善，在试点经验的推动下，各地的清匪反霸运动被充分发动起来，所有村镇建立起带有农村基层政权性质的农民协会，斗争中涌现出大批农民积极分子，为建立基层人民政权和准备发展解放区党的组织，打下了深厚的群众基础。

**（四）新中国建设与改造过程中的农村试点突破**（1950—1978 年）

中华人民共和国成立后农业农村发展百废待兴，许多战争年代没有遇到或

---

① 罗平汉. 土地改革运动史：1946—1948 [M]. 福州：福建人民出版社，2008：140 - 141.
② 本书编委会. 回忆邓子恢 [M]. 北京：人民出版社，1996：250 - 252.

没有着力解决的新问题和新挑战急需中国共产党领导的人民政权予以化解。在此背景下，"农村试点"作为共产党人在革命战争年代广泛应用的攻坚克难法宝被广泛应用到中华人民共和国农业农村建章立制和创新发展的各项工作中。在1958年的中央政府工作报告中，周恩来同志专门指出，要实现《全国农业发展纲要修正草案》，并强调其中的方法是"全面规划，加强领导，放手发动群众，一切经过试验"，从而将政策试点上升到党和国家开展农业农村工作的重要方法层面。

**1. 土地改革试点**

中华人民共和国成立以后，全国广大农民获得了当家作主的政治地位，而土地改革则是将这种身份的提升落实到生产生活中，在此背景下各地农村进行的土地改革试点成为中华人民共和国农村试点工作的重要表现。1950年，中共中央转发了中南土委会《中南各省土地改革工作情况报告》（以下简称《报告》），在湖南、江西试点工作汇报以及湖北、广东、河南等省份土地改革试点的工作书面材料基础之上对中南各省土地改革试点工作进行了系统总结。

《报告》认为，土改试点效果可以分成好、一般、坏三种类型，分别占20％、50％、30％，其中，试点效果好的经验主要是注意发动群众并在斗争中树立群众优势；而试点做得不好的原因也在于不发动群众，只是干部包办代替，导致试点"走过场"。《报告》提出，部分地区试点工作发生偏差的原因主要在于干部思想偏差以及领导对农村工作指导不当，土地改革有关措施不到位、不彻底，进而产生"和平土改"偏向，使土地改革试点工作发生严重的"夹生饭"现象。在此基础上，《报告》提出下一步试点工作的要求，包括纠正脱离阶级斗争的和平土地改革倾向；须明确依靠贫雇农，发动贫雇农；纠正干部"束手束脚"的偏向，放手发动群众；明确土地改革的目的不是单纯的"分田"；做法上要从实际出发逐步深入，反对"走过场"的形式主义做法等。[①]

1951年周恩来总理在第一届全国政协第三次会议的报告中对土地改革工作进行了六个步骤的总结，其中有四个步骤（典型试验、重点突破、由点到面、点面结合）涉及试点这一工作方法。[②]

**2. 建立乡政权试点**

土地改革完成后，新中国农村工作的中心任务开始转为生产，原由农会代

---

① 中央档案馆.中共中央文件选集：一九四九年一月到九月［M］.北京：中共中央党校出版社，1992：92.

② 饶漱石.华东第二次土改典型试验会议的经验总结［J］.山东政报，1950（12）.

政的组织形式已不适应新的形势。于是，各地根据中央和地方军政委员会的指示精神调整区划，建立乡人民代表会议制度，民主选举正副乡长及委员，成立乡人民政府。

其中，四川省巴县高滩乡作为建乡试点，于 1951 年开始采用"四步走"的形式推进乡建试点工作：第一步是提高群众觉悟，成立新的农协委员会；第二步是划分居民小组和自然村；第三步是召开农民代表会议，成立乡人民政府；第四步是建立乡的各种组织制度。高滩乡试点建乡及坚持乡代表会议制度的成功经验，得到了西南军政委员会民政部的高度评价，并于 1952 年 11 月通报全西南，希望各地建乡时参考。[①]

**3. 初级农业生产合作社试点**

为了避免土地改革后农村出现两极分化，引导农民走上共同富裕的社会主义道路，1951 年 12 月，中央在毛泽东同志主持下制定了《中共中央关于农业生产的互助合作协议（草案）》。为贯彻中央指示精神，1952—1953 年，浙江在开展互助组的同时，进行了初级农业生产合作社的试点工作，与前期的互助组不同，初级社试点主要采取"土地入股、统一经营"的方式进行，"它的规模一般以十多户至几十户为一个生产单位，社员入社时将自己的私有土地及耕畜、大农具等生产资料入股，或将耕畜、大农具等折价归社，由生产合作社统一经营，生产合作社按社员入股土地及其他生产资料的质量和数量给予社员相应的报酬，同时给予社员劳动报酬"[②]。

经过一年的试点，初级农业生产合作社通过挖掘乡村内部"贫下中农"互助合作的积极性，初步显示了它在提高农业生产方面较之贫苦农民个体经营的优越性，1953 年 2 月，中共中央发出《关于发展农业生产合作社的决议》，浙江、湖南、云南等多地开始普遍开展初级农业生产合作社的试点工作。

**4. "包产到户"试点**

（1）浙江永嘉县雄溪乡"包产到户"试点。1956 年 5 月，经过温州地委农工部负责人的首肯，永嘉县委决定在雄溪乡（后改为塘下乡）燎原社进行产量责任制的试验，后来定名为"包产到户"。

其具体做法是：由生产队向合作社承包作物产量，再由社员按自己的劳动能力专管一定数量的土地和承担一定的产量责任；为保证实现产量指标，制定

---

① 冉绵惠. 新中国建立初期中共重构四川乡村权力结构的努力与成效 [J]. 四川师范大学学报（社会科学版），2013（6）.

② 董辅. 中华人民共和国经济史. 上卷 [M]. 北京：经济科学出版社，1999：145.

每一块土地的劳动定额，专管人员必须按定额保证劳动数量与质量的实现；确定哪些活适宜于集体干由操作组负责，哪些活适宜于分散干由个人负责；专管人不但要保证自己干的活的质量，而且对操作组在自己专管地上干的活进行监督，凡劳动符合要求，按定额付给工票，如不符合要求，有权提出返工，待符合规格后再付给工票；按照实际收获量分别计算每个专管人员的报酬。并且规定：土地等主要生产资料为集体所有；包产指标要合理；对困难户要适当照顾；每户在对所包产量负责的基础上可以适当安排家庭副业生产。

试点工作组在总结中提出："我们的生产管理特点，就是应该把马列主义理论与中国革命具体（实践）相结合，与南方水稻地区生产特点相结合，创造既能正确地积极发挥集体经营大生产的优越性，使生产关系促进生产力的发展，又能充分利用小生产规模经营的积极作用。"[①]

（2）湖南浏阳县产量责任制和包产到户试点。1959 年，湖南省浏阳县普迹公社杉山大队，试点实施了"五定到户，超产提成"（即定面积、定产量、定农活、定工分、定肥料，超产提成）的田间管理责任制形式，杉山大队的做法受到了当时中共浏阳县委的肯定，并在普迹公社其他 8 个大队进行了试点经验的推广。1961 年，省委适应群众的愿望在生产责任制政策方面出现松动，浏阳县有 58 个公社、380 个大队、1 739 个生产队，自发地在占全县总耕地面积 9.2％的田地上实行各种形式的"产量责任制"试点，并形成后来被人们称为"霞光道路"的大围山公社霞光大队产量责任制试点经验：大围山公社霞光大队采用"常年包工、产量到丘、责任到人、超产奖励、减产受罚"的责任制形式，把劳动数量和质量统一于"产量"之中，调动了劳动者的积极性，增产的效果显著。[②]

（3）湖南黔阳县硖州公社产量责任制试点。1962 年 8 月，湖南省委派出刘正率领的工作组与黔阳地委工作组一起，到黔阳县（今洪江市）硖州公社秀建大队搞产量责任制试点。该队以统一生产计划、统一调配劳力、统一安排精肥、统一抗御自然灾害、统一分配的"五统一"为基础，实行大宗农活集体干、专项生产包到人、田间管理包到户、联系产量定奖罚的办法。产量责任制激发了农民的劳动积极性，当年秀建大队粮食总产量达 35.5 万千克，比上一年增产 18％。

在对秀建大队试点情况做了充分调查以后，省委政研室向省委提交《关于

---

① 徐斌.光荣与艰辛.1949—2009 浙江要事录［M］.北京：人民出版社，2009：65.
② 李沛祥，牛振国，李鸿庚.怎样搞好"包工到组 联产计酬"责任制［J］.新农业，1980（7）.

在全省农村推广超产全奖、减产全罚产量责任制的建议信》，省、地工作组将在黔阳县硖州公社秀建大队以"五统一"为基础，实行大宗农活集体干、专项生产包到人、田间管理包到户、联系产量计奖罚的办法搞生产责任制试点的情况向省委报告，建议省委用搞农业合作化的劲头推广产量责任制。[①]

**5. 以生产队为基本核算单位下放试点**

为了克服农村中生产队与生产队间、社员与社员间的平均主义问题，1961年10月到11月，全国多地根据中央指示进行了关于农村人民公社基本核算单位问题的调查研究和试点工作。

1961年10月下旬至11月上旬，邓子恢率工作组回到家乡福建龙岩，就基本核算单位的试点问题进行调查，试点总结出以生产队为基本核算单位在改革过程中需要注意的问题，包括基本核算单位下放后，现有的小队应基本不动、个别调整，有些小队范围太大需要划分者，可以小乡村一村一队，大乡村一村数队进行划分，生产队的规模应以30户左右为宜，最少不得少于20户，各小队划分应经公社批准。体制下放后大队主要承担党与政治工作、联村社工作、办大队企业工作。此外，试点报告中还介绍了几个大队土地调整、新三包（公积金、公益金、管理费）提留、社员口粮分配的具体办法[②]。

邓子恢的试点调查报告得到了党中央的高度肯定，并以中共中央的名义将报告转发给各中央局和各省、市、自治区党委。1962年2月，中共中央发出《关于改变农村人民公社基本核算单位问题的指示》，系统总结了试点经验，明确基本核算单位下放的基本方针，同时强调"在我国绝大多数地区的农村人民公社，以生产队为基本核算单位，实行以生产队为基础的三级集体所有制，将不是短时期内的事情，而是在一个长时期内（例如至少三十年）实行的根本制度"[③]。

**（五）改革开放过程中农村试点的全面铺开**（1979—2012年）

党的十一届三中全会开启了我国农村改革和发展新的历史时期。我党认识到，只有大力恢复和加快农业生产，才能保证整个国民经济的迅速发展。为此，必须首先调动我国几亿农民的社会主义生产积极性，必须在经济上充分关心他们的物质利益，在政治上切实保障他们的民主权利[④]。在此背景下，从降

---

① 中共中央文献研究室. 中国共产党90年研究文集 [M]. 北京：中央文献出版社，2011：248.

② 罗平汉. 问路——毛泽东与1961年全党农村大调查 [M]. 北京：人民出版社，2019：334-335.

③ 中共中央文献研究室. 建国以来重要文献选编（第十五册）[M]. 北京：中央文献出版社，1997：180.

④ 邓小平. 邓小平文选（第3卷）[M]. 北京：人民出版社，1994：354.

低农民负担到健全农民医疗及养老等社会保障水平，从家庭联产承包责任制改革到各类农业综合改革试点，我国农村改革试点的广度和深度不断拓展，农村改革试点全面铺开，在这一时期历年国务院《政府工作报告》中予以强调的就有31项（次）各类农村政策试点事项（表2-1）。

表2-1　1979—2012年国务院《政府工作报告》中农村政策试点事项

| 试点年份 | 试点事项 |
| --- | --- |
| 1979 | 农村人民公社工作条例试行 |
| 1983 | 农村商品流通体制改革试点 |
| 1990 | 县级综合改革试点，农村改革试验区 |
| 2000 | 农村税费改革试点，退耕还林还草试点 |
| 2001 | 农村税费改革试点 |
| 2002 | 农村税费改革试点，退耕还林还草试点 |
| 2003 | 农村新型合作医疗制度改革试点，农村税费改革试点 |
| 2004 | 新型农村合作医疗制度和医疗救助制度试点，中西部农村教师工资发放、中小学危房改造、中小学现代远程教育工程试点，农村信用社改革试点，农村税费改革试点 |
| 2005 | 新型农村合作医疗制度试点，对农村部分计划生育家庭实行奖励扶助制度试点，"少生快富"扶贫工程试点 |
| 2006 | 农村综合改革试点，新型农村合作医疗制度试点 |
| 2007 | 新型农村合作医疗制度试点，农业政策性保险试点 |
| 2008 | 政策性农业保险试点，农村养老保险试点 |
| 2009 | 农村危房改造试点，新型农村社会养老保险试点 |
| 2010 | 新型农村社会养老保险试点，农村危房改造试点，农村儿童白血病、先天性心脏病医疗保障试点 |
| 2011 | 新型农村社会养老保险试点 |
| 2012 | 新型农村社会养老保险试点 |

**1. 家庭联产承包责任制试点**

1977—1978年，安徽和四川等地农村悄然兴起了自发的农民包产到户的改革行动。1978年底，两省省委结合本省的实际情况经过广泛讨论之后，先后制定了《（安徽省）关于当前农村经济政策几个问题的规定（试行草案）》（俗称"农村六条"）和《（四川省）关于目前农村经济改革的几个主要问题的规定》（简称四川"十二条"），提出"允许生产队根据农活建立不同的生产责任制""落实按劳分配政策""允许和鼓励社员经营自留地"等政策，这些政策对基层探索落实包产到户的试点实践起到了有效的激励作用。安徽省从 1979 年起在肥西县和凤阳县等地开始打破土地管理使用的"禁区",实行"分地到组,记产计工,统一分配"的责任制[①],并在当年迅速取得成效,农民生产积极性和粮食产量均得到迅速提高,凤阳等地的试点经验被安徽省多地学习,到 1979 年末全省超过一半的生产队实行包产到组的责任制。在此基础上,一些生产队更进一步地进行"包产到户"的尝试。

山东、贵州等地自 1979 年开始也陆续自发进行了"包产到户"或"包干到户"的尝试,均取得了粮食大幅度增产和农民增收的好成绩。此后,虽然中央和地方对联产承包的认识依然存在争论和分歧,但各试点地区依然坚信这一创新的成效并积极构建其在政策和理论层面的正当性。如中共四川省委发出《关于农村人民公社生产队建立健全生产责任制和奖惩问题的通知》用以稳定既有农村包干的政策,安徽省委在坚持联产承包试点的同时,指示省农委辛生、卢家丰专门去信《人民日报》,强调"相信大多数群众是有鉴别力的,只能划个大框框,不能硬要群众只能采取这种办法,而不能采取另一种办法"[②]。

此后,中央组织多次座谈会并就包产到户试点进行了充分的调研,逐步转变了认识,并于 1982 年 1 月在中共中央批转的《全国农村工作会议纪要》中,第一次明确肯定了"包产到户"等责任制的社会主义性质,1983 年中央 1 号文件《当前农村经济政策的若干问题》中则明确指出,我国农村变化中"影响最深远的是,普遍实行了多种形式的农业生产责任制,而联产承包制又越来越成为主要形式",标志着家庭联产承包责任制正式成为我国农业发展基本经营管理体制。

### 2. 农村税费改革试点

1999 年初,财政部、农业部、中央农村工作领导小组办公室共同制定《关于农村税费改革的意见》,在吸取 20 世纪 90 年代以来安徽、河北等地自发进行的农村税费改革经验基础上,经安徽省委、省政府批准,在四县进行"取消乡统筹费,调整农业税计税税率、重新确定计税耕地面积、改进'三提'征收方式,完善农业特产税征管"的税费改革。2000 年,在总结试点县经验的基础上,中共中央、国务院发出《关于进行农村税费改革试点工作的通知》,决定在安徽省进行农村税费改革全省试点,同时提出"其他省、自治区、直辖市可根据实际情况选择少数县(市)试点"。在总结安徽省及其他省、市、县

① 王洪模. 1949—1989 年的中国改革开放的历程 [M]. 郑州:河南人民出版社,1989:238.
② 王伟光,朱满良,杨信礼. 社会主义通史(第八卷)[M]. 北京:人民出版社,2011:167.

试点经验的基础上，2001 年 3 月 24 日，国务院发出《关于进一步做好农村税费改革试点工作的通知》，要求"扩大试点、积累经验"，具备条件的省份可以全面推开试点。2003 年 3 月 27 日，国务院发出《关于全面推进农村税费改革试点工作的意见》，农村税费改革在全国全面铺开[①]。

2004 年 3 月 5 日，国务院总理温家宝在十届人大二次会议上作《政府工作报告》时宣布："从今年起，中国逐步降低农业税税率，平均每年降低一个百分点以上，五年内取消农业税。"由此，农村税费改革由"减轻、规范、稳定"的目标转向逐步降低直至最终取消农业税的新阶段。2004，黑龙江、吉林两省即进行了免征农业税改革试点，北京、上海、天津、浙江、福建等五省（市）宣布自主免征农业税。2005 年新年伊始，广东、江苏、河南、浙江等多地相继宣布当年起全面取消农业税，截至当年 7 月，全国有 27 个省（自治区、直辖市）决定全部免征农业税，2005 年 12 月，十届全国人大常委会第十九次会议通过决定，自 2006 年 1 月 1 日起废止《农业税条例》，具有 2 600 多年历史的农业税正式退出了中国历史的舞台[②]。

**3. 新型农村合作医疗（新农合）制度试点**

新型农村合作医疗制度，是指由政府组织、引导、支持，农民自愿参加，个人、集体和政府多方筹资，以大病统筹为主的农民医疗互助共济制度。为区别于人民公社时期的农村合作医疗，这一制度加上了"新型"二字并被简称为"新农合"。

2002 年 10 月，中央出台《关于进一步加强农村卫生工作的决定》明确提出逐步在全国建立新型农村合作医疗制度，要求各地先行试点，总结经验，逐步推广，到 2010 年基本覆盖全国农村居民。2003 年，国务院办公厅转发了卫生部、财政部和农业部《关于建立新型农村合作医疗制度的意见》，明确要求"各省、市、区至少要选择 2～3 个县（市）先行试点，取得经验后逐步推开"。同年，浙江、湖北、云南和吉林四省被国务院确定为全国试点省，国务院也专门成立由卫生部、财政部、民政部、国家发展和改革委员会等 11 个部委（局、办）参加的新型农村合作医疗部际联席会议制度指导相关试点工作。

2004 年 1 月，国务院办公厅转发卫生部等 11 部委联合发布的《关于进一步做好新型农村合作医疗试点工作的指导意见》，对相关试点工作展开进

---

① 王久高. 新时期中国共产党村级组织建设研究［M］. 北京：人民出版社，2010：117-118.

② 谢旭人. 为国理财 为民服务——党的十六大以来财政发展改革成就［J］. 中国财政，2012（7）.

一步的指导和规范，当年 10 月 22 日至 23 日，国务院召开全国新型农村合作医疗试点工作会议，进一步总结部署试点工作。2005 年 8 月，温家宝总理主持国务院常务会议，研究加快建立新型农村合作医疗制度问题，会议要求"到 2008 年在全国农村基本建立新型农村合作医疗制度"，此后，新型农村合作医疗制度试点区域进一步扩大，参保农业人口和参合率得到迅速提升。①

2007 年 9 月，时任卫生部部长陈竺在国务院新闻发布会上指出，自 2007 年开始"我国新农合制度建设已经由试点阶段转入全面推进阶段"，2008 年，我国参加新型农村合作医疗的人口达到 8.15 亿人，新型农村合作医疗制度的试点与实施提前两年达到预期目标。②

**4. 新型农村社会养老保险制度（新农保）试点**

新型农村社会养老保险制度是对应 1991 年 6 月民政部制定的《县级农村社会养老保险基本方案》并据此于 1992 年在全国范围内建立的"老农保"而提出来的，是指以个人账户为主、保障水平适度、缴费方式灵活、账户可随人转移的新型农村社会养老保险制度和参保补贴机制。

1999 年，中央提出"中国农村尚不具备普遍实行社会养老保险的条件"③，"老农保"陷入停滞状态。在此背景下，探索个人、集体与国家相结合的新型农民保险制度成为农村养老保险制度改革的努力方向。2000 年，党的十五届五中全会审议通过的《"十五"建议》中明确提出，"（要）实现新型农村社会养老保险制度全覆盖"；2006 年 1 月，原劳动和社会保障部选择北京市大兴区、山东省烟台招远市等 8 个县、市、区启动了新型农村社会养老保险制度建设试点工作；2008 年 10 月，党的十七届三中全会通过的《中共中央关于推进农村改革发展若干重大问题的决定》明确要求"按照个人缴费、集体补助、政府补贴相结合的要求，建立新型农村社会养老保险制度"，自此开启了全面推进新型农村社会养老保险制度的进程。

2009 年，温家宝总理在《政府工作报告》中正式提出"新型农村社会养老保险试点要覆盖全国 10％左右的县（市）"的工作目标。此后这项工作的试点范围逐步扩大，2010 年扩大到全国 23％的县（市、区）。2011 年又扩大到全国 40％的县（市、区），同年 4 月，国务院常务会议决定 2011 年

① 李立清. 新型农村合作医疗制度 [M]. 北京：人民出版社，2009：136 - 137.
② 郑谦. 中华人民共和国史 2002—2009 [M]. 北京：人民出版社，·2010：101 - 102.
③ 张思锋，王立剑. 新型农村社会养老保险制度试点研究：基于三省六县的调查 [M]. 北京：人民出版社，2011：16.

新农保覆盖地区提高至60％，6月，温家宝总理在全国新型农村社会养老保险试点经验交流会议上承诺，国务院决定在本届政府任期内基本实现制度全覆盖；2013年我国基本实现"新农保"制度全覆盖，提前8年实现了预定目标。

**5. 农村改革试验区**

中共中央1987年五号文件提出"有计划地建立农村改革试验区"，为贯彻中央精神，国务院办公厅于1987年9月转发国务院农村发展研究中心《关于农村改革试验区的请示》，确定安徽省阜阳地区、黑龙江省尚志县两个地区、十个县（市）、一个国有农场和一个林业局作为全国农村改革试验区的选点，就"乡、村合作经济组织和土地承包制的完善化、制度化""土地规模经营和农业现代化建设"等选题展开综合性试点，此后试点数量、范围以及试点事项逐步扩大，至1992年已有经国务院批准建立的21个农村改革试验区，并在粮食购销体制改革、土地制度建设、乡镇企业制度建设等多个方面取得了成绩，涌现出"湄潭模式""南海经验"等试点典型。

2011年开始，我国启动新一轮农村改革试验区建设工作，当年底农业部会同中央有关部门，并报请中央农村工作领导小组批准，共安排24个农村改革试验区围绕稳定和完善农村基本经营制度、改革农村产权制度、完善农业支持保护制度等六大制度建设展开试点探索，自此，农村改革试验区成为我国农村改革创新的一项重要工作，受到党中央和国务院的高度关注。

**（六）全面深化改革过程中农村试点的传承与创新**（2013年至今）

2013年11月，中国共产党第十八届中央委员会第三次全体会议公报指出，中央成立全面深化改革领导小组，负责改革总体设计、统筹协调、整体推进、督促落实，以充分发挥党总揽全局、协调各方的领导核心作用。中央全面深化改革领导小组的成立标志着我国全面深化改革过程中对于顶层设计的进一步强调，坚持"顶层设计"与"摸着石头过河"方法相结合成为新时期我国各项改革创新的总体特征，其内涵正如习近平同志所指出的，"摸着石头过河和加强顶层设计是辩证统一的，推进局部的阶段性改革开放要在加强顶层设计的前提下进行，加强顶层设计要在推进局部的阶段性改革开放的基础上来谋划"[①]。

2014年国务院《政府工作报告》指出，"农村改革要从实际出发，试点先行，切实尊重农民意愿，坚决维护农民合法权益"，2016年3月中央全面深化

---

① 杨圣琼. 改革开放只有进行时没有完成时［J］. 当代贵州，2015（18）：10 - 12.

改革领导小组第二十二次会议审议通过《关于加强和规范改革试点工作的意见》(以下简称《意见》),《意见》强调,要准确把握改革试点方向,把制度创新作为核心任务,发挥试点对全局改革的示范、突破、带动作用;要加强试点工作统筹,科学组织实施,及时总结推广;对试点项目进行清理规范,摸清情况,分类处理[①]。在此背景下,我国农村政策试点进入一个更加重视中央统筹规划、更加尊重并维护农民利益的全新发展阶段(表2-2)。

表2-2 2013—2019年国务院《政府工作报告》中农村政策试点事项

| 年 份 | 政策试点事项 |
| --- | --- |
| 2013 | 农村土地承包经营权登记试点 |
| 2014 | 现代农业综合配套改革试点,发挥深松整地增产试点,农村土地制度改革试点,农业供销合作社综合改革试点 |
| 2015 | 粮食作物改为饲料作物试点,农村土地征收试点,农村集体经营性建设用地入市试点,农村宅基地制度改革试点,农村集体产权制度试点,农村改革试验区,城乡建设用地增减挂钩试点,新型城镇化综合试点 |
| 2016 | 新型城镇化综合试点,耕地轮作休耕制度试点 |
| 2017 | 耕地轮作休耕改革试点,粮食作物改为饲料作物试点,农村土地制度改革试点 |
| 2018 | 耕地轮作休耕改革试点 |
| 2019 | 农村土地征收试点,农村集体经营性建设用地入市试点,农村宅基地制度改革试点,政策性农业保险改革试点 |

## 1. 农村土地制度改革试点

2013年,党的十八届三中全会通过的《中共中央关于全面深化改革若干重大问题的决定》中,多次提及农村土地制度改革问题,在强调土地对农业农村发展的基础性地位的同时,明确了我国农村土地制度改革的战略方向和基本任务。2014年12月,习近平主持中央全面深化改革领导小组第七次会议,审议了《关于农村土地征收、集体经营性建设用地入市、宅基地制度改革试点工作的意见》,从而正式提出农村土地制度改革"三项试点"工作内容。2015年1月,中共中央办公厅和国务院办公厅联合印发了《关于农村土地征收、集体经营性建设用地入市、宅基地制度改革试点工作的意见》,我国农村土地制度改革"三项试点"正式启动。

---

① 习近平. 推动改革举措精准对焦协同发力形成落实新发展理念的体制机制[EB/OL]. 中华人民共和国中央人民政府网, http://www.gov.cn/xinwen/2016-03/22/content_5056435.htm.

2015 年 2 月，全国人大常委会表决通过决定，授权国务院在北京市大兴区等 33 个试点县（市、区）行政区域，暂时调整实施《土地管理法》《城市房地产管理法》等有关法律规定。在各地试点实施过程中，土地征收制度改革试点按照"程序规范、补偿合理、保障多元"的要求，以维护农民利益为出发点，明确征地范围，完善了土地征收程序，建立健全了多元补偿安置机制；集体经营性建设用地入市试点按照"同权同价、流转顺畅、收益共享"的要求，各试点地区推进集体经营性建设用地与国有建设用地同等入市、同权同价，初步建立起城乡统一的建设用地市场。宅基地制度改革试点按照"依法公平取得、节约集约使用、自愿有偿退出"的要求，试点地区以多种形式保障农民户有所居，推进农村宅基地合理布局和节约利用，促进盘活利用闲置宅基地，增加农民财产性收入[①]。

与此同时，各试点地区统筹推进"三项试点"与其他农村改革试点，其中，"三项试点"的 33 个试点地区全部纳入新型城镇化综合试点，有14 个试点地区纳入农村改革试验区，15 个宅基地制度改革试点地区全部列入农民住房财产权抵押贷款试点，还有不少试点地区纳入了农村集体产权制度改革试点，几类试点共同推进、相互配合，产生很好的改革联动效应[②]。

为期两年多的试点取得了显著的成绩，但也在入市土地监管利用、二级土地市场开放、利益分配机制等方面出现一些新问题。对此，在试点期限即将到来之际，2017 年 11 月全国人大决定将农村土地制度改革"三项试点"延期一年。2018 年 12 月，在第十三届全国人民代表大会常务委员会第七次会议上，国务院就相关改革试点工作进行了总结报告，报告总结了试点获得的四个方面的成效，同时也指出三个方面的不足，在此基础上，提出了修改《土地管理法》和《城市房地产管理法》的建议。

### 2. 以村民小组、自然村为基本单元的村民自治试点

为有效化解我国行政村与自然村并立所形成的农村基层治理过程中治权与产权脱节问题，2013 年的中央 1 号文件提出"开展以村民小组、自然村为基本单元的村民自治试点工作"。广东省清远市于 2013 年在全国率先推动相关工作，以"三个整合、三个重心下移"为突破口，推动"支部建到村组、自治沉

---

① 中共中央党校（国家行政学院）课题组. 改革开放 40 周年中国社会经济发展研究［M］. 北京：人民出版社，2018：254 - 255.

② 中共中央党校（国家行政学院）课题组. 改革开放 40 周年中国社会经济发展研究［M］. 北京：人民出版社，2018：418.

到村落、服务下到村里"农村综合性改革试点，其中在村民自治制度改革创新方面，清远市尝试将村民委员会下移到村民小组或自然村，将全国通行的"乡镇—行政村—村民小组"调整为"乡镇—片区—自然村（或村民小组）"，致力于改变农村基层治理过程中"乡镇管不到、村委管不了、自然村没人管"的管理"真空"状态。经过三年多的努力，清远市改革试点取得了明显的成效，并受到中央的高度关注，相关经验被纳入中央及国家有关农业农村改革的政策文件与方案之中。

2014年中央1号文件要求探索不同情况下村民自治的有效实现形式，并提出集体土地所有权在村民小组的地方，可开展以村民小组为基本单元的村民自治试点，从而将清远市的自发探索上升为中央决策。2015—2018年连续四个中央1号文件中都提出了开展以村民小组或自然村为基本单元的村民自治试点工作的要求，为贯彻落实中央1号文件有关精神，2016年10月，中共中央办公厅、国务院办公厅印发《关于以村民小组或自然村为基本单元的村民自治试点方案》，明确提出在村民小组或自然村探索村民自治多种有效实现形式，真正实现农村有人管事、有章理事、有钱办事。2017年，民政部会同中央组织部、中央农办等部门，在全国确认北京市密云区穆家峪镇辛安庄村等18个县（市、区）的24个村（村民小组、自然村、屯）为国家层面试点单位，同时规定相关试点工作从2016年12月起，到2017年12月底止。

在试点过程中，各试点单位积极尝试，除广东省清远市继续在英德市西牛镇、连州市九陂镇、佛冈县石角镇等地继续开展"三个重心下移"的深化村建工作试点之外，贵州省威宁县开展了"三级自治"的探索，在现有行政村村民委员会的基础上，自治体系向下延伸，打破原来的村民小组这一单元，依托自然村寨建立自管委，建立"村支部＋自管委（合作社）党小组＋十户一体党员示范户"基层党组织体系[①]，此外甘肃瓜州布隆吉村、黑龙江方正中兴村等地也进行了各自的探索。

**3. 国家数字乡村建设试点**

2018年1月2日，《中共中央、国务院关于实施乡村振兴战略的意见》明确提出，要实施数字乡村战略，做好整体规划设计弥合城乡数字鸿沟。2019年5月，中共中央办公厅、国务院办公厅印发了《数字乡村发展战略纲要》（以下简称《纲要》），强调了数字乡村建设的重要意义，"数字乡村是

---

① 陶元洁. 社区兴衰与国家治理 [M]. 北京：人民出版社，2018：207.

伴随网络化、信息化和数字化在农业农村经济社会发展中的应用，以及农民现代信息技能的提高而内生的农业农村现代化发展和转型进程，既是乡村振兴的战略方向，也是建设数字中国的重要内容"，《纲要》同时指出，"（要）选择部分地区按照统筹规划、整合共享、集聚提升的原则，统筹开展数字乡村试点示范工作，边试点、边总结、边推广，探索有益经验"。同年 12 月，浙江省确定杭州市等 4 个市、杭州市临安区等 11 个县（市、区）为省级数字乡村试点示范市（县），明确通过一年左右的时间完成数字乡村示范工作目标任务。

2020 年 7 月，中央网信办、农业农村部、国家发展改革委等七部门联合印发《关于开展国家数字乡村试点工作的通知》（以下简称《通知》），明确各省、市、自治区数字乡村试点地区名单，同时明确试点工作任务，《通知》强调，各试点地区到 2021 年底要实现城乡数字鸿沟明显缩小、乡村数字经济快速发展等数字乡村建设基本目标。在中央发布试点名单之后，承担试点工作任务的多个省市相继发布《数字乡村建设试点示范工作方案》，并着手从加快乡村信息基础设施建设、发展农村数字经济、繁荣乡村网络文化等多个方面推进试点工作，并涌现出浙江丽水"机器换人"、广东清远"乡村新闻官"等创新探索。

### 4. 第二批农村改革试验区

为深入贯彻落实党的十八届三中全会和中央农村工作会议精神，经农村改革试验区工作联席会议成员单位研究，并报请国务院及中央农村工作领导小组同意，2014 年 7 月，农业部决定启动第二批农村改革试验区和试验项目。第二批农村改革试验区采用多种层级的选点，其以县级行政区（含国有农、林场）为主，同时安排地市级行政区为单位开展综合性强的试验任务，安排少量省级行政区进行行业性项目试点。在试点内容方面，第二批农村改革试验区共安排深化农村土地制度改革、完善农业支持保护体系、建立现代农村金融制度、深化农村集体产权制度改革、改善乡村治理机制 5 个方面共 19 项试验任务。

经过地方申报、省级推荐和部门审核，2014 年 12 月，农业部会同中央农村工作领导小组办公室、中央组织部等农村改革试验区工作联席会议成员单位下发了《关于第二批农村改革试验区和试验任务的批复》，确定了北京市通州区、天津市宝坻区和河北省曲周县等 34 个县（市、区）作为第二批试点单位，涉及 14 个具体的改革试验任务。2016 年 4 月，农业部印发了《农村改革试验区工作运行管理办法》，以进一步规范和引导新形势下的农村改革试验区工作，加强和改进试验区运行管理。

2018 年 2 月，农业部通报了党的十八大以来农村改革试验区改革试验成果转化的情况：截至 2017 年底，我国农村改革试验区在农村土地制度改革、农村集体产权制度改革、农业支持保护制度改革、农村金融制度改革、完善乡村治理机制改革、构建城乡融合发展体制机制和创新工作推进机制 7 个方面，已有涉及 68 项试验内容的 84 项试验成果被 68 件政策文件、法律法规所吸收或在其指定过程中产生重要影响。中国共产党领导农村政策试点的实践历程如表 2-3 所示。

表 2-3　中国共产党领导农村政策试点的实践历程

| 试点阶段划分 | 试点背景 | 试点重要领域 | 做法及特征 | 典型案例 |
| --- | --- | --- | --- | --- |
| 初步尝试时期（1921—1936 年） | 第一次国共合作破裂和以城市为中心的武装暴动遭遇重大挫折的严峻挑战，通过土地革命巩固革命根据地，有效实现农村包围城市的革命道路 | 土地革命试点 | 以土地为抓手，通过开展"打土豪、分田地"的方式维护农民群众的切身利益 | 湘赣边革命根据地分田试点福建永定溪南土地分配试点广西东兰、凤山土地革命试点 |
| | | 查田运动试点 | 通过清查地主、富农并将混入党支部和乡政府的坏人也查了出来，同时解决了在中央苏区长期存在的分田不合理问题 | 叶坪乡查田试点 |
| 调整发展时期（1937—1945 年） | 根据抗日战争和根据地建设形势的变化，除土地问题这一核心工作外，为发展和巩固敌后抗日根据地、并取得抗日战争的全面胜利，在根据地农村政权建设、文化建设、党的建设等多个领域应用试点工作方法 | "民主选举"试点 | 思想工作优先，充分发动群众，创新选举形式保证试点效果 | 陕北麻子沟乡政府民主选举试点 |
| | | "识字班"试点 | 按年龄、性别分班，利用业余时间学习文化，将识字班发展成为有组织的社会文化运动 | 洙边"庄户学" |
| | | "双减""查减"试点 | 批判"恩赐"观点与"包办"思想，总结出发动群众自觉按照政策实行的实施方式 | 山东临沭"实验中心县"试点 |
| | | 抗日民主政权"三三制"试点 | 通过多种灵活的"土办法"帮助农民行使选举权利，充分调动农民的积极性 | 绥德分区"三三制"试点 |

（续）

| 试点阶段划分 | 试点背景 | 试点重要领域 | 做法及特征 | 典型案例 |
|---|---|---|---|---|
| 持续探索时期（1946—1949 年） | 我党领导解放战争的全面胜利，解放区的面积迅速扩展，政策试点作为我党的一种常用工作方法在发展农业生产、支援解放战争前线、建设并巩固解放区农村政权等多个方面得到了广泛的应用。 | 土地改革运动试点 | 采用"中间不动两头平"的具体做法，学习中央苏区时期经验，深入农民家进行调查访问，发动农民组织阶级队伍，成立贫雇农特别会议，倾听并满足农民的要求。 | 鹅钱乡土地改革运动试点陕甘宁边区土地征购试点 |
| | | 清匪反霸试点 | 着重自下而上方法；集中力量突破重点取得实践经验；调派干部和重点村新发展的积极分子到预备试点村开展工作 | 豫西解放区清匪反霸试点 |
| 试点突破时期（1950—1978 年） | 新中国成立后农业农村发展百废待兴，许多新问题和新挑战急需中国共产党领导的人民政权予以化解，试点被广泛应用到新中国农业农村建章立制和创新发展的各项工作中 | 土地改革试点 | 总结出土地改革工作六个步骤，其中有四个步骤（典型试验、重点突破、由点到面、点面结合）涉及试点方法的应用 | 中南各省土地改革试点 |
| | | 乡政权建设试点 | 采用提高群众觉悟、划分居民小组和自然村、召开农民代表会议，成立乡人民政府、建立乡的各种组织制度"四步走"的形式推进政权建设试点 | 高滩乡试点建乡 |
| | | 初级农业生产合作社试点 | 采取"土地入股、统一经营"的方式进行，着重挖掘乡村内部贫下中农互助合作的积极性 | 浙江初级农业生产合作社试点 |
| | | "包产到户"试点 | 统一生产计划、统一调配劳力、统一安排精肥、统一抗御自然灾害、统一分配的"五统一"为基础，实行大宗农活集体干、专项生产包到人、田间管理包到户、联系产量定奖罚的办法实施"产量责任制" | 永嘉县雄溪乡燎原社"包产到户"试点"霞光道路" |
| | | 以生产队为基本核算单位下放试点 | 以生产队为基本核算单位，实行以生产队为基础的三级集体所有制 | 福建龙岩以生产队为基本核算单位下放试点 |

（续）

| 试点阶段划分 | 试点背景 | 试点重要领域 | 做法及特征 | 典型案例 |
|---|---|---|---|---|
| 全面铺开时期（1979—2012年） | 大力恢复和加快农业生产，保证整个国民经济的迅速发展 | 家庭联产承包责任制试点 | 允许生产队根据农活建立不同的生产责任制，落实按劳分配政策，允许和鼓励社员经营自留地 | 安徽凤阳小岗村试点 |
| | | 农村税费改革试点 | 取消乡统筹费，调整农业税计税常产和税率、重新确定计税耕地面积、改进'三提'征收方式，完善农业特产税征管 | 安徽农村税费改革试点 |
| | | 新型农村合作医疗（新农合）制度试点 | 由政府组织、引导、支持，农民自愿参加，个人、集体和政府多方筹资，以大病统筹为主的农民医疗互助共济 | 浙江省新农合试点 |
| | | 新型农村社会养老保险制度（新农保）试点 | 以个人账户为主、保障水平适度、缴费方式灵活、账户可随人转移的新型农村社会养老保险制度和参保补贴机制 | 北京市大兴区新农保试点 |
| | | 农村改革试验区 | 农村综合改革示范试点 | 安徽省阜阳农村改革试验区 |
| 传承创新时期（2013年至今） | 坚持"顶层设计"与"摸着石头过河"方法的相合成为新时期我国各项改革创新的总体特征 | 农村土地制度改革试点 | 农村土地征收、集体经营性建设用地入市、宅基地制度改革三项试点 | 北京市大兴区土地改革试点 |
| | | 村民自治试点 | 将全国通行的"乡镇—行政村—村民小组"农村治理结构调整为"乡镇—片区—自然村（或村民小组）" | 广东省清远市"三个整合、三个重心下移"试点 |
| | | 国家数字乡村建设试点 | 加速以农民现代信息技能的提高而内生的农业农村现代化发展和转型进程 | 浙江丽水"机器换人"试点 |
| | | 第二批农村改革试验区 | 以县级行政区（含国有农、林场）为主开展综合性试点示范 | 北京市通州区农村改革试点 |

## 三、中国共产党领导农村政策试点的特征及趋势分析

### （一）"一核两翼"：农村改革试点的布局特征

**1. 一核：农村政策试点以农村土地政策改革为核心**

中国共产党领导的中国革命、建设与改革都起步于农村，而土地作为我国农业生产最基本、最核心的生产资料，是农民的生存之源、农村的发展之本，也是各个历史时期农村治理的核心资源；农村土地政策是农村经济制度的基础，也是关联农村政治、经济、文化、社会等众多方面的核心命题，这决定了我国农村革命、建设与改革各项政策试点创新工作的中心必须围绕土地这个根本问题而展开。

从历史实践来看，土地改革贯穿了中国共产党领导的中国革命全过程，无论是土地革命时期苏区进行的"打土豪、分田地"和"查田运动"试点，还是抗日战争时期敌后抗日根据地施行的"双减""查减"试点，以及解放战争时期以实现"耕者有其田"为目标的土地改革运动试点，虽然根据革命形势的需要，不同时期土地政策对于农村土地所有权的归属定位有所差异，但最大限度地保障广大农民群众的土地权益，提高土地利用效率和效益是革命时期各项土地政策改革试点的根本出发点。中华人民共和国成立以后，土地不仅是维持广大农民生存所需粮食生产的基础性生产资料，同时也是我国农村建设、发展以及国家整体发展的重要资源。对此，针对如何建立更为科学合理的农村土地产权关系，在更有效实现农民土地权利的同时，充分调动农民群众的生产积极性，促进现代农业及农村发展，中国共产党领导全国人民反复进行土地政策的调整与创新，不断推出新的试点举措，力图寻求更为满意的解决方案。

**2. 两翼：以解决农村民生问题和乡村治理问题为农村政策试点目标**

首先，农村政策试点必须以破解广大农民群众民生难题作为根本目标。包括土地政策试点在内的绝大多数农村政策试点，都是基于我党维护农民生存权益和基本福祉需要的政策规划。中华人民共和国成立后，土地作为基本生产资料公有制的制度在我国建立并逐步完善，特别是家庭联产承包责任制作为农村基本经营制度得以推广实施以来，农民土地权益得到了有效的保障。在此基础上，我党得以继续在两个方面通过不断的试点探索以巩固广大农民群众的民生权益，其具体表现为三项基本内容，即"少取""多予""放活"。

一是农民基本生存保障，其主要涉及降低农民负担（"少取"）和加大财政支持提升农民生存保障（"多予"）两个方面的政策，前者体现为农村税费改革等农民税负的调整、降低直至废除的各类试点；后者则体现在中华人民共和国

成立以来，中国共产党领导下"旧农保""新农保""老农合""新农合"等基本民生保障的试点探索。此外，我党还通过组织开展农村危房改造试点、农村重点人群先天性疾病医疗保障试点等，提升农民抗击各类灾害及病患的能力，进而提高其生命安全保障的能力。二是农民的基本发展权利的开发（"放活"），除前述通过土地政策调整进行农村土地综合开发以促进农民增收外，我党还通过开展农村商品流通体制改革、农村供销合作社改革等试点创新以搞活农村经济，组织农村精准扶贫试点、现代农业综合配套改革试点、政策性农业保险改革试点等以提升农民致富水平和生产发展过程中抗击风险的能力，通过耕地轮作休耕试点与新型城镇化试点等方式，提升广大农民生产、生活的可持续水平和城乡生产要素自由流动的水平，推动城乡统筹发展。

为有效保障上述民生权益目标在各项政策试点中得以有效实现，从毛泽东同志所强调的"从群众中来，到群众中去"试点工作路线到习近平同志所作的关于农村改革试点"三条底线"与"不能把土地集体所有制改没了"的指示精神，我党历代领导人都十分重视农村改革试点过程中农民的主体性价值，强调通过正确处理国家、集体和个人三者关系，通过集体协商和共同参与等方式积极发挥试点过程中广大农民的主体地位。

其次，农村政策试点必须以有效的乡村治理作为保障。通过改变旧有的农村政权组织结构，对农村基层政权进行大规模的改造，清除政权组织中的反动分子，使农村政权掌握在共产党领导下的人民群众手中[1]，是中国共产党革命先贤们在艰苦卓绝的革命斗争中总结出来的社会主义农村建设与发展的基本经验。无论在革命年代还是新中国农村建设和发展过程中，我党一直高度重视农村政权建设以及人民民主专政背景下的乡村治理工作，根据形势需要开展多种形式的试点创新。

抗战时期革命根据地"民主选举"试点与抗日民主政权"三三制"试点，在巩固抗日民族统一战线的同时充分发挥了广大农民当家作主的权利。解放战争时期清匪反霸试点开启了解放区通过发动群众、培育农民积极分子开展农村社会治理的先河。中华人民共和国成立后，四川等地进行的乡政政权建设试点为新中国农村政权建设积累了经验，而 20 世纪 60 年代"枫桥模式"的总结则为我国城乡化解社会矛盾、推进社会治理创新提供了长期的参考。进入 21 世纪以来，从社会主义新农村总要求中的"管理民主"到新时期乡村振兴战略目标中的"治理有效""加强农村基层基础工作，健全自治、法治、德治相结合的

---

① 《董必武传》编写组. 董必武传 1886—1975（上卷）[M]. 北京：中文文献出版社，2006：850.

乡村治理体系"，在党的战略指引下，一批涉及乡村治理的中央政策地方试点被陆续推出，用以探索新时期农村固本强基的新思路。

## （二）从单一到整体：农村改革试点的领域特征

相较于我国工业化、城市化的迅速发展，由于自然地理条件和农业生产技术水平的限制，长期以来"日出而作、日落而息""男耕女织"等基于传统人力、畜力的农作模式依然是我国农业生产的主流形态，这导致千百年来我国农业生产力水平、农村发展水平长期低位徘徊；在城乡二元户籍管理制度、粮食统购统销等基本政策的规范下，在中华人民共和国成立之后的相当长一段时间内，农业生产和农村社会的单一性和封闭性依然未能有效突破。在此背景下，不论是革命战争年代还是中华人民共和国成立初期，农村政策的创新试点都是建立在这种生产力水平和生活状态之下，通过农村基本生产资料土地的所有权与使用权调整，逐步重建受到封建官僚制度破坏的家庭经营模式、调动农民生产力并推动农村发展。作为对土地制度的补充和保障，相关乡村治理与民生领域的试点，除特定历史时期受政治运动影响出现短暂突变外，大部分时间也依然着眼于农村内部生产微观经营组织的定性和相关管理制度的调整。

随着改革开放特别是社会主义市场经济体制的确立，我国农村问题被放置在市场竞争、城乡对比甚至区域与国际竞争的更广阔空间内进行考察，传统手工农作模式遭遇到工业化、信息化的冲击，以家庭为单位的经营模式在现代企业经营制度所支撑的市场主体面前处于不利的竞争位置，交通及通信条件的发展所带来的城乡对比、区域及国际比较对传统农村人际交往和社会管理模式带来了巨大的冲击，农村住房及土地征收、农村环境保护、"空心村""留守儿童"等新问题不断涌现。为有效应对这些问题，农村改革创新必须跳出原有"就乡言农"的思维定式，在市场化、社会化和城乡统筹的视野下，农村改革必然要深入到金融、财政、价格、计划、物资、国内外贸易等诸多领域，必然要触及城乡之间以及各部门之间的深层利益，农村改革的独立程度大大下降，深化农村改革必定是兼及城乡的改革，改革面临着空前复杂的局面[①]。因此，单纯依靠基层实践创新以寻找农村政策变革灵感的试点模式在瞬息万变的市场和社会发展形势面前难以为继，改革开放以后中国共产党领导的农村政策试点创新开始走向更为综合、更为主动的新模式，其特征主要表现在两个方面：一是试点不再局限于某一个方面的创新而是多管齐下谋求区域和领域的政策突破；二是不同政策试点项目之间逐步走向呼应和融合，并最终谋求整体的创新发展。

---

① 参文．参事馆员见证改革岁月［M］．北京：人民出版社，2019：49．

自 1987 年开始，中央启动在农村设立改革试验区的战略性部署，改变过往聚焦单个农村政策领域的试点模式，通过在区县、地市设立试验区的方式综合进行多项试验，经过 1987 年、2011 年、2014 年三个批次的试验区建设，最终确立了在 79 个地区开展 10 个领域近百项政策内容的试点工作，在农村土地制度改革、农村集体产权制度改革、乡村治理体系建设等方面取得了丰富的经验，并直接被中央有关政策文件和法律法规所采纳。2007 年 6 月，国务院分别在成都和重庆设立的国家级"城乡统筹综合配套改革试验区"，是我国中央农村政策综合性试点的又一个里程碑，此后的 2013 年，国务院又在黑龙江省设立"两大平原"国家现代农业综合配套改革试验区，以农业农村工作为主题建设国家级综合配套改革试验区，进一步显现新时期我国农村改革试点"一体性""综合性"的整体化特征，改变过往单纯强调促进农业生产和农村经济增长的改革观，从政治、经济、社会、文化等多个领域统筹推进各项改革试点，形成相互配套的政策体系、管理体制和运行机制的协同创新格局。

**（三）从自发到统筹：农村改革试点的运行特征**

中国共产党在领导中国革命和建设的过程中，充分尊重农民群众的聪明才智和基层地方的实践探索，积极寻求具有中国特色的农业农村发展之道。"星星之火可以燎原"，在历代党的中央领导集体的战略布局下，各地各领域蓬勃开展的农村改革创新正在从一个个点状政策试验中汲取经验、相互策应、相互吸收，逐步形成从新农村建设到乡村振兴战略的农业农村发展整体效应和伟大成就。

与此同时我党也清晰地认识到，随着我国经济社会的发展和国内国际形势的变化，单兵突进的点状创新正在遭遇较为严峻的挑战，其主要体现在两个方面：一是试点数量多、试点内容广泛，涉及大量的资源投入和利益博弈，单纯依靠自发试点摸索容易造成重复建设和资源浪费，而缺乏有效监管的政策突破也容易引发腐败问题；二是随着农业农村问题复杂性和城乡经济社会发展联动的整体性增强，以前可以局限在某一行业、领域或区域内解决的问题现在必须协调各方关系才能得以有效化解，必须从区域统筹、城乡统筹的高度，从全局的视角来计划、实施及评价各项试点创新。正如习近平同志所指出的，"摸着石头过河也是有规则的，要按照已经认识到的规律来办，在实践中再加深对规律的认识，而不是脚踩西瓜皮，滑到哪里算到哪里"。

进入新时代以后，党中央在研究部署各项改革创新时一再强调"摸着石头过河"与"顶层设计"相结合的必要性，强调在包括政策试点在内的各项创新工作中注重中央统筹规划，其具体落实在中国共产党领导的农村改革试点工作上，主要表现为以下四个方面的特征。

一是强调深入学习领会习近平总书记关于农村改革发展和解决"三农问题"的新思想、新要求，强化农村改革试点过程中的理论武装，强调要牢固树立"四个意识"，坚定"四个自信"，坚决做到"两个维护"。二是强调继续深入学习和全面贯彻试点的指导思想和基本原则，把握正确方向、坚守改革底线、维护农民权益、坚持循序渐进，在各项农村试点探索过程中"坚持农村土地农民集体所有，坚持家庭经营基础性地位，坚持稳定土地承包关系不动摇。"① 三是做好各项试点任务之间的统筹协调，在时间上推进试点项目的更新与衔接，确保改革创新的持续性，在领域及空间方面推进不同试点项目之间的统筹协调，积极发挥创新合力，谋划"点—线—面"全方位推进的农村改革创新过程中的协同配合总体战。四是在试点过程中，加强中央对试点全过程的监督和规范，依法依规开展试点创新，对此中央一方面组建专门的机构如"国务院农村综合改革工作小组""农村改革试验区办公室"等加强对有关试验试点工作的指导和管理；另一方面也通过出台《农村改革试验区工作运行管理办法》《农村综合改革示范试点考核评价试行办法》等相应的试点监管及评估规范，确保各项试点工作有序推进。

### （四）从效益到制度：农村改革试点的绩效特征

改革和法治相辅相成、相伴而生，试点作为具有中国特色的改革举措，能否推动法治进步是评判试点绩效的重要标尺。习近平同志在 2015 年有关全面推进依法治国的讲话中强调，"要着力处理好改革和法治的关系""改革和法治同步推进，增强改革的穿透力""对实践证明已经比较成熟的改革经验和行之有效的改革举措，要尽快上升为法律""对不适应改革要求的现行法律法规，要及时修改或废止，不能让一些过时的法律条款成为改革的'绊马索'"②。

"仓廪实而知礼节，衣食足而知荣辱"，由于长期以来受到生产条件和生产能力的限制，如何通过改革试点最大限度地调动广大农民群众的生产积极性、调配土地等生产资料以解放并提高农业生产力，成为长期以来各项农村试点工作的基本目标，是否能够通过试点提升农业生产的效益也成为衡量试点成功与否的重要绩效标准。这种重视解决实际问题的改革试点绩效模式，一方面确实

---

① 刘守英．农村土地承包法修改后的地权结构与权利关系［J］．农村・农业・农民，2019（2）.

② 习近平．在省部级主要领导干部学习贯彻党的十八届四中全会精神全面推进依法治国专题研讨班上的讲话［EB/OL］．新华网，http://www.xinhuanet.com/politics/2015 - 02/02/c_127449928.htm.

有效解决了确保稳定条件下的攻坚克难问题，但另一方面仅着眼于实际问题和短期效益的试点改革也带了"头痛医头、脚痛医脚"的系统性问题，以至于出现试点经验无法有效推广、试点与试点之间相互冲突等现象，如农村新型合作医疗改革试点，就出现各试点地方"交费数额不统一、交费时间不统一、收费人员不统一、封顶线不统一、报销比例不统一、报销项目不统一"等多个不统一现象。

在此背景下，随着我国农村经济社会的发展，在广大农民的生存问题得到有效保障的前提下，谋求更为长远、稳定的制度创新成为新时期农村政策试点的重要绩效取向。我党在进一步加强对农村试点中央统筹规划与规范的同时，将农村改革试点创新和全面推进依法治国总目标相结合，将试点的绩效目标由彰显效益的"经验汇报""总结文件"上升到中央和国家政策方案以及有关的法律制度，开始着重强调改革试点在法律制度方面的绩效评判。如新时期党中央领导的农村土地改革试点有关规范性文件中，就着重强调"要适应农村土地制度改革进程，加快将一些成熟的试点经验、基层做法和改革成果上升为法律安排""重点要抓好《土地承包法》《土地管理法》等法律修正案""推动完善《物权法》《担保法》等相关法律法规"。[①] 2018 年农业部《关于党的十八大以来农村改革试验区改革试验成果转化情况的通报》也着重强调了党的十八以来各试验区试点经验转化为《农村土地承包法修正案》《中央办公厅国务院办公厅关于农村土地经营权有序流转发展农业适度规模经营的意见》《国家级公益林区划界定办法》等政策法规的情况。

## 四、本章小结

中国共产党在领导中国革命、建设与改革的过程中，根据不同时期农村斗争与建设形势的需要，灵活运用试点的工作方法，在苏区、敌后抗日根据地、解放区以及中华人民共和国成立后的各类示范区开展多种形式的试点并取得积极效果，并使农村政策试点由一种个别地区的朴素尝试转变为影响国家农业政策整体方向及其改革进度的"指南针"与"探路者"，通过对不同时期我党领导农村试点历史实践领域、特征及其经验的总结，能够深入把握我党农业农村工作重心及其变化过程。

通过总结近 100 年来的历史进程，可以梳理出我党领导农村改革试点的主要特征：一是农村政策试点以农村土地政策改革为核心、以解决农村民生问题

---

① 韩俊，宋洪远．新中国 70 年农村发展与制度变迁 [M]．北京：人民出版社，2019：96.

和乡村治理问题为农村政策试点目标的"一核两翼"总体布局;二是从单纯强调以试点促进农业生产和农村经济增长转换为强调我国农村改革试点的"一体性""综合性"整体化特征;三是从自发试点转型为"摸着石头过河"与"顶层设计"相结合,强调各项创新工作中的顶层设计与中央统筹规划;四是农村试点绩效取向从单纯关注农业生产的效益转换为系统性的制度创新。

# 第三章　农村政策地方试点的利益诉求与动力机制

## 一、现实绩效争议中农村政策试点的动力之惑

在我国农村政策变迁的过程中，政策试点开辟了一条时空受限的"非线性"创新路径①。自推进乡村振兴战略以来，中央加快了有关农业农村发展的顶层设计及其在地方试点实践的进程，2018 年中央 1 号文件、《乡村振兴战略规划（2018—2022 年)》，2019 年中央 1 号文件等中央部署进一步细化了乡村振兴的工作重点和政策措施，政策试点作为推动我国农村改革发展的重要历史经验和创新工具被多次强调。在实务层面，按照中央"统一规划、试点先行"的战略安排，中央及多个涉农国家机关在农村基层进行了集体产权制度、现代化经营体系、城乡融合发展、农村社区建设等多方面的试点实践。

但是，随着政策试点的深入推进这一方法中存在的问题及局限性也逐步暴露出来。政策试点的本意是在可控实践中发现新问题、测试新方法并寻求新突破，但在经济社会动态发展现实中如何把握"可控性"的尺度成为政策试点的重大挑战；此外，试点主体、客体及过程的不成熟都会对试点机制的有效运行形成制约②，使试点的内在效度和外在效度大打折扣③。有研究者指出，在森严的权力等级体制下，即使成功运行的政策试点也将面临成果的同质化、不充分性和难以推广等问题④，有统计显示，上级部门对基层政府提出的创新意见在最初持否定态度的情况占到 80%⑤，而"有盆景没风景""温室中

---

① 唐斌，张玉. 农村治理政策试点的理论逻辑与实践机制 [J]. 学术探索，2017 (11).
② 冯栋，何建佳. 政策试验的要件构成及其优化对策 [J]. 行政论坛，2008 (1).
③ 刘钊，万松钱，黄战凤. 论公共管理实践中的"试点"方法 [J]. 东北大学学报（社会科学版），2006 (4).
④ 王寿林. 从权力的二重性看强化权力制约的必要性 [J]. 宁波师院学报（社会科学版），1996 (1).
⑤ 沈承诚. 地方政府伪创新的机理探究及反伪举措——基于新制度经济学视角的考量 [J]. 理论与改革，2006 (2).

的弱苗"等严厉的负面评价也开始见诸领导干部有关基层试点的讲话及批示之中。

纳西姆·塔雷伯曾指出，一个国家的创新能力不是因体制不同而有所不同，而是取决于这个国家为"最大限度地反复试验"所提供的机会[①]，即使在政策试点的过程与实绩被严重质疑乃至批评的背景下，中央农村试点依旧在以"乡村振兴战略"为代表的各项农村发展战略规划及其实践中受到中央政府及各部委的高度重视；对于承接具体任务的基层试点单元而言，即使面临着"试点并不能提供有效的经验……倚靠试点所获得的支持也不能长久"[②]等问题，以及来自上级对待试点日趋严格的监督与审核，其依然热衷于申报并投入各类试点项目的实施过程；而对处在二者之间的中间层级地方政府而言，虽然其对基层试点的真实成效表达审慎乐观，其在辖区内各类农村发展战略中依然强调要认真履行"配合国家试点战略运行""支持基层区县申报并履行试点责任"等试点任务。

于是就形成了一种有关农村政策试点的疑惑，一方面各方对于盛名之下中央农村政策试点的实际成效的争议乃至质疑不断增长，按常理论"试点热"势必在争议之中逐渐降温；但另一方面不论是政策层面还是实践层面，各方主体在农村改革创新过程中依然"言必称试点"，各类中央农村政策试点项目的上马、下达及具体实施依旧热度不减。那么，到底是何种原因推动了政策试点的产生及运行？其又是以何种机制集中各方力量化为实践效果的？本部分通过引入利益相关者理论，试图在剖析中央农村政策地方试点要素及结构的基础上，梳理各利益相关主体共同参与并推动试点的动力机制。

## 二、利益相关者理论与农村政策地方试点

为何在试点现实绩效屡受争议乃至质疑的情况下，各级政府依然热衷于通过各自努力发动并推进各类中央农村政策在基层地方的试点？马克思曾提出，"人类奋斗所争取的一切，都同他们的利益有关"[③]，丹尼尔·布罗姆利认为，制度变迁最根本的动力机制在于利益的驱动，"当经济和社会条件发生变化时，现存的制度结构就会变得不相适宜，为对新的条件做出反应，社会成员就会尽

---

① Gordon，David. The Black Swan：The Impact of the Highly Improbable [J]. Library Journal，2007（7）.

② 徐湘林．"摸着石头过河"与中国渐进政治改革的政策选择 [J]．天津社会科学，2004（03）.

③ 马克思．第六届莱茵省议会的辩论（第一篇论文）[C]//中央编译局．马克思恩格斯全集（第1卷）[M]，北京：人民出版社，1956：82.

力修正制度安排"①。就公共政策而言,"人们之所以遵守政策或违反政策,是因为政策表现了一定的利益,利益追求是政策执行主体行为的内在驱动力,正是利益推动着人们去执行政策或违反政策"②。

随着我国农村全面深化改革各项措施的持续推进和乡村振兴战略的开展,农村生产、生活方式以及社会文化环境发生了较大的变化,与之相应的农村公共治理形式也必将随之进行调整。中央农村政策地方试点作为一种时空高度集聚条件下对农村公共治理重点、难点、痛点问题的集中突破,势必涉及中央政府、地方政府以及参与试点实施的基层政府、村民自治组织、农村集体组织和农户、农业企业等多种主体的利益调整。在试点的不同阶段,这种利益调整的侧重和利益相关者之间的影响均会发生变化,并随着试点成果的推广与扩散影响到更为广泛的农村治理利益相关者版图。在此过程中,各类利益相关者需求目的存在差异、利益关系复杂、利益格局随试点进程变化不断调整,稍有不慎将导致利益相关者稳定关系的崩塌,引发不满、抗议乃至破坏,从而影响试点的开展及其目标的实现。

因此,在梳理中央农村政策试点利益相关者内涵及具体体现的基础上,必须把握好试点各阶段利益相关者关系的演变规律,促进各利益相关者与试点过程的良性耦合关系的形成,进而在主体视角下对中央农村政策试点进行全面剖析并精准施策,推动试点效果的显现。围绕利益相关者参与组织治理的必要性、利益相关者范畴的界定及分类、利益相关者参与组织治理的模式及其效果等问题,利益相关者理论于 20 世纪 60 年代逐步在西方工商管理研究领域成形并得到迅速的发展,其在 21 世纪初引入我国之后逐步向公共治理领域拓展,用以解释复杂利益关系格局下公共部门与经济社会有机体之间的互动关系及其效果,以促进治理体系与治理结构现代化。

在确定中央政策试点存在不同利益相关者参与并能够影响其试点成效的基础之上,究竟存在哪些利益主体参与这一过程?利益相关者理论在其发展过程中曾涌现出多种不同的回答,如查卡姆按照组织与相关者群体之间合同关系的性质,将利益相关者分为契约型利益相关者和公众利益相关者,并列举了两类相关者的典型代表③。克拉克森则根据相关者群体在组织治理中承担风险的方式将其划分为主动的利益相关者和被动的利益相关者,同时他又根据利益相关者与企业利害关系的紧密程度,将利益相关者分成通过连续性参与影响组织存

① 丹尼尔·布罗姆利经济利益与经济制度:公共政策的理论基础 [M]. 上海:上海三联书店,2012:128.

② 丁煌. 利益分析:研究政策执行问题的基本方法论原则 [J]. 广东行政学院学报,2004(3).

③ Corporate governance: Lessons from abroad [J]. European Business Journal, 1992(2).

续的首要利益相关者和间接影响组织运作的次要利益相关者[①]。惠勒则将社会性维度引入利益相关者的划分,从而将利益相关者分成一级、二级两等,以及社会性、非社会性两类,进而交叉形成四种利益相关者形态[②]。上述利益相关者界定为我们理解利益相关者的边界及其类型提供了有益的参考,但也存在主观评价随意性大、缺乏可操作性和可复制性等问题。美国研究者米切尔认为,要对利益相关者进行明确的认定并了解其特征,必须首先把握好利益相关者的基本属性。他提出可以从三个属性上对可能的利益相关者进行评分,然后根据分值的高低确定某一个人或者群体是不是组织的利益相关者,是哪一类型的利益相关者。这三个属性分别是:①合法性,即某一群体是否被赋有法律和道义上的或者特定的对于组织的索取权;②权力性,即某一群体是否拥有影响企业决策的地位、能力和相应的手段;③紧急性,即某一群体的要求能否立即引起企业管理层的关注[③]。米切尔认为,要成为一个企业的利益相关者,至少要符合以上一条属性,而根据符合上述属性数量的多寡,他进一步将组织利益相关者细分为三种类型,即满足三类属性的确定型利益相关者,满足两类属性的预期型利益相关者和仅满足一项属性的潜在利益相关者。

## 三、农村政策地方试点的利益相关者组成及结构

### (一)利益相关者组成

有研究者指出,中国特色的政策试点实质上是一种实验主义治理思路的具体体现,而实验主义本质上是一种递归决策,即多个公共行动主体为达成某种政策目标,在统一框架下分散决策、彼此互动,在不断的评估中相互学习,并根据自身环境及条件修正各自行动方案[④]。在农村治理这一特殊的公共行动场域内,也存在着多种不同类型公共行动的参与主体。温铁军曾指出,中国乡村治理存在一个由"中央政府—地方政府—农民"构成的"不可能三角",这三个重要主体及其相互之间频繁发生错位关系是"三农"问题的根源[⑤]。要通过

① Clarkson M. A stakeholder framework for analyzing and evaluating corporate social responsibility [J]. The Academy of Management Review,1995(1).

② Wheeler D,Maria Sillanpa. Including the Stakeholders:The Business Case [J]. Long Range Planning,1998(2).

③ Mitchell R K,Agle B. Toward a theory of stakeholder identification and salience:Defining the principle of who and [J]. Academy of management review,1997(4).

④ 章文光,宋斌斌. 从国家创新型城市试点看中国实验主义治理 [J]. 中国行政管理,2018(12).

⑤ 杨帅,温铁军. 农民组织化的困境与破解——后农业税时代的乡村治理与农村发展 [J]. 人民论坛,2011(10).

中央农村政策地方试点的方式针对"三农"问题或者其间某个领域进行政策的创新攻关，除前述农村治理所涉及"不可能三角"外，还必须有另外一个公共行动主体的加入，即承接各类具体试点任务的基层（市/县/区，或乡/镇）政府以及村民自治组织，这些行动主体承担着某一特定区域的农村治理职责，但却并非都属于一般意义上的政府序列，因此本研究将其统称为承担试点任务的基层治理单元（以下简称基层试点单元）。

综上所述，联系前述米切尔有关利益相关者三个基本属性的界定，本研究认为中央农村政策地方试点的利益相关者主要体现为四种类型，即中央政府、地方政府、基层治理单元和农民群众（图 3-1）。

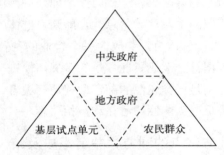

图 3-1 中央农村政策地方试点利益相关者

① 中央政府，制定试点规划、下达试点任务的中央党政枢纽部门，以及通过分工或委托承担某一特定领域试点规划及管理职能的中央部委或通过联席会议等协作机制形成的中央部门联合体。

② 地方政府，处于中央和承担试点任务的基层治理单元之间的地方政府，其主要包括省、市两级党政机关及其相关职能部门，受中央政府委托统筹辖区内基层试点的申报、运行管理与监督评估等工作，并协调处理辖区内试点地区与非试点地区之间的关系。

③ 基层试点单元，具体承担试点任务的县乡一级基层政府，以及特定试点任务所覆盖的行政村或自然村（如村民自治试点），其作为农村公共治理开展的神经末梢直接面对治理事务与治理对象，为中央政策由理念转化为行动并最终形成试点成果这一主观见之于客观的过程提供"蝶变"的具体抓手。

④ 农民群众，本研究所指的农民是实施政策试点最直接的受影响和受惠对象，包括个体农民以及承担非治理职能的各类农民社会组织、农村集体经济组织、农民文化组织等组织化的农民群体。将农民纳入中央农村政策试点的主体范畴，体现出具有中国特色试点实践对于"人民立场"的坚守，其深刻体现

在"以人民为中心"的时代话语和国家理念中,具体体现在"坚持人民主体地位"的试点改革逻辑中①。

### (二)利益相关者结构

在我国中央农村政策地方试点的规划及实践进程中,中央曾出台多个规范性文件对所涉试点的参与主体及其角色分工予以说明,这些说明所强调的正是政策试点各利益相关者的结构安排。

**1. 关于各级治理主体在试点过程中的角色定位**

中共中央办公厅、国务院办公厅印发了《关于深入推进农村社区建设试点工作的指导意见》(2015),在"工作要求"一章中明确"中央和国家有关部门……要加强对地方试点工作的指导,及时制定完善相关配套政策""各省(自治区、直辖市)……要结合本地实际,确定一定数量具备条件的试点县,选择不同类型的行政村开展试点""(承担试点任务的)地方党委和政府……要把农村社区建设试点工作纳入重要议事日程,建立农村社区建设统筹协调和绩效评估机制"。而《农业部关于加强新形势下农村改革试验区工作的意见》(2010)中则对试点主体的角色进行了更为系统的说明,"指导思想和基本原则"一章中,强调了各级政府的分工,即"中央从总体上把握改革方向,加强制度设计、运行管理等方面的指导;各地区从实际出发选择和实施试验项目"。在"健全工作机制"一章中则进一步明确了利益主体的关系结构,即"建立由农业部牵头,中央农办、中央组织部等十余个部委组成的试验区工作联席会议……统筹协调和指导试验区工作";对于具体承接试点运作的单元,"试验区主要以县级行政区和国有农(林)场为单位,综合性强的试验项目,也可以地市级行政区为单位设置试验区进行试验";试验区需"报省级人民政府审核同意后送农业部"。而在"加强组织协调"一章,则进一步对规范关系结构下各利益主体的职责进行了明确,其中"联席会议"的职责主要体现在"牵头负责业务指导与支持工作";"经批准设立试验区的省(区、市)人民政府"要"加强对本地区试验区工作的组织协调";"承担改革试验任务的市(地、州)、县(市、区、旗)以及国有农(林)场"则要"切实落实好试验项目的各项要求"。

**2. 关于农民主体性的强调**

前述由中共中央办公厅、国务院办公厅联合印发的《关于深入推进农村社区建设试点工作的指导意见》(2015)强调,"农村社区建设要在维护农民土地承包经营权和宅基地用益物权前提下开展",同时要"调动农村集体经济组织、

---

① 石璞."试点"的理论实践及其当代价值 [J].上海党史与党建,2020(2).

农民合作经济组织、农村群团组织和社会组织等各类主体的积极性、主动性和创造性"。《农业部关于加强新形势下农村改革试验区工作的意见》(2010) 则在"指导思想和基本原则"一章中强调了农民的试点主体地位,要"发挥农民的主体作用,尊重群众的选择和创造"。而对于一些涉及农民切身利益政策的试点,相关管理规范则更加重视对于农民利益的维护,如《农村承包土地的经营权抵押贷款试点暂行办法》(2016)、《农民住房财产权抵押贷款试点暂行办法》(2016) 等都明确指出,试点需在"保障农民基本居住权的前提下"开展,试点过程"不损害农民利益"。

基于上述试点规范性文件对于各利益主体角色及功能的说明,本研究结合文献资料以及试点实践中对于试点利益相关者主体角色、影响及其效用等方面的描述,得出中央农村政策地方试点利益相关者结构(表 3-1)。

**表 3-1　中央农村政策地方试点的利益相关者结构**

| 利益相关方 | 试点角色 | 制度要求 | 资源状况 | 利益关联度 | 试点影响力 |
|---|---|---|---|---|---|
| 中央政府 | 发包方,试点政策和试点规范的制定者,试点事项、试点布局的决定者,最权威的试点监督者,试点成效(不论正负)最终的接受者 | 从总体上把握改革方向,加强制度设计、运行管理等方面的指导;及时制定完善相关配套政策 | 最高决策权、监督权,政策、资源倾斜 | 强 | 强 |
| 地方政府 | 承包方,试点规范的执行者,代理行使辖区内试点项目的监督和评估权力,为辖区内试点项目的实施提供各类有利条件的支持 | 从实际出发选择和实施试验项目;加强对本地区试验区工作的组织协调 | 试点选点建议权,试点监督权,配套政策及资源 | 中 | 中 |
| 基层试点单元 | 施工方,试点项目的实施者,是试点规范和试点责任的直接承担者;接受试点任务并承接其倾斜性政策及资源投入,是试点过程的直接受益者 | 把试点工作纳入重要议事日程;切实落实好试验项目的各项要求 | 因试点而放大的自由裁量权,试点经验标注权 | 强 | 强 |
| 农民 | 业主,因试点而产生的政策创新的最终受惠者,在试点具体运行过程中自身利益将受到试点举措的影响 | 维护农民基本权益;调动农民和各类农村组织的积极性、主动性和创造性 | 投票权,监督权,申诉权 | 中 | 弱 |

## 四、农村政策地方试点的动力机制

对于包括政策试点在内的政府创新的动力机制问题，研究者们普遍援引两种理论模型进行解释，从而系统区分了促进政府试点创新的内外两个方面动力源：一是强调政府内在特征与需求等因素的内源动力模型，认为组织变革、政绩考核与官员升迁等要素是政府创新的重要动力源；二是强调政府外部环境变量的外源动力模型，认为社会转型、文化发展以及技术变革等因素是导致政策创新的重要动力源，这一区分对于分析某个类型或者层级政府参与试点创新的动力机制具有较好的解释力。有研究者指出，以"坚持中国共产党的领导""'不争论'的决策体制"以及"纵横交错的政府治理结构"等为基本特征的中国特色政治制度，是研究我国政策试点的基本底色①。我国中央农村政策地方试点涉及多重利益主体的深度参与，其利益目标及侧重各有不同，利益诉求对象相互交叉，这正是"体制底色"的直观映射，但这种利益的交叠穿插也给试点动力机制"内/外"来源的区分增添了变数。埃莉诺·奥斯特罗姆在分析制度变迁时指出"用较大政治系统中较小单位自主组织和自主治理的理论来解释行为和结果时，必须明确地把周围政治系统的活动考虑进去"②。这要求我们在探究中央农村政策试点动机问题的过程中，必须从试点主体与环境密切交互的现实出发，以更为系统的眼光去探寻政府试点创新的动力来源及其动力机制。

辩证唯物主义是中国共产党人的世界观和方法论③，习近平同志曾以浙江开展的"双建设、双整治"为例深刻阐释了压力与动力之间的辩证关系，在压力之下，可以把"坏事"转化为"好事"；没有这个压力，说不定"好事"就没有这么好④。通过这一论断，习近平同志深刻指出了我国公共治理创新动力机制的两个最重要的问题：其一，压力是公共治理过程中的客观存在，也是最基本的动力之源，这正如习近平总书记所生动形容的"井无压力不出油，人无压力轻飘飘"，"压力倒逼"（即面对压力产生焦虑进而寻找破解之道）是公共部门治理创新的重要动力源；其二，不日新者必日退，面对压力的倒逼如果仅仅停留在解决问题的层面，往往疲于应付并最终陷入"山重水复疑无路"的境地，对此习近平同志指出，正确处理压力与动力关系还需要从"倒逼"走向主

---

① 武俊伟. 政策试点：理解当代国家治理结构约束的新视角［J］. 求实，2019（6）.

② 埃莉诺·奥斯特罗姆，奥斯特罗姆. 公共事物的治理之道：集体行动制度的演进［M］. 上海：上海译文出版社，2012：145.

③ 习近平. 辩证唯物主义是中国共产党人的世界观和方法论［J］. 求是，2019（1）.

④ 习近平. 之江新语［M］. 杭州：浙江人民出版社，2007：46.

动，主动"促进发展理念的转变、增长方式的转变、政府职能的转变"，只有这样才能走出一条发展的新路，进而迎来"柳暗花明又一村"[①]。

基于上述认识，本研究认为中央农村政策地方试点的动力要素主要源自两个方面。一是压力应激，即各类利益主体在复杂治理情境下，期望通过试点纾解参与治理过程的压力以实现治理目标，其具体来源又包括现实问题压力、纵向层级压力以及横向示范压力，这些压力影响着农村治理的政策目标及政策过程，并推动各级政府提出或参与政策试点以谋求稳妥的政策变迁，以突破现实治理困境。二是环境适应，即各参与主体意识到农村治理运行过程各个阶段有可能产生压力或产生导致问题不确定性和风险性的因素，其中既有面对未来发展不确定性的担忧，也有来自环境变化过程中治理体系自身机制、结构的不适应，试图通过试点的办法在政策目标不变的情况下谋求治理方式、方法的创新，以持续的政策创新谋求农村治理稳定性与可预见性的提升[②]。

## （一）压力应激型动力

"压力应激"通俗来讲即"解决问题"，对于试点参与者而言，农村公共治理过程中遭遇到的各类棘手问题、困难及由此产生的影响生存与发展的压力是其提出、部署、实施及参与各项中央农村政策试点项目的直接动力。根据压力来源方向的不同，这类动力要素又可进一步细分为现实问题压力、纵向层级压力以及横向示范压力三个方面，其对参与试点的各利益主体产生了不同的驱动效应（表3-2）。

表3-2　压力应激驱动力

| 动力主体/动力来源 | 现实问题压力 | 纵向层级压力 | 横向示范压力 |
|---|---|---|---|
| 中央政府 | 强 | 弱 | 强 |
| 地方政府 | 中 | 强 | 强 |
| 基层试点单元 | 强 | 中 | 强 |
| 农民 | 强 | 弱 | 中 |

### 1. 中央政府

（1）现实问题压力。现实问题压力是中央政府部署农村政策试点的强动力来源，其在宏观和中观方面有着不同的体现。

---

① 习近平. 之江新语 [M]. 杭州：浙江人民出版社，2007：46.
② 唐斌. 示范引领、压力应激与环境适应：农村政策试点动因的扎根理论分析 [J]. 社会科学，2018（7）.

就宏观层面而言，应对战略机遇期的持续风险与压力是中央农村政策试点的持续动力来源。当前中国处于全面深化改革的关键时期，其中既充满了全新的历史机遇，同时也蕴含着严峻的挑战。就农村发展与治理而言，在生产、生活方式多重转型的背景下，从中央到基层治理单元每天都在面临着新形势、新问题和新困难，政策变迁与创新的需求和压力巨大，稍有不慎就将错过重要"窗口期"甚至引发关乎农村稳定大局的系统性风险。邓小平同志曾指出，"不相配套的政治体制与经济体制只会拖经济发展的后腿"[①]。随着社会主义市场经济体制在广大农村地区确立，我国农村治理体系与治理能力现代化的需求日趋强烈，政策创新的需求日趋紧迫。在各种风险与压力的交互影响下，我国中央政府以充足的决心和毅力进行持续的试点创新，从家庭联产承包责任制试点伊始，不断通过试点"摸着石头过河"进行农村政策的调整与创新[②]，而20世纪90年代社会转型带来的权威危机和管理危机，是政府公共管理创新的重要推动力量[③]。

就中观层面而言，突破农村改革与发展过程中痛点、难点问题的压力，是中央农村政策试点直接动力来源，问题导向与实事求是是中央政府开展试点创新的直接原因。"我们中国共产党人干革命、搞建设、抓改革，从来都是为了解决中国的现实问题"[④]。政策试点目的是探索改革的实现路径和实现形式，为改革提供可复制、可推广的做法，[⑤]采点测试、多态创新，从而在丰富的试验成果中寻找最满意的问题解决路径，是试点解决问题、化解现实治理压力的目标性动力源。我国国土面积辽阔、人口众多，经济社会发展不平衡、农村治理环境与治理水平区域差异较大，同样的政策在不同地区的实施过程与效果存在着较大的差异，承认并重视这种政策创新主客观环境的差异性，分步骤、分批次地实施政策创新试点，待实践检验和反复论证后再进行扩散推广，以此分散、降低风险，增加可控性，确保改革稳妥推进，[⑥]是中央政策基于复杂治理情境采用试点策略的过程性动力源。

①　邓小平. 邓小平文选 [M]. 北京：人民出版社，1993：117.

②　何余. 政策实验的合法化问题研究——以家庭联产承包责任制为例 [D]. 上海：复旦大学，2014.

③　陈家刚. 地方政府创新与治理变迁——中国地方政府创新案例的比较研究 [J]. 公共管理学报，2004（4）.

④　习近平. 关于《中共中央关于全面深化改革若干重大问题的决定》的说明 [J]. 中国监察，2013（12）.

⑤　石璞. "试点"的理论实践及其当代价值 [J]. 上海党史与党建，2020（2）.

⑥　武俊伟. 政策试点：理解当代国家治理结构约束的新视角 [J]. 求实，2019（6）.

（2）纵向层级压力。作为我国各项公共治理事业的总枢纽和领导核心，中央政府对于被试点政策的出台、试点决策的提出、试点区域及方案的选择等方面具有高度集中的话语权，虽然社会公众、基层试点单元和地方政府能够通过多种方式对中央农村政策试点提出意见建议，但这种逆向的层级压力对中央政府而言是一种弱动力来源。

但这种一般状态也存在例外，发生在基层地方的突发性公共事件将对中央政府产生强烈的政策变迁倒逼效应，从而启动或加速中央政策试点创新的进程。金登在其多源流理论中曾将突发社会事件作为打开政策之窗的三大源流之一，杨雪东也曾提出，发生公共事件是政府创新的事件性动力[1]。

（3）横向竞争压力。中国作为世界最大的发展中国家，无论是建国 70 余年的艰辛探索还是改革开放 40 余年来的伟大历程，特别是党的十九大以来新时代中国特色社会主义实践的积极探索，中央农村政策地方试点作为"顶层设计"与"摸着石头过河"的有效结合，是农村改革发展"中国道路"的重要体现，通过试点促进农村发展、解决"三农"问题不仅展现出一个负责任大国对于本国社会公共事务的治理水平、体现其提升广大人民群众生存福祉的使命担当，也是负责任大国主动补齐短板、全面提升综合国力、积极参与国际竞争与协作的重要抓手。

中国作为世界上最大的社会主义国家，体制特征使我国公共政策的激励机制明显区别于西方国家，我国政策创新过程较少受到选举政治周期压力的影响，但受政策实绩特别是促进经济增长和提升人民生活水平实际效果的影响巨大。在此背景下，通过试点创新促进农业发展和农民富裕是中央政府向人民展示制度优越性和政治合法性[2]的重要动力来源，也是中国向全世界证明社会主义制度优势、中国特色社会主义道路优势的重要体现。

**2. 地方政府**

（1）现实问题压力。中央农村政策地方试点作为一种由中央统一部署推进的政策创新方式，中央政府拥有部署推动试点的主动权，且其所关注试点成效并非仅限于试点区域，而在于考察试点经验覆盖更广阔区域甚至扩散至全国的可能性。而作为介于中央政府与基层试点单元之间的地方政府，对试点内容、方式、结果评估和资源分配等方面缺乏足够话语权力，并存在中央基于全局考

---

① 杨雪冬 . 过去 10 年的中国地方政府改革——基于中国地方政府创新奖的评价 ［J］. 公共管理学报，2011（1）.

② 章文光，宋斌斌 . 从国家创新型城市试点看中国实验主义治理 ［J］. 中国行政管理，2018（12）.

量所部署的试点任务并非面向地方政府农业农村发展过程中最棘手、最迫切问题的可能性，试点区域的选择也存在与地方期待不一致的现象。此外，地方政府还需要接受中央政府命令或委托完成试点监督评估、提供配套资源支持、平衡试点地区与非试点地区关系等衍生任务，以及承担辖区内基层试点单元试点风险乃至试点失败所造成的经济社会风险。在此背景下，地方政府参与中央农村政策地方试点仅仅是迫于压力，而配合中央政府农业农村发展战略规划实现的一个选项，而在此过程中顺势解决辖区内农村发展及治理的现实问题，并不是其参与相关试点的首要考虑，现实问题压力仅是地方政府参与试点中等层次的动力源。

（2）纵向层级压力。纵向层级压力是地方政府参与中央农村政策试点的强动力来源，这首先是由基本制度结构所决定的，在我国，包括农村治理在内的公共治理权力由中央统一集权，地方政府的行政权力来自中央政府的授予并接受中央政府的统一领导，在"命令型"的政府管理体系下，上级政府的偏好是影响地方政府行为的重要因素[1]。进入中国特色社会主义新时代以来，在新的历史机遇期、复杂的国内外发展形势下，我国愈发重视"顶层设计"在国家改革与发展中的重要作用，将牢固树立"四个意识"作为党政领导干部的首要政治任务。这落实在具体的政策试点过程中，地方政府及其领导者们面临来自中央政府强大的执行压力，地方政府必须按照中央对政策试点时间进度的统一安排，保质保量完成相关工作任务。对于未能按时完成中央农村政策地方试点任务的地方政府，中央则采用约谈、警告等惩戒方式推动试点工作。因此，在中央高强度的强制性压力下，地方会积极参与到政策试点中。[2]

（3）横向竞争压力。横向竞争压力是地方政府参与中央农村政策试点的强动力源，但与中央政府领衔参与全球综合国力竞争不同，在统一的制度体系之下，地方政府积极申报、参与并支持中央农村政策试点的横向动力并非致力于向竞争对象展现自身制度优势，而在于通过申获试点项目并培育试点成果而展现其科学贯彻实施中央政策所打造的营商、宜居环境优势，从而在社会开放程度和流动性日益增强的背景下，吸引更多稀缺的资本、人才及创新资源流入本地，以缓解本地经济社会发展、公共治理与服务创新的资源紧张压力。此外，在单一制国家结构形式之下，地方政府还需要通过参与中央农村政策试点，显

①　钟小霞. 压力型体制下我国地方政府官员行为短期化问题研究 [D]. 桂林：广西师范大学，2016.

②　李智超. 政策试点推广的多重逻辑——基于我国智慧城市试点的分析 [J]. 公共管理学报，2019（3）.

现服从支持中央战略部署的贯彻执行力优势及落实相关工作的显示度，从而在中央政策、资源地方竞争性分配以及领导干部政绩考核、提拔晋升等过程中取得竞争优势。

**3. 基层试点单元**

（1）现实问题压力。现实问题压力是基层试点单元承担中央农村政策试点的强动力源。农村税费改革以及计划生育政策逐步松绑之后，农村基层治理工作中"催粮派款"等管制性任务大为缩减，其治理目标逐步转移至"生产发展""生活富裕""乡风文明"等需要更系统投入、更长远规划的发展领域。但在税费改革之后基层财政能力普遍吃紧的状况下，能够独自负担基层治理与发展投入的县镇寥寥无几，摆在农村基层治理单元面前的道路除了向上级政府"求援"争取转移支付外，就是通过"一事一议"等方式面向村民筹资"化缘"。在此过程中，基层治理者们既要努力调动村民的主动性与积极性，集资办事、出钱出力，争取村容面貌和农村经济状况的快速改善，还要谨慎遵循"不出事逻辑"，防止筹钱出力压力过大而引发村民产生上访等行为。在发展与生存均需深度嵌入农村社会的背景下，农村基层治理状态及水平被牢牢绑定在广大村民好恶的基础之上。

中央农村政策试点则赋予基层试点单元空前的"自主"和"自由"：首先，试点授权使得基层治理单元直接获得了中央政府的政治授权，得以通过试点的名义暂时冻结因常规治理任务完成度问题而触发"一票否决"的可能性；其次，中央政府主导的试点改革使得基层试点事项由集体议事决定的自发社会行为转变为上级命令下级贯彻执行的行政行为，在行政权力主导下基层试点单元获取了组织调动试点区域内各项公共资源的行政权力乃至强制权力；再次，中央试点资源的下达和地方政府的配套使得基层试点单元无须再面向村民的"化缘"，经济能力的自主带来了独立话语能力的迅速加强，大量试点工作不需要组织动员村民而仅仅通过专业机构分包或者委托运行就可以独立完成，试点项目运行成为高层级政府布置、基层治理者具体组织实施的专业技术性工作。[①]

（2）纵向层级压力。中央农村政策地方试点试图通过授予基层试点单元自由裁量权以突破既有制度框架对于创新的约束，用以测试政策变迁的实施效果。这里所指的"突破"，名义上指向的是旧有的制度框架，在实际运行中却往往体现为对传统层级节制"指挥—命令"体系的突破。试点运行过程中，绩

---

① 唐斌，张玉. 农村治理政策试点的理论逻辑与实践机制［J］. 学术探索，2017（11）.

效压力的上移也使上级政府的角色由"领导"变成"配合",其基于层级压力而接受中央政府委托主要负责支持、监督及评估基层试点单元实施试点的进程,但对于其他治理事项则在"配合中央试点"的名义下产生层级治理责任脱嵌的"全积效应"(在"全力支持""积极配合"的名义下,将工作重心从纳入越级授权试点范畴的治理单元中抽出来,将治理主动权移交给交托试点的更高层级政府)。因此,纵向层级压力对于基层政府承接而言仅是中等层次的动力源。

(3)横向竞争压力。横向竞争压力是基层试点单元承担中央农村政策试点任务的强动力来源。首先,从试点单元主观能动性分析,承担试点的地区或单位容易产生心理学上的"霍桑效应",即因意识到自己是被上级精心挑选的试验对象,进而加倍投入资源推动改革[①]。其次,从试点单元所获得客观利益分析,承担并有效完成中央部署的各项试点任务,从而形成"苏南模式""平罗经验"等创新经验模式,可以使基层试点单元在众多农村改革治理创新竞争对手中脱颖而出,更重要的是原创经验"金"字招牌的打造为基层试点单元接受更多的后续试点任务和相应政策、资金和资源支持提供了无限可能。广东南海、贵州湄潭、浙江温岭等地区自改革开放以来已经连续承担了多次中央政策地方试点任务,这是其成为具备全国性影响的农村政策创新的"桥头堡"而获得推动农村改革发展的良好声誉,而来自中央试点资源的支持也成为其农村经济社会发展的重要物质依托。

**4. 农民**

(1)现实问题压力。现实问题压力是农民积极参与中央农村政策地方试点的强动力源。中央政策试点打破了传统的层级式治理资源分配格局,从而使基层群众得以越级获得中央政府治理资源和地方配套资源的倾斜性投入,从而为解决其生产、生活过程中的迫切问题提供了强大的资源支持;此外,"中央试点"使命的赋予也使基层群众获得了更多的向各级政府反映公共治理需求的便利性,从而形成在有限时空范畴内治理需求汇集直达与治理资源集聚导入相结合的嵌构状态。

(2)纵向层级压力。广大农民群众作为农村发展和治理的神经末梢和农村政策的最终受益者及评判者,是各级政府组织实施各类试点项目所积极动员、鼓励参与的对象,但却并未有强制参与的义务。纵向层级压力对于农民参与试点的影响较弱。

---

① 张克. 全面深化改革顶层设计与基层探索互动机制 [J]. 中国党政干部论坛,2018 (9).

（3）横向竞争压力。试点资源的赋予和试点经验的正名使试点区域内的农民在物质和荣誉两个层面得到现实的效益，相反，试点符号的消失将使其再次重复过往的平庸，在使命及利益的驱使下，农民有着较强的保持先进形象、推进试点运行的驱动力。

## （二）环境适应型动力

周志忍在论及政府创新动力时曾指出，政府官员的"自觉意志"是政府改革创新的直接动力，公众的需求和外部环境变化带来的压力是政府创新的根本动力①。事实上，环境变化与官员的自由意志并非相互隔绝，其在促进政府创新行为方面是一个由外而内的深化过程。就中央农村政策地方试点而言，除却前述基于现实、层级的压力应激所作出的被动反应而产生的直接动力外，试点动力还来自各利益主体基于内外环境的变化所唤醒的主动进行政策创新的强烈需要，这是其策划、部署、参与和实践各项政策试点更为持续的根本动力。

### 1. 中央政府

2002 年党的十六大报告指出，"创新是一个民族进步的灵魂，是一个国家兴旺发达的不竭动力，也是一个政党永葆生机的源泉"。这是"创新"一词首次被写入党的报告，杨雪冬认为，这标志着"创新"从一种价值理念转变为了意识形态的一部分②。进入新时代以来，创新在国家建设与发展中的重要意义被提升到新的高度，2015 年的"十三五"规划建议中明确"创新是引领发展的第一动力"，习近平同志也在多个场合阐释政府创新的重要意义，他反复强调"抓创新就是抓发展，谋创新就是谋未来"，而在 2016 年的全国科技大会上，习近平总书记更是明确指出"科技创新与制度创新是创新驱动的两个轮子"。作为制度创新的重要抓手，政策试点也被赋予了新的历史意义。

就农业农村创新发展而言，中国农耕国家的历史身份之于现代化，具体反映的是这样一个问题：要现代，首先甚至最重要的，就是要解决农村的历史问题③。自中华人民共和国成立以来，在推进我国农村现代化的进程中并非没有全国动员普遍行动的尝试，但无论是改革开放之前的历次农村改造运动，还是改革开放之后的社会主义新农村建设，在未充分考虑复杂国情环境之前所采取的普遍性农村改革往往会遭遇到政策情境差异的严峻挑战。而斯科特对20 世纪下半叶部分发展中国家行政推动下的农业项目进行研究后也指出，这

---

① 周志忍．论行政改革动力机制的创新［J］．行政论坛，2010（2）．

② 杨雪冬，陈雪莲．政府创新与政治发展［M］．北京：社会科学文献出版社，2011：126．

③ 欧宁．理想与现实——中国知识分子的乡村建设运动［J］．广西城镇建设，2013（9）．

些项目所推崇的规模农业不约而同地走向了简单化、模式化的失败道路，其背后是（国家）对地方农业复杂性逻辑的忽视，这类"极端现代主义农业"的项目，抛弃了与传统农业"同气连枝"的农村独特的社会、经济和文化安排，官方希冀的科学效率最终沦为了视觉上的美学秩序。<sup>①</sup> 因此，在新时期我国农业农村发展过程中，中央政府采用地方先行试点的方式"先在一点取得突破，然后在面上推开"，与其说是成本压力之下试错的被动尝试，不如说是在改革创新大目标驱使下基于环境适应本能而进行的策略选择，"试点实际上是中央基于政治理性的一种选择"<sup>②</sup>。

**2. 地方政府**

地方政府主动参与中央农村政策试点的环境适应型动力主要源自改善发展环境的考量。一是农村经济发展的需要，因试点而赋予其辖区内试点单元的"政策特区"以及试点成功后相关政策就近推广的便利性条件，能够使承担试点任务的地方获得政策创新所带来的先发优势，率先援引新的政策促进招商引资和产业升级，提高农村土地等生产资料盘活流转的效率以加速地方农业农村发展；二是地方政府支持辖区内基层试点单元产出试点经验并推广试点成效，能够为其他非试点地区竞争下一批试点或其他领域中央政策试点打好基础，正如有研究者所指出的，"在政策试点的推广阶段，同一省份中进入政策试点的地级政府越多，其他同级政府越有可能争取进入该试点"，<sup>③</sup> 而当辖区内全部或者大部分基层单元均能够得到中央试点项目支持时，地方整体发展就获得了充分的条件支持。

**3. 基层试点单元**

中国农村基层治理在长期历史发展过程中积累了丰富的生存智慧以适应自然、社会环境的不断变化，而土地则是支撑这种智慧形成的基础性资源。然而，随着农村人口数量的增长和城市化的扩张，农村土地资源日趋紧张，其相对于工业生产而言通过传统耕作所能够负载的生产效益在逐年下降，以至于无法维系广大农民群众发展乃至生存的需要。在此背景下，如何盘活土地等既有农业生产要素，推动农村高水平发展成为基层治理及发展所迫切需要思考的问题。在企业逐利目标明显、地方政府财力受限的情况下，基层治理单元积极承接各类中央农村政策试点，并通过试点所赋予的宽松政策环境推动农业生产要

---

① 黄增付. 脱嵌与重嵌：村落秩序中的农业经营及治理 [J]. 中国农村观察，2018（3）.
② 韩博天. 通过试验制定政策：中国独具特色的经验 [J]. 当代中国史研究，2010（3）.
③ 李智超. 政策试点推广的多重逻辑——基于我国智慧城市试点的分析 [J]. 公共管理学报，2019（3）.

素整合，无疑是获取非常规资源及政策自由度空间赋予以提升自身稳定发展能力的有效方式。

**4. 农民**

戴维斯和诺斯曾指出，个人、团体和政府是现实中制度创新的三个重要主体[①]。首先，在我国农村加速实现现代化的进程中，经济社会地位的提升使得广大农民群众的权利意识、参与意识高涨，对于促进农村发展与稳定的各项公共政策及其实施有了更高的期盼和要求；其次，随着农村集体经济和农民合作组织的发展、各类公益性农村社会组织的出现，农民群众通过组织化"抱团取暖"谋求治理创新和政策支持的现象日趋普遍。在此过程中，农民个体以及农民组织通过特殊政治身份的影响力（如全国人大基层代表、全国优秀基层党组织）或特殊境遇（如领导蹲点、视察或现场办公）向中央政府或社会舆论传递强烈的政策变迁的期待并得到中央政府的高度重视。如湖南怀化在 20 世纪 90 年代被列为全国农村改革试验区，最早就源自靖州排牙山林场的职工林跃以及洪江市岩垅乡青树村村民钦万有所进行的林地集中承包、流转并带领村民共同致富的创新实践，其山地开发致富的成果引起地方政府的重视并将其推荐为全国劳动模范，其"工程承包造林"也引起中央部门的重视，纳入国家山地开发试点的视阈，并将所在的怀化地区列为改革试验区进而被赋予中央农村政策试点的使命。

**（三）要素耦合：试点动力机制的形成**

中央农村政策地方试点动力机制指的是推动试点发生及实践的各种动力要素相互作用的内在规律。如前所述，中央农村政策地方试点四大利益主体均不同程度受"压力应激"与"环境适应"两类要素的影响，并产生程度不一的试点推动力。由于不同主体推动试点的动力源不一，动力水平也不尽相同，要形成有效的动力机制并给试点发生及其实践过程以足够的动力支持，还需要经过动力要素的耦合这一关键环节。

耦合是源自物理学的一个概念，指两个或两个以上的系统或运动方式之间通过各种相互作用，彼此影响而联合起来的现象，是在各子系统间的良性互动下相互依赖、相互促进的动态关联关系[②]。在中央农村政策试点的过程中，中央政府、地方政府、基层试点单元以及农村在"压力应激"与"环境适应"两

---

① Davis L E，North D C，Fusfeld D R. Institutional change and American economic growth ［M］. London：Cambidge University Press，1971：47.

② 李勇．区域产业耦合机制研究 ［J］. 商业经济，2010（10）.

方面所产生的动力要素并非孤立的，而是相互开放、相互关联的，其通过作用于中央农村政策创新这一具体行为而彼此连接，从而通过要素耦合的方式形成推动试点发生与进行的综合动力。

**1. 耦合关系**

农村发展及治理过程中不同主体的利益关联是促成试点动力要素耦合的最根本原因。中央农村政策地方试点具有多个具体的动力要素来源，其涵盖了从中央政府到农民的全部四类利益主体；此外，每类利益主体的试点动力要素均体现为"压力应激"与"环境适应"两大类型，其分别对应农村治理过程中的"稳定"与"发展"两大议题。虽然各利益主体具有不同的利益诉求，但彼此之间利益诉求却并非互斥的，相反在长期治理实践的互动与磨合过程中各主体利益诉求交错、重叠并形成互相支持但又相互约束的多重委托代理关系，并形成包括"产业兴旺、生态宜居、乡风文明、治理有效、生活富裕"五大方面目标的农业农村优先发展利益诉求的基本共识。

"压力应激"与"环境适应"两类动力要素作用于中央农村政策地方试点的方式相互影响。其中，环境适应动力是政策试点的根本动力，压力应激动力是政策试点的直接动力；环境适应动力的作用受到压力应激动力的制约，从而奠定了试点"封闭运行""分步尝试"的行为基调；压力应激动力的效用也要根据环境适应动力的响应来稳定和固化，以实现政策试点"突破创新"的基本价值。而从动力要素作用的效应来看，二者在推动政策试点启动及试点项目落地的同时，反过来由试点运行的状况所决定的试点主体利益对比影响试点运行下一个阶段不同利益主体的动力要素配比，从而形成一个不断反馈的动力演进路径。

**2. 耦合路径**

（1）自上而下的耦合路径。在这种耦合路径下，中央政府是政策试点的第一推动力，并经由行政层级化的"命令—指挥"体系自上而下传递至具体实施的基层试点单元，再由试点单元通过宣传发动等方式调动试点区域内的农民群众支持和参与的积极性（图3-2）。在这个过程中，中央政府通过其对农村治理全域协同的压力、农村治理瓶颈问题及其造成社会事件等"压力应激"影响因子以及对于优先发展农业农村战略、提升全体农民生产生活水平、参与横向竞争彰显制度优势等"环境适应"影响因子的综合考量，以其公共治理枢纽地位和执政权威为后盾，通过宣传发动、统一部署等形式营造积极鼓励试点创新的政策变迁环境，指定或鼓励地方政府筛选、上报试点名单以及拟试点的具体项目，通过中央综合协调后以国家规范性文件的形式确定试点名单及相应监督实施措施，并层层下达落实试点任务及相应监督考核措施，从而对地方政府、基层试点单元产生激励和约束作用。

地方政府综合考虑辖区内各地试点条件与需求之后，上报试点名单并接受中央政府委托对试点实施展开监督，试点成果在解决地方农业农村发展现实问题的同时也标识出本地农村政策创新实践的绩效。基层试点单元接受地方与中央多层筛选之后成为试点项目的最终承接对象，并接受多层级政府的优惠政策与资源的倾斜性投入，为缓解现实治理压力提供有效的支持。试点区域内农民受到各级政府的宣传鼓动，并在基层试点单元的直接鼓励下产生借由试点改变既有生产生活状态、提升福利水平的强烈期待，进而愿意配合并积极参与试点过程。由此，中央政府、地方政府、基层试点单元和农民都产生促进政策试点的积极动机，其通过行政层级"指挥—命令"体系以及政府社会之间的"动员—参与"体系彼此结合成紧凑的利益联盟关系，共同推进试点目标的实现。

（2）自下而上的耦合路径。农民或基层试点单元的朴素实践及其效果是此路径下中央农村政策试点的第一推动力。其始发点是未有中央及上级政府授权的情况下，在农村基层治理与社会经济发展过程中，出于缓解生存发展现实压力的需要，基层试点单元默许、鼓励或授意农民就某些具体事项突破现有制度约束而开展的朴素创新行为。这一行为通过基层政府与群众的共同努力有效解决了困扰基层农村经济社会发展的某些痛点或难点问题，创造更为适宜的发展环境并产生较好的经济社会效应。此种效果受到上级政府的重视，并在梳理提升基层实践过程后成为地方政策创新的某种举措，提交至高层级政府直至中央政府评价审定。

中央政府在组织专门人员进行考察、评价之后，如基层有关尝试未与基本政治原则和根本目标发生冲突，相关尝试将会得到表彰并被纳入中央层面的相关政策试点范畴，从而鼓励有关实践继续深化进行并及时总结经验。经由中央追授之后，试点任务、相关资源和扶持措施将通过现有"命令—指挥"体系层层下达，从而使得基层实践获得更为良好的政策及资源的支持。在此过程中，试点区域内农民群众的朴素尝试受到国家层面的认可，成为创新的典型，并由此获得来自各级政府的资金、资源的扶持，这使其产生进一步深入创新尝试、展现创新成果的强烈意愿。通过这一系列过程，四方利益主体共同推动基层朴素实践由"应激举措"向"环境适应创新"转变，并通过中央追授纳入国家层面试点的方式结合成为紧密联系的利益共同体，携手推进试点的深入开展与成果总结。

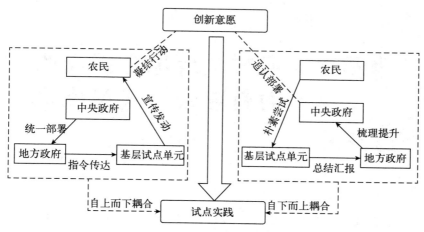

图 3-2　中央农村政策试点动力要素的耦合机制

## 五、本章小结

本章致力于厘清中央农村政策地方试点得以持续开展的动力机制问题。为了更为明晰地了解试点的动力要素、来源及不同要素对于试点动机的影响效果，本章在强调利益追求是政策变迁基本驱动力的基础上，援引利益相关者理论，梳理出中央农村政策试点四大类利益主体：中央政府、地方政府、基层试点单元以及农民。通过梳理相关规范性文件对于试点过程中不同主体权利义务关系的阐述，本章归纳出四大类主体参与试点的角色、制度要求、资源状况、利益关联度以及试点影响力等要素构成的利益相关者结构，进一步明确了各利益主体在试点实践过程中的角色定位。

在此基础上，本章结合我国农村政策试点的制度背景和国情特征，提出"压力应激型动力"与"环境适应型动力"两类动力要素，其中"压力应激型"动力又进一步细分为现实问题压力、纵向层级压力和横向竞争压力。由于不同主体推动试点的动力源不同，动力水平也不尽相同，要形成有效的动力机制并给试点发生及其实践过程以足够的动力支持，还需要动力要素耦合这一关键环节。在对动力要素耦合的概念内涵以及耦合关系进行梳理的基础上，本章认为中央农村政策地方试点动力机制的形成，主要体现为"自上而下"与"自下而上"两条路径的动力要素耦合，各动力要素在推动政策试点发生及项目落地的同时，反过来又由试点运行状况影响下一个阶段各利益主体动力要素的配比，从而形成一个不断反馈的动力演进路径。

# 第四章 农村政策地方试点的利益整合与决策模式

中央农村政策试点的决策，包括政策试点顶层设计规划与提出试点方案这两方面内容，其中包括开展试点的重点领域、基本方向、基本步骤与配套措施等的全面规划，也包括具体试点项目的指导思想、试点目标、任务安排以及组织实施等统筹安排的过程。

对于试点决策的作出，传统观点认为主要有三条路径。一条如梅赐琪、刘培伟等研究者所提出的，作为一种"基于中央选择性控制的试验"[①]，是"中央政府通过确定试点的内容、选定试点的地方，稳定地控制着试验的过程"[②]，在此过程中，试点决策权牢牢地控制在中央政府手中。但另一种观点认为，试点"是基层主动向上级争取的过程"[③]，对此郁建兴曾指出，"顶层设计不是无源之水，来源是地方的实践探索，顶层设计与地方探索不应该对立，改革开放以来的成功经验之一，就是坚持自上而下与自下而上的互动"[④]。除此之外，还有部分研究提出应该"从自上而下与自下而上互动的视角来解读"，因为"试点选择的过程充满了上层级政府与地方政府的联系和相互作用，试点的选择是基于纵向政府间互动的过程"[⑤]。

事实上，在分析包括中央农村政策试点在内的各项具有全局性影响的政策

① 刘培伟. 基于中央选择性控制的试验——中国改革"实践"机制的一种新解释 [J]. 开放时代，2010（4）.

② 梅赐琪，刘志林. 行政问责与政策行为从众："十一五"节能目标实施进度地区间差异考察 [J]. 中国人口·资源与环境，2012（12）.

③ 舒耕德，李安娜，王丽丽. 当代中国政策实施和政治稳定性研究的分析框架 [J]. 国外理论动态，2012（5）.

④ 郁建兴，黄飚. 当代中国地方政府创新的新进展——兼论纵向政府间关系的重构 [J]. 政治学研究，2017（5）.

⑤ 黄飚. 当代中国政府的试点选择 [D]. 杭州：浙江大学，2018.

创新决策过程时，除从线性的视角评估"中央""地方"两端的主导地位抑或二者相互调和的互动之外，将参与或受相应政策变迁所影响的社会公众纳入决策系统中，进而构成更为完整的政策创新参与者图景，已经成为我国公共政策创新迈向法制化、科学化征程中的普遍共识。习近平总书记在主持召开中央全面深化改革领导小组第二次会议时强调，遇到"关系复杂、牵涉面广、矛盾突出"的项目决策，要及时深入了解群众的实际生活情况和诉求，从人民利益出发谋划思路、制定举措和推进落实。本研究前文提出的"中央政府—地方政府—基层试点单元—农民"四维主体结构，存在于包括中央农村政策地方试点决策在内的各个过程并对其产生影响。在此背景下，中央农村政策试点决策的行为体必须超出单一中心论的解释范畴，从而关注不同偏好的利益相关主体对试点决策产生作用并影响决策结果的过程。

## 一、不同利益结构下试点决策的类型

在明确影响试点决策多维主体格局的前提下，有必要明晰不同主体影响下中央农村政策地方试点决策类型。对此，王绍光从"学习源"和"学习的推动者"两个角度提出了政策学习的四种模式[①]，而黄飚受其启发从"试点的动议方"和"高层级政策的偏好"两个维度，将当代中国地方政府试点选择的类型分成"高层指派""地方竞标""请示授权"和"上下协作"四种类型[②]。

如前文所述，利益是推动政策过程的重要动力，而通过利益相关者分析明确不同利益主体的利益期待及其偏好，是政策试点得以实施的基本前提，故试点决策必须对不同主体的利益诉求及其偏好进行有效的审视。政策试点作为一种超常规的政策创新过程，除"产出"方面要求"时间短、见效快、可扩散"等特征之外，资源投入方面的"倾斜和优先"也是试点区别于一般性政策变迁的重要特征。在把握中央政策地方试点两个关键性要素的基础上，本研究提出试点决策分析的"资源—利益"模型，以期更为直观地反映试点各个主体对于试点项目"资源—利益"上的感知差异对试点决策的影响，并在此基础上形成参与试点过程利益主体影响试点决策的四种行为类型（图4-1）。

类型A："全力以赴"型，利益主体资源投入高、利益预期高。"高投入、高风险、高收益"，为了有效地挤出"投入"与"收益"之间的风险阻隔，从而获得利益保障与增长，相关主体必须采取各种有效方式促成试点有效的运

① 王绍光. 学习机制与适应能力：中国农村合作医疗体制变迁的启示［J］. 中国社会科学，2008（6）.
② 黄飚. 当代中国政府的试点选择［D］. 杭州：浙江大学，2018.

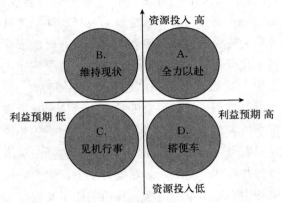

图 4-1 利益主体影响试点决策的行为类型

行，进而达到预设目标。

类型 B："维持现状"型，利益主体资源投入高、利益预期低。为了有效避免"高投入、低产出"的效益困境，利益主体对试点项目将采取回避和拒绝的态度，进而维持政策的"不"创新现状。

类型 C："见机行事"型，利益主体资源投入低、利益预期低。由于试点并未占用相关主体过多资源，且主体对试点项目运行并未有明确的利益预期，在此背景下，政策试点"试"的意义得以落实，从而给予利益主体灵活变通的空间，进而会对有关决策表示赞同，以谋取"意料之外"的成果收获。

类型 D："搭便车"型，利益主体资源投入低、利益预期高。"低投入、高产出"的试点效益状态下，利益主体将积极支持试点决策，从而坐享试点带来的成果回报。

需要指出的是，本研究所梳理出的四大试点参与主体"中央政府""地方政府""基层试点单元"与"农民"在试点决策过程中对于"投入"和"利益"的感知是不一样的甚至是相反的，如在总投入既定的情况下，通常中央政府对于试点项目政策、资金的倾斜（高资源投入），往往意味着其他主体资源投入的"减负"；而对试点在地成果（农民、基层利益预期高）和示范性成果（中央、高层级地方政府利益预期高）的权衡，事实上也显现出不同主体对于试点预期界定的差异。

因此，跳出"单一中心论"的试点决策解释框架，不仅意味着需要不同层级治理单元以及农民在试点决策过程中的主体地位的有效显现，还要求明确不同主体在"资源—利益"模型影响下对于试点决策所产生的偏好差异。对此，本研究在综合四类主体"资源—利益"感知模型的基础上，就其在这两个方面差异性的大小，分别构建出四种试点决策的场景，作为中央农村政策试点决策四大模式的体现（图4-2）。

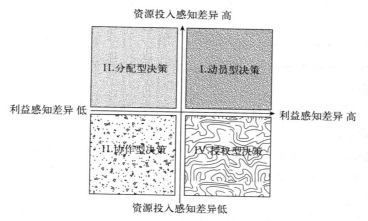

图4-2　中央农村政策地方试点四类决策模式

**决策模式Ⅰ**：动员型决策，不同主体对资源投入和利益预期的感知差异都比较高，政策试点决策的作出面临较大的意见分歧。在此场景下，中央农村政策试点决策的作出只能依靠中央政府强大的统筹能力，从顶层设计的角度评估试点的投入及效益并作出进行试点或不试点的决策，再通过"中央—地方—基层"的层层动员，最终取得有关决策内容的共识。

## 示例Ⅰ：山东省Z市（县级市）动员部署农村集体产权制度改革试点工作

2017年9月23日下午，Z市召开农村集体产权制度改革试点工作动员会议。会上，传达了中央、省市农村集体产权制度改革有关会议精神和（地级市）市委书记重要批示精神，Z市下辖G镇、X镇、C镇负责同志作了表态发言。

Z市市委书记指出，推进农村集体产权制度改革试点工作，是破解"三农"工作瓶颈制约、壮大农村集体经济的关键之举，各级各部门要站位再提高，切实增强改革意识、创新意识、责任意识，迅速把思想、认识和行动统一到市委市政府部署要求上来，以高度的责任感、使命感抓好改革试点任务，确保工作取得实实在在的效果。要任务再明确，对照试点工作整体进度要求，在摸准上情、弄清外情、立足内情的基础上，切实做到任务、目标、时限、保障、责任"五个再明确"，将试点任务细化到重要细节，明确到重要节点，确保试点工作有序推进。要责任再落实，明确职责分工，健全工作机制，切实做到组织到位、人员到位、措施到位、保障到位，在注重试点探索的同时，尽快提炼形成一批可复制、可推广的经验，更好地指导改革试点实践。

**决策模式Ⅱ**：分配型决策，不同主体对试点获益的感知差异较小，但对资源投入大小的感知差异较大。在此场景下，对待中央农村政策试点的态度会因为资源投入感知主体的不同而产生两种不同的情境表现。一是高层级主体（包括中央政府和地方政府）投入感知低、基层主体（包括基层试点单元和农民）投入感知高，在此情境下为获得可预期的高收益，中央需要通过"任务"分配的方式，通过直接发布指令性文件或授权地方发布指令等方式要求基层配合试点决策并做好有关工作。二是高层级主体投入感知高、基层主体投入感知低，在此情境下，基层主体将会积极游说高层级主体，表达积极支持有关试点并全力参与试点工作的意愿，试点决策在此成为一种"福利"分配的方式。

## 示例Ⅱ：云南省 L 县积极申报 2018 年农村综合改革乡村振兴试点试验示范项目

按照《中共云南省委云南省人民政府关于贯彻乡村振兴战略的实施意见》和省财政厅的部署要求，L 县积极开展申报 2018 年农村综合改革乡村振兴试点试验示范项目工作。通过调查摸底、选点、规划等前期相关工作，最后选择 J 镇 X 村委会周边中心村区域为 L 县 2018 年农村综合改革乡村振兴试点试验示范项目区。

项目主要围绕构建农村生态文明发展机制、推动村级集体经济发展、构建乡村治理新体系、弘扬乡村传统文化、建立健全农民持续增收机制 5 个方面为建设内容，项目概算总投资 1 419.94 万元，其中：村集体投入 67.99 万元，群众筹资 1 万元，企业投入 6 万元，整合项目资金 344.95 万元，申请中央及省级财政补助 1 000 万元。

试点试验示范项目的实施，将提升试点村基层党组织的战斗力和凝聚力，改善农村人居环境，做大做强特色优势产业，发展壮大村集体经济，推进乡村治理现代化，弘扬乡村文化，促进农民持续增收。同时，通过开展试点工作，为进一步深化农村改革，推动乡村振兴探索路径，积累了经验。

**决策模式Ⅲ**：协作型决策，主体对资源投入和利益预期的感知差异都比较低，即各方对试点的评价存在广泛的共识。在此场景下，影响四大类型主体决策的机制均统一表现为前述 ABCD 四种形式，在一致性预期下协同做出试点或不试点的决策，并完善相应的后续内容安排。

### 示例Ⅲ：多地部署推进"数字乡村"建设试点

2018 年 1 月 2 日，《中共中央、国务院关于实施乡村振兴战略的意见》明确提出，要实施数字乡村战略，做好整体规划设计，加快农村地区宽带网络和第四代移动通信网络覆盖步伐，开发适应"三农"特点的信息技术、产品、应用和服务，推动远程医疗、远程教育等应用普及，弥合城乡数字鸿沟。

2019 年 5 月，中共中央办公厅、国务院办公厅印发了《数字乡村发展战略纲要》（以下简称《纲要》），《纲要》提出"数字乡村是伴随网络化、信息化和数字化在农业农村经济社会发展中的应用，以及农民现代信息技能的提高而内生的农业农村现代化发展和转型进程，既是乡村振兴的战略方向，也是建设数字中国的重要内容"。《纲要》对数字乡村建设的形势判断和未来预期获得了普遍共识，有研究者指出，数字乡村不仅能够使得农村信息化交往更为顺利，更为重要的是能够"有力化解农村金融短板、深度构建乡村治理体系、提升农产品生产流通效率"从而对农村发展和治理带来深刻变革。在此背景下，广东、江苏、浙江、广西、云南等多个省份陆续推出《加快推进数字乡村建设的实施意见》，响应并承接国家发展战略中的有关试点工作。

**决策模式Ⅳ**：授权型试点，不同主体对试点获益的感知差异较大，但对资源投入大小的感知差异较小，试点在某些参与主体看来成为一种"涉险"行为，出于对风险的考虑而对其采取拒绝和回避的态度，导致各方无法达成统一的认识。在此场景下，根据对利益感知高或低的不同而产生两种不同的决策情境：一是高层级主体利益感知高、基层主体利益感知低，则中央将通过补贴、倾斜等方式承担一部分利益风险，授权并鼓励地方先行先试；二是高层级主体利益感知低、基层主体利益感知高，则中央并不主动表态，以默许或"不支持不反对"的方式静观地方尝试，待出现一定的效果再予以"中央政策试点"的名义追认，但一旦出现危及整体发展和基本原则的异动，则马上以"叫停"的方式终止地方自行开展的各种创新尝试。

### 示例Ⅳ：D 市农村土地产权制度改革与建设试点被"叫停"

广东省 D 市从 2014 年 12 月 10 日起，就被国家行政主管部门根据"上级土地行政主管部门相关文件精神"，停止原经国土资源部批准 D 市实施的"农村土地产权制度改革与建设试点"工作。专家评估认为，D 市积极探索的土地制度改革试点被突然叫停，主要原因在于国家宏观的土地改革政策和诉求变动较大，D 市若延续 4 年前的农村土地产权试点政策，"两者之间可能会有矛盾的东西"，在此背景下"D 市土地产权试点难以形成有价值并在全国推广的经验，继续试点难有裨益"。

## 二、农村政策地方试点的顶层设计

"顶层设计"（Top - level design）最早源自系统工程学，意指"从系统全局出发，综合考虑项目的各个层次和参与要素，以追求最高层次上解决问题之道"①。近年来，这一概念被广泛应用到国家治国理政的层面，用以形容中国特色社会主义现代化进程中的总体规划，以"明确改革优先顺序和重点任务，对改革的目标、路径、阶段、条件、困难和前景等有清醒的认识和总体规划与设计"②。2012 年 12 月，习近平总书记在十八届中共中央政治局第二次集体学习时指出，"推进局部的阶段性改革开放要在加强顶层设计的前提下进行"，强调改革创新需要进一步加强整体性、协同性，将地方创新和基层试点"摸着石头过河"与中央统筹布局"顶层设计"相结合，不断推动改革开放的进程。

在表现形式方面，我国政策体系中的中央顶层设计主要指党的中央政策，而党的中央政策主要包括党的全国代表大会做出的重大决策和党的中央全会做出的重大决策，这是由党的领导体制和组织制度决定的③。党中央在 1982 年到 1986 年，以及 2004 年至今的期间内，共出台了 22 个中央 1 号文件，是我国谋划农业农村发展顶层设计的重要体现，其重要作用正如中央农村工作领导小组办公室主任韩俊所指出，"中央 1 号文件全面贯彻党的十九大精神，以习近平新时代中国特色社会主义思想为指导，围绕实施乡村振兴战略讲意义、定思路、定任务、定政策、提要求"④。

考察中央 1 号文件中有关"试点"这一工作的有关表述（表 4 - 1），梳理其中有关农村政策试点的战略布局、发展定位以及实施路径，能够有效把握我国改革开放以来农村政策试点顶层设计的政策走向及其发展过程。

① 聂高民. 中国经济体制改革顶层设计研究 [M]. 北京：人民出版社，2012：44.
② 陈家刚. 政治体制改革需要"顶层设计" [J]. 理论学习，2012 (6).
③ 张勇. 改革开放以来中央顶层设计的结构体系与内在逻辑 [J]. 东南学术，2019 (03).
④ 新华社. 谋划新时代乡村振兴的顶层设计——中央农办主任韩俊解读 2018 年中央 1 号文件 [EB/OL]. 中华人民共和国中央人民政府网，http://www.gov.cn/zhengce/2018 - 02/04/content_5263795.htm.

**表4-1　中央1号文件有关试点的顶层设计表述**

| 时　期 | 试点领域 | 试点步骤 | 试点规范 | 试点配套 |
|---|---|---|---|---|
| 1982—1986年 | 供销合作体制改革<br>社队财务整顿<br>干部岗位责任制<br>…… | 抓紧试点<br>进行试点<br>总结试点经验<br>…… | 从农村工作的实际出发<br>有条件的地方可以逐步推开 | 国务院有关部门要立即着手拟定供销社体制改革的具体方案<br>城乡建设部门必须加强对小城镇的指导 |
| 2004—2012年 | "少生快富扶贫工程"<br>农业政策性保险<br>免征农业税试点<br>…… | 继续推进试点<br>扩大试点规模和范围<br>总结试点经验 | 在贫困地区先行开展试点<br>严格控制在国家批准的范围之内<br>加强规范管理<br>…… | 中央财政安排专项转移支付给予适当补助<br>各级财政给与补贴<br>有关部门要抓紧提出指导意见 |
| 2013—2020年 | 农村综合改革示范试点<br>村民自治试点<br>开展新时代文明实践中心建设试点<br>…… | 鼓励开展试点<br>分类实施试点<br>优化试点模式 | 将试点严格限制的集体经济组织内部<br>防止侵蚀农民利益<br>防止外部资本侵占控制<br>…… | 以奖代补支持试点<br>加强对试点工作的指导监督<br>加强对农村各类改革试点试验的指导督查<br>…… |

## （一）中央1号文件试点顶层设计概述

从1982年我国以《全国农村工作会议纪要》为题第一次发布中央1号文件以来，截至目前近40年的时间我国共发布了22份1号文件，其大体上可以分为三个时期，第一个时期是1982—1986年，为我国农村改革的探索期，中央1号文件作为统筹推进年度农业农村工作的顶层战略规划，也是在这一时期开始持续推出。但1987年开始，我国暂停了每年1号文件的发布，直至2004年《中共中央国务院关于促进农民增加收入若干政策的意见》开始，我国再次恢复了每年发布的第一份文件关注涉农主题的惯例，并使中央1号文件成为中央及国家重视农业农村工作的代名词。这期间又可分成两个时期，一个是2004—2012年，为我国新农村改革发展的关键时期；另一个则是2013—2020年，是新时代农村深化改革发展期。

在这22份有关我国农业农村工作的顶层设计文件中，共提及244项农村改革试点事务，其对相关试点实现的安排可以显现出党中央、国务院对于当年我国农村试点工作顶层设计关注的重点及焦点问题。通过梳理有关事项及历年中央1号文件相关表述的内容，我们可以梳理出对于农村改革试点的顶层设计主要关注四大方面的问题：①试点领域的顶层设计，根据乡村振兴战略对我国农业农村发展五大方面"产业兴旺、生态宜居、乡风文明、治理有效、生活富裕"的要求，本研究将相关改革试点分成"发展、生态、文明、治理、增收"五个主要领域；②试点步骤的顶层设计，有关试点步骤的设计及规范主要分成试点规划、试点启动、试点运行、试点总结与推广四个方面；③试点规范的顶层设计，针对相关要求，针对试点的不同环节，可以将有关顶层设计的表述分成试点前置条件的规范、试点内容的规范、试点强度的规范、试点过程的规范、试点成果的规范五个方面；④试点配套的顶层设计，根据有关配套措施所涉及的领域，可以分成试点政策配套、试点资金配套、试点措施配套三个方面，需要指出的是有关配套不仅包括促进地方实施中央政策试点的内容，也包括防止试点盲目开展、影响外溢而提出的限制性配套。

**（二）中央1号文件试点顶层设计的阶段发展**

根据中央1号文件在三个不同时期在上述四大方面18个指标表现的不同，可以反映出不同时期中央农村政策地方试点相关顶层设计的关注焦点与偏好。

**1. 第一阶段：1982—1986年**

① 在试点领域方面，此五年间的中央1号文件中提及的试点事项较少，五年共有6项试点改革纳入文件之中，主要涉及"发展"（包括供销合作体制改革、小城镇建设、农村综合改革等内容）和"治理"（社队财务整顿、干部岗位责任制、户籍制度改革等）两大领域。

② 在试点步骤方面，这一时期有关农村改革试点的规范主要涉及对既有试点项目的持续关注以及试点效果的显现，多次提出"总结试点经验""继续进行试点"等试点项目启动之后的步骤规范，在此基础上就如何发挥试点效能提出"逐步向面上推开"的要求；与此同时，在农民集镇落户、小城镇建设等方面，推出少量的新试点项目规划。

③ 在试点规范方面，这一时期延续我国改革开放初期强调的"实事求是"的基本方针，强调有关试点"从农村工作的实际出发""有条件的地方可以逐步推开"等有关试点前置条件的规范，稳步进行相关试点工作，反对以试点为名的冒进行为。

④ 在试点配套方面，中央1号文件强调国务院及其组成部委对于相关试点项目的领导和支持，提出"拟定改革具体方案"等政策配套，同时强调有关

部委"认真组织实施（试点）""加强（对试点项目）指导"等具体管理措施的配套。

**2. 第二阶段：2004—2012 年**

这八年的中央 1 号文件中，除 2011 年《中共中央国务院关于加快水利改革发展的决定》未提及任何试点事项（这也是 22 份中央 1 号文件中唯一未提及"试点"的一份文件）之外，其余七份中央 1 号文件共关注 92 个试点事项，试点数量较前一个时期有大幅度的增长。

① 在试点领域方面，这一时期的中央农村政策试点顶层设计涉及前述所有五个领域的事项，但有关事项试点的数量却有较大差异，其中涉及"发展"领域的试点事项最多（42 项），主要包括农业产业化、农业保险、农业科技与推广、涉农补贴等方面；其次是"治理"（19 项，包括村庄治理、农村干部制度改革、乡镇机构改革等方面的具体试点计划）、"生态"（18 项，包括农村生态保护、生态补偿以及生态修复等具体试点计划）和"增收"（12 项，包括农民脱贫增收如"少生快富扶贫工程"试点，农民减负如免征农业税试点、取消牧业税试点，以及增强农村社会保障能力如新型农村合作医疗制度试点、农村社会养老保险试点等）；而同期涉及"文明"领域的试点项目仅有一个，关注的是农村义务教育事业的发展。

② 在试点步骤方面，这一阶段规划启动了大量新的试点项目，"1 号文件"中超过 60% 的试点表述涉及的是政策试点的前期事项。其中，在规划阶段，主要有三种试点设计模式：一是对于既有新政策的落实要求"率先试点"，但根据试点事项涉及领域的复杂程度，又可细分为"尽快启动试点"的积极推动型和"稳步开展试点"的稳妥进行型两种表述形式；二是对于重大政策议题攻关或者政策创新探索，鼓励有条件的地区"实行试点"或"搞好试点"；三是对于地方正在尝试的可能对中央政策创新具有积极参考价值的工作"支持试点"。在试点启动阶段，根据试点项目的急迫和复杂程度可以分成四种形式：一是一般要求的"启动试点"；二是有加速度要求的"加快推进试点""积极推进试点"；三是有负向加速度要求的"稳步推进试点""逐步推进试点"；四是有重要性要求的"重点推进试点"。在试点运行阶段，根据相关顶层设计表述中的语义偏好，相关要求可以分成三种形式：一是"继续推进试点""继续试点"等一般性要求，这也是该时期涉及试点运行有关顶层设计最多的表述形式；二是强调扩大试点内涵，包括"扩大试点范围""扩大试点规模"以及双方都涉及的"扩大试点规模和范围"几种具体表现；三是对于试点运行速率的要求，包括"继续积极推进试点"等加速型和"稳妥推进现有试点"等稳定型。在试点

总结阶段，相关设计主要涉及四大主题：一是"总结（试点）经验"，几乎所有有关试点总结的表述都涉及此项内容；二是"巩固试点成果"；三是"逐步推开"；四是"完善相关政策"。

③ 在试点规范方面，这一时期的试点重点关注两个方面。一是内容方面对于涉及农村土地、产权等与农民生产生活基本要素有关的试点项目，"1 号文件"着重对试点范围和强度进行了强调，在范围方面，强调"必须（将试点）严格控制在国家批准的范围之内"；此外，对于其他类型试点，也根据试点的实际情况提出"在贫困地区先行开展试点""有条件的要以省为单位试点，暂不具备条件的也要进行局部试点"等布局要求。二是在过程规范方面，强调在试点过程中"加强规范管理"，同时严厉禁止以试点为名侵犯农民利益的行为，"严禁借机（借土地确权）调整土地承包关系，坚决禁止违法收回农民承包土地的行为"，强调试点按照"严格审批、局部试点、封闭运行、风险可控"的基本原则有序进行。

④ 在试点配套方面，在这一时期资金配套被多次强调，具体包括"中央财政安排专项转移支付给予适当补助""各级财政给予补贴""中央和试点地区省级财政要增加试点投入""保障必要的工作经费"。除此之外，配套政策措施的出台也被认为是对试点工作的重要支撑而予以强调，包括要求"有关部门要抓紧提出加强农业技术推广体系建设的指导意见""有关部门要抓紧制定农村新办多种所有制金融机构的准入条件和监管办法""出台试点具体办法"。另外在试点措施方面，鼓励地方政府就某些重大议题先行试点探索或者加速试点过程，如"鼓励有条件的地方开展农村集体产权制度改革试点""鼓励有条件的省份率先减少行政层次，依法探索省直接管理县（市）的体制""有条件的地方可加快（新型农村社会养老保险）试点步伐"等。

**3. 第三阶段：2013—2020 年**

① 在试点领域方面，这八年的中央 1 号文件共部署了 146 个试点事项，是年均试点项目最多的一个时期。从试点项目涉及的领域来看，产业发展依然是这一时期中央试点部署的关注重点（93/146），但其他三个领域的关注度也有不同程度的调整，其中生态（24/146）和治理（18/146）依然保持较多的关注度，而增收（11/146）关注度水平则有所下降，值得注意的是，文明（6/146）在近几年关注度较高，除原有的教育这一个试点关注点之外，农民职业素养提升、农村信息化水平的提升以及新时代文明实践活动等方面的试点开始集中出现在近年的中央 1 号文件之中。

② 在试点步骤方面，这一时期顶层设计关注的重点开始向试点运行过程

转变，试点运行阶段的指令要求迅速增长，相关表述也十分丰富；同时进一步强调区别进行、稳妥推进的试点总方针，有关试点计划的表述不再只是"启动""推进""扩大""总结"等简单动作的提示，开始增加有关程度、效果、质量等方面的要求。一是在试点规划阶段，提出的新试点项目所占的比例略有下降，但提出了"支持（地方或部门）试点""鼓励开展试点""稳妥开展试点"等新要求，并多次强调通过"探索试点"实现政策创新；二是在试点启动阶段，这一时期的中央1号文件对试点启动提出了更高的要求，在程度上提出"稳步推进""深入推进""有序推进"等方针，在方式上提出"分类实施""统筹协调推进""全面推开"等不同要求；三是在试点运行阶段，在相关要求迅速增长的同时，有关要求的提法也十分丰富，除与之前时期相同的"范围""区域"上的"扩大"要求外，出现了"加大试点力度""丰富试点内容""优化试点模式""完善试点"等新要求；四是在试点总结阶段，有关表述相对较少，主要强调"总结试点经验"，仅有一条记录显示"推广试点经验"的要求。

③ 在试点规范方面，这一时期的顶层设计从前置条件、内容规范、强度规范、过程规范以及成果规范等各个方面对政策试点提出了全面的要求以保证试点规范有序地进行：一是在前置条件方面，继续强调"有条件的地方""有实际需要的地方"以及"集体土地所有权在村民小组的地方"等主客观条件，避免试点盲目开展；二是在试点内容方面，对于涉及农村土地、房屋产权等基本制度的改革试点强调"从严掌控范围""将试点严格限制在集体经济组织内部"等要求；三是在强度方面，强调"完善方法、逐步调整""防止侵蚀农民利益"；四是规程规范方面，指出要"严格规范试点过程""防止外部资本侵占控制"；五是在试点成果规范方面，强调"认真总结农村宅基地制度改革试点经验"。

④ 在试点配套方面，有关严格试点过程的规则配套在此时期被多次强调，如"有关部门要抓紧提出具体试点方案""加强对试点工作的指导监督""加强对农村各类改革试点试验的指导督查"。在资金方面，仅有一条有关表述出现，但却提出了一种新的配套方式"以奖代补"支持试点。在政策方面，为地方自行进行的试点正名并将其纳入国家试点范畴成为一种新的政策支持方式。在措施配套方面，强调为试点提供不同的路径模式选择。

**（三）中央1号文件试点顶层设计的总体特征及趋势**

根据上述中央1号文件有关农村政策试点相关表述及总体布局的发展，可以总结出我国农村政策试点顶层设计的特征与趋势主要表现在以下几个方面。

首先，从试点涉及领域来看，我国农村政策试点顶层设计所关注的议题与同期我国农业农村发展的重点议题是密切相关的，且呈现出"经济发展—经济社会生态发展—全面发展"的态势,"乡风文明""生态宜居"等非经济领域的试点日趋增加。

其次,在试点步骤方面,国家顶层设计重点关注的是试点的规划,即在重要或关键领域提出试点创新的构想;但十八大后中央对于政策试点调控的力度开始增强,即在提出试点规划的同时,对于试点启动以及试点过程的重视程度开始增加,对于已经提出的试点规划或者已经开展的试点进行全程的评估和进度的修正。

再次,在试点规范方面,对于涉及国计民生等重要领域的试点,强调"严格审批、局部试点、封闭运行、风险可控"的原则,在前置条件、内容过程强度规范等方面予以严格限定,同时强调试点过程中对于农民群众基本权益的保障和维护,防止借试点为名"调整承包关系""侵占集体土地"等行为的出现。

最后,在试点配套方面,中央对于试点的配套依然是试点得以有效开展的重要支持,但配套的重点开始由前期的给资金、给政策向近期的措施配套转变,具体配套措施也日趋灵活,出现了提供试点模式选择、提供试点技术支持、以奖代补进行资金配套等新型措施。

## 三、农村政策地方试点的方案确定

在中央顶层设计确定未来一段时间农村政策试点的重点领域、环节以及规范性要求之后,国家有关部委将根据各自的职能范围,在广泛征求各方意见的基础上独自或联合提出具体的试点方案,从而呼应顶层设计中对相关领域展开试点或加速试点的要求。这些对于具体事项的指导性意见被命名为"实施方案""推进方案"或"指导意见"等予以下发,从而成为指导地方和基层具体试点实践的行动指南。

### (一)指导思想与基本原则

#### 1. 试点指导思想

指导思想是对我国农村改革试点基本政治方向及使命的规定。其内容主要包括以下几个方面:一是上一届党的中央全会及其后历次全会的精神;二是党的基本指导思想,主要包括毛泽东思想、邓小平理论、"三个代表"重要思想、科学发展观以及习近平新时代中国特色社会主义思想;三是党中央、国务院关于国家发展战略的总体布局和基本理念,如"五位一体"总体布局、协调推进"四个全面"战略布局以及"创新、协调、绿色、开放、共享"的发展理念;四是党中央、国务院对于试点所涉及领域的最新战略部署,如中央全面深化改革领导小组于 2016 年发布的《探索实行耕地轮作休耕制度试点方案》中,就将党中央、国务院关于"实施藏粮于地、藏粮于技战略"的部署作为其指导思想的组成内容；五是试点所承担的发展使命，如"不断巩固和完善中国特色社会主义农村基本经济制度"（农村综合改革试点），逐步解决农村居民老有所养问题（新型农村社会养老保险试点），培育一批特点鲜明、产业发展、绿色生态、美丽宜居的农业特色互联网小镇（农业特色互联网小镇建设试点）。

**2. 试点基本原则**

试点基本原则是对试点的性质、方向、程序等基本特征的强调，其主要表现为以下几个方面。

（1）政治性原则。强调试点只是对既有政策领域执行方式的转变，并不涉及对包括"四项基本原则"在内的社会主义基本政治制度的影响，强调改革的中国特色社会主义特征。如"坚持党对'三农'工作的领导""坚持社会主义市场经济改革方向""落实'三权分置'，严守政策底线"。

（2）公平性原则。强调改革对于城乡、区域以及代际公平方面的综合考虑，同时强调试点改革维护农民基本利益的兜底意识。其具体体现如"坚持统筹兼顾""坚持保障农民权益""切实尊重基层干部群众主体地位、首创精神""尊重农民意愿，稳妥有序实施"。

（3）目标性原则。强调试点改革需要坚定实现的目标方向，如"巩固提升产能，保障粮食安全""坚持绿色发展""坚持农村多种所有制经济共同发展"。

（4）程序性原则。明确安排试点进程，强调改革分步进行、稳步推进，例如"坚持循序渐进、试点先行""多策并举，集中施策""突出问题导向，分区分类施策""因地制宜推进，循序渐进发展"等。

（5）创新性原则。鼓励突破束缚大胆创新，强调体制机制改革，如"坚持创新驱动"。

**（二）试点目标**

试点目标是对改革试点所致力于完成的目标任务的描绘，其主要包括三个方面的内容。

**1. 时间安排**

规定任务目标完成的具体时间，根据对于时间安排的节点数量不同，其又可以分成一次性时间目标规划与多次性时间目标规划。前者指仅明确完成目标任务的最终时间，一般中央农村政策试点的目标年限为3～5年，个别试点目标年限可长达10年（如新型农村社会养老保险试点）；后者指在某些期限较长的试点项目规划中，不仅在规划中明确了目标完成时间，还明确了中间任务完成的时间节点（如新型农村社会养老保险试点就设置了2009年试点覆盖面为全国 10％的县，2020 年基本实现全覆盖的目标）。

**2. 工作目标**

通过积极创新、攻坚克难，解决具体工作中面临的现实问题，是试点工作目标的主要内容，根据解决问题的程度不同，其又可以细分为以下几个类型。

（1）标杆建设型目标。在所需解决问题的领域树立典型示范的标杆，是试点项目开展的首要目标，《农业部办公厅关于开展农业特色互联网小镇建设试点的指导意见》在其"建设目标"中就明确指出，"在全国范围内试点建设、认定一批产业支撑好、体制机制灵活、人文气息浓厚、生态环境优美、信息化程度高、多种功能叠加、具有持续运营能力的农业特色互联网小镇"。

（2）提质增效型目标。通过试点"提高""完善""健全"农业农村发展过程中体制机制及其运行平台和程序，如《关于深入推进农村社区建设试点工作的指导意见》就在其"工作目标"中明确"以全面提高农村居民生活质量和文明素养为根本，完善村民自治与多元主体参与有机结合的农村社区共建共享机制，健全村民自我服务与政府公共服务、社会公益服务有效衔接的农村基层综合服务管理平台"，《深化农村改革综合性实施方案》也在其"目标任务"中多次强调"更加完善""更加健全""更好保障""进一步提升"的增量发展目标。

（3）综合协调型目标。通过"协调""配套"等方式，构建促进农业农村发展的新型政策体系，《国务院关于开展新型农村社会养老保险试点的指导意见》在其任务目标中就指出，"与家庭养老、土地保障、社会救助等其他社会保障政策措施相配套，保障农村居民老年基本生活"，中央深改组《探索实行耕地轮作休耕制度试点方案》在其"主要目标"中也强调"探索形成轮作休耕与调节粮食等主要农产品供求余缺的互动关系"。

（4）学习示范型目标。即完成工作目标过程中所积累的经验和凝练的模式对于更为广泛地区解决类似问题以及推动农村整体改革与发展的借鉴意义。如中共中央办公厅、国务院办公厅印发《关于深入推进农村社区建设试点工作的指导意见》在其"工作目标"章节中就明确要求"为全面推进农村社区建设、统筹城乡发展探索路径、积累经验"，财政部印发的《开展农村综合性改革试点试验实施方案》中也在其"总体要求"中指出"检视验证涉农政策在农村的成效""为进一步全面深化农村改革探索路径、积累经验"，这些都直观强调了试点"以点带面"的创新"牛鼻子"作用。

**（三）试点任务**

试点任务是在工作目标的基础上，对需要通过试点解决的具体问题及解决问题的思路予以明确。由于试点任务所涉领域不同，试点具体任务的数量不尽相同，从内容来看其主要包括以下几个方面。

### 1. 政策机制创新

机制作为管理系统的结构及其运行机理的统称，是关联政策要素和功能的枢纽，政策机制的创新承担着重新梳理各政策要素从而释放更大动能以推动试点攻关的重要使命，从而受到绝大部分试点规划的高度重视，"完善土地股份组织运行机制""完善在村党组织领导下、以村民自治为基础的农村社区治理机制""完善乡村治理机制""建立一套可持续发展机制"等表述频繁见诸各项试点工作任务安排；而在更为宏观的财政部《开展农村综合性改革试点试验实施方案》中，综合性试点的主要内容就是建立健全"农村生态文明发展""农民持续增收""乡村治理"与"村级集体经济发展"四项主要机制。

### 2. 政策实施模式创新

这是对解决具体问题的思路及其实现形式创新的要求，具体表现在农业农村部等六部委《关于开展土地经营权入股发展农业产业化经营试点的指导意见》中提出的"创新土地经营权入股的实现形式"，《关于深入推进农村社区建设试点工作的指导意见》中提出的"促进流动人口有效参与农村社区服务管理""畅通多元主体参与农村社区建设渠道"等内容，其创新性主要体现在对政策实施参与主体、政策主体互动形式以及政策执行灵活度等方面的调整，以适应新形势下解决具体政策问题的要求。

### 3. 政策保障创新

这主要是在前述两项创新的基础之上，从试点内容和措施方面就如何保障创新成果、提高抵御风险和变化的能力进行创新，如通过"优先股""入股履约保证保险"等方式"探索土地经营权入股风险防范措施"；通过"完善农产品价格形成机制和农产品市场调控制度""完善农业补贴制度""健全农业支持保护制度"等方式保护农产品价格；在一些涉及具体技术操作的政策试点项目中，相关方案还通过明确试点"技术路径"等方式，确保试点能够顺利开展，如《探索实行耕地轮作休耕制度试点方案》分区域分别就"轮作"和"轮休"提出"一主四辅""一季休耕、一季雨养"等实施路径为试点运行提供操作指导。

### （四）组织领导

强大的领导体系是政策试点得以有效实施的重要前提，在有关中央农村政策试点的规划中，均强调组织领导的重要作用，并根据试点任务属性的不同对试点运行的组织领导进行安排：一是由国务院或者中央部委统一组建试点工作领导小组，研究制订相关政策并督促检查政策的落实情况，总结评估试点工作，协调解决试点工作中出现的问题，如国务院成立的"新农保"试点工作领导小组；二是由某一部委牵头，会同多个试点相关部委建立试点协作机制，在中央深改组《探索实行耕地轮作休耕制度试点方案中》，就明确"由农业部牵头，会同中央农办、发展改革委、财政部、国土资源部、环境保护部、水利部、食品药品监管总局、林业局、粮食局等部门和单位，建立耕地轮作休耕制度试点协调机制，加强协同配合，形成工作合力"；三是不涉及专门机构与机制的组建，将试点纳入中央与国家机关的日常性工作范畴开展组织领导，强调"中央和国家机关有关部门要加强对地方试点工作的指导，及时制定完善的相关配套政策"。

（五）试点遴选

相关试点规划在组织实施方面的安排主要体现在以下方面：一是确定试点参与主体单元，如"各省（自治区、直辖市）要结合本地实际，确定一定数量具备条件的试点县，选择不同类型的行政村开展试点，土地集体所有权在村民小组的，可根据群众意愿和实际需要，将试点工作延伸到自然村层面，并制定切实可行的试点实施方案""每个省份选择 2 个县（市、区），每个县选择一定数量乡村开展试点"等；二是明确试点的具体步骤，在确定开展试点的省级单位之后，中央有关试点规划均要求"省（区、市）人民政府要根据本指导意见，结合本地区实际情况，制定试点具体办法"并"提出切实可行的试点实施方案""试点省份要结合实际认真制定农村综合性改革试点试验三年实施方案和年度任务清单，明确任务和重点，强化责任，提出可检验的成果形式和时间安排"；三是提出可供参考的创新点或领域，如"鼓励有条件的地方设立政策性的引导资金""支持试点地区农民转移就业，拓展农业多种功能""鼓励商业保险机构开发适应土地经营权入股需求的保险产品"等。

（六）试点后续

主要是针对试点后经验的总结推广以及配套措施进行的安排。在试点经验总结推广方面，包括"及时总结试点的做法和成效""形成可复制、能推广的经验举措""将成熟的经验做法上升为政策法规""加大对典型模式的宣传推广力度""稳步扩大试点范围"以及"整体推进有关工作创新发展"等方面。同时强调"研究解决试点过程中遇到的新困难和新问题""开展试点评估及示范认定等工作"以确保试点工作的有效推进。

在配套措施方面，主要体现为政策配套、资金配套、监督检查配套三个方面。在政策配套方面，中央主管部门的协作支持是基层试点取得成功的重要保障，因此相关方案中均强调各参与单位沟通的重要性，"各级农业农村部门要与发改、财政、人行、税务、市场监管、银保监等部门沟通协调，进一步支持土地经营权入股发展农业产业化经营"，在此基础上"及时制定完善相关配套政策"。在资金配套层面，强调资金统筹重点扶持和专项补助等工具的使用，如"统筹整合相关涉农资金""中央财政给予适当补助""采取资金整合、以奖代补、政府与社会资本合作等方式，统筹相关资金支持试点试验工作"等。在监督检查方面，有关方案在强调试点工作重要性的基础上，明确将试点实施纳入相关政府及其领导工作的绩效考评范围，以明确主体责任、落实试点任务，如"建立县统筹、乡监管、村落实的（试点）监督机制""建立农村社区建设统筹协调和绩效评估机制""将其（试点工作）列入当地经济社会发展规划和年度目标管理考核体系"等。

### 四、本章小结

本章致力于在单一中心论的解释范畴外，关注不同偏好的利益相关主体对中央农村政策地方试点决策产生的作用和影响决策结果的过程。

在试点决策类型方面，本研究根据试点决策过程中利益偏好与资源投入情况的不同，构建试点决策分析的"资源—利益"模型，依此将试点决策分成四种类型。在此基础上，就其在"资源投入"与"利益感知"这两个方面差异性的大小，构建"动员型决策""分配型决策""协作型决策"与"授权型决策"四种试点决策场景。通过对 22 个中央 1 号文件中有关试点工作的表述，梳理其中有关农村政策试点的领域确定、路径安排、试点规范以及配套措施，根据中央 1 号文件在三个不同时期在上述四大方面 18 个指标表现的不同，提炼不同时期中央农村政策地方试点相关顶层设计的关注焦点与发展趋势。

在中央顶层设计确定未来一段时间农村政策试点的重点领域、环节以及规范性要求之后，国家有关部委将根据各自的职能范围，在广泛征求各方意见的基础上独自或联合提出具体的试点方案，从而呼应顶层设计中对相关领域展开试点或加速试点的要求。这些对于具体事项的指导性意见被命名为"实施方案""推进方案"或"指导意见"等，从而成为指导地方和基层具体试点实践的行动指南。本章结合具体的试点决策文件，梳理了这些规范性文件中对于试点指导思想和原则、目标任务、组织领导等多个方面的具体要求。

# 第五章　农村政策地方试点的利益协调与运行过程

## 一、试点实施与利益协调

为进一步推进农业农村发展，我国不断加大农村发展与改革过程中的投入力度，积极鼓励通过试点创新的方式优化政策环境、提升支农财政资金的分配效益、提高农村公共产品的供给效率，进而提升国家整体的农村治理能力。但在具体的试点实施过程中，受限于我国农村治理结构多层体系、多重任务、多元目标等特征，并形成一个需求多元、关系复杂的利益结构网络，不同层级政府之间、政府与农民群众之间在试点过程中存在着不同的利益目标和行为偏好。"公共政策的过程是对社会价值的再分配，政策制度与执行环节也是政府利益选择和博弈"① 政策试点作为一种政策愿景、资源投入以及时空规范高度集中的政策目标实现过程，在其实施过程中的利益选择与博弈往往更为激烈。

按照传统的"委托—代理"理论的理解，上述复杂利益格局的情况将使试点实施过程中出现"中央政府—地方政府""地方政府—基层治理单元"之间的信息不对称现象，并诱发代理人不认真实施或者歪曲实施政策试点项目的问题。对此惯常的措施是通过"激励"与"监督"双管齐下的办法促使代理人完成委托人制定的试点目标和相关规划。但是在试点实践过程中，同样是自上而下部署的中央农村政策地方试点项目，在几乎相同的中央制度供给与层级管理模式下，有的试点项目能够得以有效实施，但有的试点项目则推进缓慢、收效甚微。本部分结合新的历史时期农村改革过程中，利益结构分化对中央农村政策地方试点带来影响的客观现实，通过梳理和分析试点过程的主要环节，分析出其中各参与主体的利益取向及其在具体实施过程中的行动策略，试图通过分

---

① D. B. 杜鲁门. 政治过程——政治利益与公共舆论［M］. 天津：天津人民出版社，2005：127.

析出有效措施加强对利益结构分化的整合与治理，从而有效实施推动试点目标的顺利实现。

## 二、农村政策地方试点的实施过程

### （一）地方制定试点实施方案

在规划阶段结束之后，中央农村政策地方试点的重心由中央政府逐步下移至地方政府和基层治理单元，从而拉开试点组织实施工作阶段的帷幕。在此过程中，试点重心位移"接棒"的一个重要标志就是地方及基层试点单元逐级响应中央有关试点规划的要求，制定并发布试点实施方案（或实施意见）。在制定实施方案的过程中，有三个部分内容被各级政府在组织实施试点过程中予以重点考量。

**1. 试点的意义与本质**

主要体现在相关意见、办法及实施方案中对"试点意义""（试点）指导思想""（试点）基本原则"等三项内容的梳理和阐释之中。其中"试点意义"描述了各级政府规划并进行相关试点工作的两大动机：①执行上级部署；②解决现实问题。"（试点）指导思想"则是对我国农村改革试点基本政治方向及使命规定的层层落实。"（试点）基本原则"是各级政府对试点的性质、方向、程序等基本特征逐级强调。在上述三项内容中，除"试点意义"阐释由于不同层级政府所承接的上级政府数量不同以及致力于通过试点解决的现实问题侧重不同而略有差异外，其余部分均强调自上而下的统一性和行动方针的一致性，故相关方案的内容及其表述往往高度一致。

**2. 试点的内容与过程**

这一部分是各级政府试点规划性文件最核心的内容，其决定了试点工作具体开展的"工作目标""试点内容"以及试点"实施办法和步骤"三个主要方面的安排。由于不同层级政府在中央政策地方试点过程中承担的角色存在着较大差异，这一部分的内容设置及陈述在不同层级政府之间的差异较大。

**3. 试点的保障措施**

这一部分主要是指为有效推进试点工作的具体实施，各级政府对试点的组织安排、资源投入以及试点过程管理等方面对所属各职能部门及下级单位提出的意见。由于政府层级不同，直接影响各级政府能够调用的资源和部门的规模，因此在配套措施的内容与力度方面存在较为明显的级差分布。

以农村社区建设试点为例，2015年5月中共中央办公厅、国务院办公厅印发了《关于深入推进农村社区建设试点工作的指导意见》（以下简称《意见》），正式提出了我国农村社区建设试点的中央部署，《意见》篇末指出，"各省（自治区、直辖市）要根据本指导意见，结合本地实际，制定推进农村社区建设试点工作的具体实施意见"。此后，各级政府按照中央试点部署分别出台了推进农村社区建设试点工作的实施意见（省、市级）与实施方案（县、乡级），本研究选取广西壮族自治区南宁市作为考察对象，分别获取了自治区、市、县、乡四级政府依次印发的有关农村社区建设试点工作的实施意见及方案，并对相关内容展开比较（表5-1）。

由表5-1可知，同样是对于试点的规划，中央战略层"指导意见"与省、市级地方政府所制定的"实施意见"以及县、乡两级基层政府制定的"实施方案"在内容安排和侧重点方面存在着较大的差异。

中央"指导意见"作为政策试点顶层设计在具体试点领域战略规划的投射，负责对整个试点工作的原则、目标、内容等基本属性进行规划，并明确相关国家部门以及省一级政府推进试点过程中的责任。

省市两级地方政府"实施意见"在承接中央"指导意见"有关基本属性安排的基础上负责试点任务的进一步细化，其中省级"意见"负责确定本省试点规模（广西壮族自治区试点"十百千"工程）和试点基础节点的安排（自治区试点三步走战略），在其他部分则延续中央"指导意见"安排。而市级"意见"则在承接省定试点规模的基础上，提出"市本级试点"的附带试点安排以进一步扩大试点的范围，而在节点安排方面也在顺延省级安排的基础上进一步按年度细化为"四步走"战略。除上述补充之外，市级"意见"对于试点规划的丰富集中体现在对试点内容细化和试点实施步骤这两方面，在内容方面其将中央和省级方案中的农村社区建设八个方面的内容归纳成三个大的领域，并将有关试点安排进一步细化，同时在《实施意见》中明确牵头单位和配合单位，将任务细分到职能部门，在步骤方面则提出具体实施的四个步骤。

县乡两级基层政府作为基层试点单元，承接省级"意见"部署的具体试点任务，因此其任务及时间安排方面均依据省市两级"意见"进行顺延。在试点内容方面，由于市级"意见"已经对试点具体内容进行充分的细化，作为试点单元本体的县乡两级政府无权对上级安排的试点内容进行大幅度调整，故有关部分基本保持不变。县级"实施办法"对于试点的丰富主要体现在试点实施办法和步骤方面，其在市级步骤安排的基础上标识出各项工作的时间节点，并将具体试点工作内容融入各个时间节点安排之中。乡镇一级"实施办法"则是在试点保障方面，在延续省、市、县安排的基础上，组建了试点建设工作领导小组并将工作任务落实到人。

表5-1 中央《关于深入推进农村社区建设试点工作的指导意见》及地方各级实施办法内容比较

| 层级 | 中央 2015年5月印发 | 地方（省） 2016年6月印发 | 地方（市） 2017年10月印发 | 基层（县） 2018年1月印发 | 基层（乡） 2018年8月印发 |
|---|---|---|---|---|---|
| 工作目标 | 打造一批管理有序、服务完善、文明祥和的农村社区建设示范点，为全面推进农村社区建设、统筹城乡发展探索路径、积累经验 | 三步走：第一步2006年开始打造10个省级试点县（市区）、100个有效试点社区、1000个试点社区，服务覆盖全乡镇和1000个试点社区；到2018年全面推进农村社区建设，自治区20%以上的建制村；到2020年全自治区30%以上完成农村社区建设试点工作 | 四步走：2017年，重点建设列入自治区试点的"1县3镇（乡）23村"；建设1个市本级试点区县的县区各建设1～2个试点乡；2018年，5县全部申报市本级试点县，试点覆盖全市10%以上建制村；2019年，试点覆盖全市20%以上建制村；2020年，试点覆盖全市30%以上建制村，形成较为成熟的具有本土特色的农村社区建设试点基本经验 | 四步走：2017年，重点建设列入自治区试点的"1县3镇（乡）"；2018年，10%以上建制村开展试点；2019年，试点覆盖20%以上建制村；2020年，试点覆盖30%以上建制村，形成较为成熟的农村社区建设试点的具有本土特色的农村社区建设试点基本经验 | 我镇农村社区建设计划在南忠村、南局村开展试点工作，建设时间为2018年5月1日至2018年11月31日，要求在总结验收阶段达到《广西壮族自治区农村社区建设试点单位实施标准》，并总结推广具有地方特色的经验和做法，稳步扩大试点范围 |
| 试点内容 | 1. 完善在村党组织领导下，以村民自治为基础的农村社区治理机制；<br>2. 促进流动人口有效参与农村社区服务与管理；<br>3. 畅通多元主体参与农村社区建设渠道；<br>4. 推进农村社区法治建设； | 1. 科学规划农村社区建设布局；<br>2. 加强农村社区组织建设；<br>3. 广泛开展农村社区协商；<br>4. 促进农村社区服务与管理；<br>5. 曾强农村社区综合服务功能； | 1. 实现农村社区党建基础保障全覆盖；<br>1.1 加强农村社区服务用房建设；（市民政局牵头、市委组织部等3部门配合）<br>1.2 完善农村社区自治组织部牵头；（市委组织部等2单位牵头）<br>2. 实现农村社区基础设施建设规划全覆盖；<br>2.1 科学编制村庄规划；（市规划局牵头、市乡办等2部门配合） | 1. 实现农村社区党建基础保障全覆盖；<br>1.1 加强农村社区委员会服务用房建设；<br>1.2 完善以村民自治为基础的农村社区治理机制；<br>2. 实现农村社区建设规划全覆盖；<br>2.1 科学编制村庄规划；<br>2.2 改善人居环境； | 空缺 |

（续）

| 层级 | 中央 2015年5月印发 | 地方（省） 2016年6月印发 | 地方（市） 2017年10月印发 | 基层（县） 2018年1月印发 | 基层（乡） 2018年8月印发 |
|---|---|---|---|---|---|
| 试点内容 | 5. 提升农村社区公共服务供给水平；<br>6. 推动农村社区公益性服务、市场化服务创新发展；<br>7. 强化农村社区文化认同；<br>8. 改善农村社区人居环境 | 6. 推进农村社区法治建设；<br>7. 强化农村社区文化认同；<br>8. 改善农村社区人居环境 | 2.2 改善人居环境；（市乡村办等11单位牵头）<br>3. 实现农村社区公共服务"四提升"<br>3.1 切实提升农村"三留守"服务水平；（市民政局牵头，市教育局等3部门配合）<br>3.2 切实提升农村社区建设信息化水平，（市发改委等2部门牵头，市综治办等4部门配合）<br>3.3 切实提升农村社区法治化水平；（市司法局等2部门牵头，市公安局等配合）<br>3.4 切实提升农村社区精神文明建设水平；（市文明办等3单位牵头） | 3. 实现农村社区公共服务"四提升"<br>3.1 切实提升农村"三留守"服务水平；<br>3.2 切实提升农村社区建设信息化水平；<br>3.3 切实提升农村社区法治化水平；<br>3.4 切实提升农村社区精神文明建设水平<br>以上均明确牵头与配合单位 | 空缺 |
| 实施办法和步骤 | 空缺 | 空缺 | 1. 科学合理设置农村社区<br>2. 逐级申报备案<br>3. 全面组织实施<br>4. 开展评估验收 | 试点工作主要分为三个阶段<br>1. 准备工作阶段（2017年11月至12月）<br>1.1 健全机构、加强领导，<br>1.2 科学合理设置农村社区；<br>1.3 多方协商，制定可行方案；<br>1.4 逐级申报备案；<br>2. 组织实施阶段（2018年1月至2020年12月） | 镇农村社区建设试点工作主要分为三个阶段：准备工作阶段、组织实施阶段、评估总结阶段。<br>1. 准备工作阶段（2018年7月前）<br>1.1 成立组织、加强领导；<br>1.2 广泛宣传、调查摸底；<br>2. 组织实施阶段（2018年7月至2018年11月）<br>2.1 搞好基础建设、改善人居环境； |

（续）

| 层级 | 中央 2015年5月印发 | 地方（省） 2016年6月印发 | 地方（市） 2017年10月印发 | 基层（县） 2018年1月印发 | 基层（乡） 2018年8月印发 |
|---|---|---|---|---|---|
| 实施办法和步骤 | 空缺 | 空缺 | | 3. 评估总结阶段（2018年1月1日至2020年12月1日）<br>3.1 做好总结；<br>3.2 评估验收 | 2.2 规范社区阵地功能建设配置、完善服务体系；<br>2.3 引导社会各种力量积极参与农村社区服务工作；<br>2.4 加强农村社区乡土文化传承，推动农村社区乡土文化发展；<br>3. 评估总结阶段（2018年7月至2018年11月）；<br>3.1 做好总结；<br>3.2 评估验收 |
| 试点保障措施（工作要求） | 1. 加强组织领导；<br>2. 加强分类指导；<br>3. 落实扶持政策；<br>4. 强化人才支撑；<br>5. 及时总结经验 | 1. 加强组织领导；<br>2. 明确部门责任；<br>3. 健全投入机制；<br>4. 强化队伍建设；<br>5. 完善督查考评 | 1. 加强组织领导、明确部门职责；<br>2. 强化资源整合、健全投入机制；<br>3. 加强队伍建设、强化人才支撑；<br>4. 强化检查指导、树立先进典型 | 1. 加强领导、明确职责、加大投入；<br>2. 整合资源、突出特色；<br>3. 分类指导、培树典型；<br>4. 强化督查、健全投入机制 | 1. 加强组织领导<br>成立镇农村社区试点建设工作领导小组名单，并附领导小组成员名单、包括组长、副组长及领导小组成员、附属领导小组下设办公室、办公室主任名单、职责与联系电话；<br>2. 强化资源整合、健全投入机制；<br>3. 分类指导、突出特色；<br>4. 强化责任考核 |

通过上述安排，整个农村社区建设试点工作完成了"中央—省—市—县—乡"五级部署，并明确了政策试点在时间、空间、任务及人员安排方面的四维布局。

## （二）选点

政策创新具体的实施单元是各项改革工作的基础平台，在中央农村政策试点创新的过程中，试点实施单元的确定过程被通俗地称为"选点"。有研究者指出，"试点规模既不能过大也不能太小，大规模的试点不利于控制，万一失败会遭受巨大损失；选点太少则无法进行对比，不易发现其中的问题""试点必须在全局情况中具有典型的条件，试验成功后的经验才有大范围推广的价值"[①]，这事实上指出了试点"选点"环节必须完成的两项主要工作：①确定试点规模；②明确试点性质。虽然前述中央试点的"意见指南"等规定了选点的基本原则和要求，但在具体的试点实施过程中，还是需要根据试点涉及的政策领域和目标取向综合考虑中央、地方以及基层政府的利益诉求，进而结合中央顶层设计与各地农村实际情况，在选点实践中综合权衡试点性质、规模以及选点实施方式等问题，进而在试点过程中灵活选择具体的实施单元。

### 1. 明确试点性质

试点性质的明确指的是将某一区域纳入试点范畴对于试点过程的实施以及整体政策创新的意义。由于试点涉及大量超常规政策资源的投入，因此必须综合考虑成本、效益、公平等多方面的要求，才能有效发挥试点的创新示范作用。具体而言试点性质明确必须考量以下几个因素：第一，迫切性，即试点地区问题的严重程度，从而必须探索全新的路径以解决现实问题；第二，典型性，即试点地区有关问题对于整体问题呈现的代表性；第三，公平性，考虑到不同地区的差异，各代表性地区均要有相应的试点，从而体现出政策创新过程对于各个地区的普遍关注；第四，可行性，试点地区具有较好的前期基础和执行能力，能够较好地抵御风险或封闭运行，以防止风险外溢，从而尽可能降低试点失败带来的损失。

### 2. 确定试点规模

政策试点的规模指的是试点所覆盖的具体区域，其又有两个具体的体现，一是试点相对区域，即试点区域在整体政策区域中所占的比例，例如前述"农村社区建设试点"中，各省市在中央统一部署下，将试点的近期规模和远期规模分别确定为 10% 和 30% 的建制村；二是试点的绝对区域，即单个试点区域所覆盖的具体地域范围，其一般以成建制的行政区划作为判定标准，如"新型

---

① 黄秀兰. 论改革开放进程中的政策试验 [J]. 探索，2000（3）.

农村社会养老保险试点"就明确以"县（包括县级市、区）"这样一个行政层级作为试点的基本单元。无论是相对规模还是绝对规模的试点单元确定，都存在单一型和复合型两种具体表现，单一型即明确试点单元的级别或其占同类建制区的比例，如"新农保"试点就明确"2009 年试点覆盖面为全国 10％的县（市、区、旗）"；复合型则根据试点的任务目标和进度水平灵活调整试点规模，如前述农村社区建设试点中采取"分步走"形式确定不同阶段的试点规模。而在试点决定区域方面，中央农村社区建设试点有关指导意见也在规定"选择不同类型的行政村开展试点"的同时，明确"土地集体所有权在村民小组的，可根据群众意愿和实际需要，将试点工作延伸到自然村层面"，从而将试点覆盖到"行政村"和"自然村"两类不同的区域。

**3. 选点实施过程**

作为中央统一部署并督促实施的国家行为，中央农村政策地方试点的选点过程需要由中央统一部署及调控，从而在体现试点代表性的同时最大限度实现试点对于整体的示范意义。但正如前文论及试点动机所述，即使整体上中央农村试点呈现出"中央主导—地方配合—基层实施"的格局，但这并不意味着基层和地方没有推动试点的动力及其实现能力，故而形成试点动机耦合"自上而下"与"自下而上"两条并存的路径，这种动机的耦合路径也影响着试点开展过程中选点工作的实施，进而形成四种具体的实施方式。

（1）中央直接选点。中央政府通过对试点性质的权衡直接在试点规划中明确试点单元的规模及区域。例如在中央推进村民自治的试点过程中，就在国家层面经由中央组织部、中央农办、民政部等六部委研究确定了 18 个县级行政区的 24 个村委国家层面的试点单位，覆盖了北京、黑龙江、上海、广东、贵州、甘肃等 12 个省（自治区、直辖市），充分考虑了各地区位、自然、地理以及经济发展条件的差异，不同类型的地区均安排了相应的试点单元，在考虑区域差异和地方利益的基础上充分体现出中央统筹规划的优势。

（2）授权地方选点。中央部署省级政府进行选点，省级政府根据省内各地的实际情况指定或发动基层申报后推荐试点的具体单元，然后报中央审定。例如在国家"新农保"试点中国务院"指导意见"就选点工作提出了以下要求，"省（区、市）人民政府要根据本指导意见，结合本地区实际情况……按要求选择试点地区，报国务院'新农保'试点工作领导小组审定"，这充分尊重了各省本身农业农村发展的现状及其发展规划，从而将国家级试点与地方创新发展紧密结合起来。

（3）吸纳基层试点。基层已有前期实践并取得一定成效后，获得上级关注或被上级推荐后被纳入中央政策试点范畴，以进一步凝练地方经验而发挥示范效应。例如贵州省六盘水市自 2012 年以来积极探索以"资源变资产、资金变股金、农民变股东"为特色的农村政策创新路径并取得了较好的成效，其改革过程受到贵州省和中央的密切关注及多次肯定后于 2017 年被增补列为全国农村改革试验区，入选全国农村集体产权制度改革试点单位，通过纳入中央试点阵营以继续鼓励开展相关试点工作。

（4）混合型选点。即前述三种方式的混合使用。例如在农村税费改革试点过程中，相关规定一方面指定"中央确定在安徽省以省为单位进行农村税费改革试点"，同时也明确"其他省、自治区、直辖市可根据实际情况选择少数县（市）试点，具体试点工作由省、自治区、直辖市党委、政府决定和负责，试点方案报中央备案"，从而体现出选点工作中对前述典型性、公平性与可行性等方面的考虑。

### （三）试点运行

试点运行，是基层试点单元按照试点规划计划要求，对相关公共政策及其执行方式进行创造性调整，进而争取更为有效的政策结果的过程。根据前文所述动力要素耦合机制的不同，中央农村政策地方试点具体运行操作可以分为"中央部署—地方实施—中央评价"路径和"地方实施—中央增列—地方再实施"两种主要路径。

#### 1. "中央部署—地方实施—中央评价"模式

此模式下政策试点的第一推动力来自中央，即中央对于所需试点的政策有较为清晰的认识或是已经出台新政，只是对于政策执行的方式及效果尚未有全面的把握，因此采用试点的方式在部分区域、领域先行施策，进而考察新政对于农业农村发展的具体影响及其实现方式。为了有效地激发地方及基层参与试点的积极性，这类试点通常会以某种资源的倾斜性投入作为试点运行的先导，这其中既包括财政、金融、信贷等经济资源，也包括行政资源和政治资源的下沉。在资源投入的同时，中央政府通过在地方部署试点任务，地方政府组织基层试点单元实施并接受中央授权，对其运行过程展开日常监督。当试点运行达到一定的时间或事件节点时，中央政府通过下派评估专家组或委托地方评估等方式对试点运行的中间结果进行考核或进行最终结果验收，并根据评价结果反馈下一步试点实施的安排。例如中央"探索实行耕地轮作休耕制度试点"，就明确强调"是党中央、国务院着眼于我国农业发展突出矛盾和国内外粮食市场供求变化作出的重大决策部署"，在试点实施过程中直接确定地下水漏斗区、重金属污染区以及生态严重退化地区三种试点区域类型以及每种类型的选点，同时根据类型不同给出具体的试点技术路径指引，中央给予实施试点的地区以一定的补助并明确发放的具体方式；在具体实施过程中明确试点时限、明确地方政府监管责任和监管方式，并且通过建立第三方评估机制的方式对试点进展进行监督评估，每年向国务院报告工作进展情况。

**2.“地方实施—中央增列—地方再实施”**

该模式下农民或基层试点单元的朴素实践及其效果是此路径下中央农村政策试点的第一推动力。在未有中央明确授权或授意的前提下，基层试点单元及其辖区内广大农民群众基于其对农村发展与治理的体验和中央政策走向的预判，在地方政府的支持或默许下展开对现有政策内容或执行方式的调整进而显现出超出原有政策过程的实施效果。这一过程通过地方政府层层上报或是媒体宣传而受到中央关注。中央通过派遣调研组、专家组等多种方式了解地方试点实践的过程及其结果，在此基础上做出相关实践是否符合国家政治与治理的基本原则、是否能够更有效解决政策问题以及是否符合国家农业农村发展与改革基本方向的判断，如有相关评判结果均体现为对地方试点实践肯定的观点，则中央会通过将其纳入国家级试点或示范区等方式为地方试点“正名”并鼓励地方继续深入实施试点，相关试点经验也会以试点地方或基层单元命名而被冠以“XX（地名）模式”以肯定地方试点突破的原创性。例如广东省清远市自2012年起开始启动村民自治下移的探索，并选择英德市西牛镇、连州市九破镇、佛冈县石角镇作为“深化村建工作试点镇”以推进相关试点的具体措施，包括调整村委会自治规模、培育自然村村民理事会、创建基层协商机制、以自然村为基本单元制定村规民约等，清远市的探索取得了较好的成效并与中央在农村改革过程中重点推进的“政经分离”原则不谋而合，其相关试点受到中央的肯定，清远市于2014年被纳入第二批国家农村改革试验区，并将深化探索基层自治的方式作为此次国家试点的重要内容，2015年清远市在此领域的试点成果被中央写入《深化农村改革综合性实施方案》。

需要指出的是，不论是在哪种运行模式下，省级政府及相关职能部门均起到重要的承上启下的枢纽作用，例如“新农合”试点方案实施过程中，省级卫生厅就承担起这一关键职能：为中央政府监测执行情况、为“试点县”提供领导和技术援助、协助“试点”信息和经验的传播，为“试点县”灵活地进行方案设计、执行和管理。[①]

---

① Brown P. H, de Brauw. Understanding Variation in the Design of China's New Co-operative Medical System [J]. China Quarterly，2009（9）.

### (四) 试点规范与评估

**1. 试点规范**

试点规范是中央政府或受中央委托的地方政府为有效推进试点实施，对试点各个环节需要进行的各项工作及其过程、结果进行限定的法定文件及其相关措施的集合，是对本节所有环节确立的准则。以农业农村部最新修订的《农村改革试验区工作运行管理办法》（以下简称《办法》）(2016) 为例，除总则与附则外，《办法》共有六章内容对农村改革试验区进行了规范，分别涉及试验试点过程中的"组织领导""申报审批""督查与中期评估""考核与验收""试验任务终止"等具体环节，并对每个环节相关工作的主体、工作内容、实施程序、实施标准以及例外事项处置等方面进行了较为详细的规定。

**2. 试点评估**

政策试点评估是指在试点实施过程中，中央以及受中央委托的地方政府或第三方机构，对试点项目的状态和成果进行查验、核实以及评选，并将有关评估结果向中央政府反馈以便其对下一步试点进程进行安排。试点评估是对基层试点单元是否切实履行前述试点规划和试点规范的集中检验，也是中央政府对试点过程进行总体把握和调整的重要节点性工作。其主要由以下基本要素构成：

（1）评估目的。一般而言试点评估的总体目标大体相同，其通常表述为"为了规范农村综合改革示范试点工作，推动农村综合改革示范试点取得实效"这两大中心任务。但在某些农村试点特别是综合性政策试点过程中，由于其涉及多个试点主管部门，同一个试点可能会接受来自中央、地方多个层级以及相关多个职能部门的评估，而评估主体的层级、职能分工不同，其对于试点事项评估的目标侧重也会有所差异，从而形成评估目标"一般性目标＋专业性目标"的陈述方式。例如财政部制定的《农村综合改革示范试点考核评价试行办法》在其评估目标中，除前述一般性目标的内容外，还着重强调"建立健全奖励约束机制，提高财政资金使用效益"等部门职能相关目标。

（2）评估标准。早在 20 世纪 60 年代，哈罗德·拉斯韦尔就提出"政策试验"有三个目的："改进政策制定行为""产生科学知识""提升实施新政策的能力"[①]。在我国中央农村政策具体实施的过程中，对相关试点工作是否响应了上述"改进政策制定""提升实施能力"两方面目标纳入评估标准的范畴显现得较为直接。例如前述财政部有关农村改革改革示范试点考核评价的办法中，就

---

① 魏淑艳，马心茹. 外文文献关于"政策试验"的研究述评 [J]. 北京行政学院学报，2020 (3).

分别将"试点方案的实施情况""试点工作成效""试点工作是否受到重视，工作机制是否健全"纳入评价内容的范畴，而中央农办秘书局农业农村部办公厅有关农村集体产权制度改革试点工作评估的有关文件中，也将"各项试点任务完成情况及成效""推进试点的创新经验及做法"以及"完善法律法规政策的建议"作为评估的主要内容。而对于"产生科学知识"，相关中央农村政策地方试点的规范性文件均未有直接表现，但前述两个文件均有另外一种提出的方式，即通过"试点工作中是否存在违规违纪等问题""存在的主要问题及原因"等表述总结试点过程中存在的问题和不足，从而积累有关农村政策试点的科学认识，响应前述"科学知识"的目标要求。

（3）评估程序与方法。中央农村政策地方试点的评估程序一般由中央部委联合或独自发出"评估办法""评估函"等形式给承接试点的各地方政府，并要求其贯彻执行。就具体程序而言主要包括以下具体过程：一是下发评估文件通知评估内容和要求以及具体评估指标；二是中央组建评估小组并通过实地走访、查阅资料、听取汇报等方式对试点完成度、成效显现度及存在问题等进行调查，或是省级政府职能部门现场考核试点情况；三是中央评估小组或省级现场考核组形成书面评估资料并提交中央主管部门；四是中央汇总考核情况并根据考核结果进行评估处置反馈。在评估方法方面，从时间层面来看可以分为年度考评法和阶段性考评法；从组织主体来看可以分为自评、上级评估、第三方评估以及联合评估；从考评材料的获取来看可以分为实地考察法和书面考评法；从考评范围来看有全面考评和抽查考评等类型。

（4）评估处置。评估处置指的是中央农村政策试点主管部门依据试点考评结果，对参与考评的试点地区下一步试点工作安排所进行的反馈，依据其反馈的积极程度可以分成正负两种类型：一是正面肯定型，如"量化考核评价结果将作为分配中央财政奖励资金的参考因素""结合试点评估，总结树立一批典型"等反馈措施；二是负面处置型，包括"对工作不积极、考核不合格的试验区予以通报""对问题严重的取消试验区资格"等反馈措施。

## （五）试点终结

依据中央有关农村政策试点相关规范性文件，试点终结主要有以下方面的表现。

### 1. 试点任务的终止

这是指试点在未完成初设任务的条件下中途停止试点的一种终结方式。例如农业农村部印发的《农村改革试验区工作运行管理办法》中就规定了三种须终止试点的情形：一是因形势变化不再具有试验价值的；二是产生重大不可控风险的；三是试验区提出终止的。就程序而言，前两种情形下终止的判断由中央牵头部门认定并报主管部门备案，第三种情况由基层试点单元向省级主管部门提出终止申请，省级主管部门审核并报省级人民政府同意后报送中央，上报后由农业农村部会同牵头部门审核同意后予以通报终止试点。

**2. 试点任务的转换**

试点任务的转换是中央农村政策地方试点过程中，由于各种原因导致试点目标、内容等相较试点初设任务发生较大转变，以致试点名义虽然继续存在，但试点内核却发生根本性转变的一种终结方式。其一般表现为几种任务，一是试点任务的追加，即随着内外形势的变化对原有试点内核进行升级换代从而谋求更高水平的试点目标，如新农村试点向乡村振兴试点的转变；二是试点任务的替换，即初设目标由于各种原因无法实现或无法完全实现，从而以次一级目标来替代，先行寻求小范围的突破；三是试点任务的虚化，即由于试点任务争议较大或与中央整体规划出现协同的现象，对于原来确定的试点任务不再强调中央的指导与支持，从而将试点进行悬置和淡化处理，使其逐步淡出社会关注并最终自然终结，如多地进行的乡镇长直选试点。

**3. 试点任务的完结**

试点任务的完结是当试点完成了初设全部任务后结束全部试点工作的一种终结方式。并且通过相关的评估验收后，领导试点工作的有关机构（一般为专项设定的试点工作领导小组，但也有部分专职从事试点统筹的有关部门，如挂靠财政部的国务院农村综合改革办公室）通过文件的形式宣布某项试点工作结束，并将有关试点经验和做法予以推广。由此，相关基层试点单元承担的"试点"任务宣告完结，并开启了试点经验"扩散"新工作。

## 三、试点实施过程中的利益主体与行动策略

### （一）中央政府

在中央农村政策地方试点的实施环节，中央政府所承担的"设计师"角色已经完成阶段性使命：枢纽领导层进行"顶层设计"并交由相关中央部委做出"试点规划"后，试点过程的主导权被移交到地方及基层。不论是从顶层设计的描绘还是确定方案时给予的鼓励来看，中央对地方农村政策试点实施过程中的硬性规制是相当宽松的，这种弹性与宽松的实施环境也正是"试点"相对于其他政策实施过程而言的独特优势所在。

但这种理想的幕后"设计师"角色分工在现实试点实施过程中经常被打破，中央政府凭借其强大的政治纪律与监察系统，全程监督并规范农村政策地

方试点的实施过程，并适时对其运行方向与进度施加影响。加布里埃尔·A.阿尔蒙德曾指出，政策在执行过程中会被改变，"政策是同政策所要影响的国内和国际环境中的社会经济文化过程相互作用的，政治体系的实际作用和政治体系所要影响的环境之间的相互作用，常常并没有被决策者充分理解。[①] 在农村政策地方试点的过程中，中央政府将会根据自身对于国内外形势的判断对已经开展的试点展开调控，从而修正原有试点运行的路径、节奏及进度安排，进而达到与形势判断相契合的效果，其具体影响措施主要体现在以下方面。

**1. 试点叫停**

当中央政府认为地方试点实施的过程及结果有可能触及国家根本利益或基本政治原则（如"四项基本原则"），或认为试点明显违背公平正义原则时，其出于维护社会经济发展整体稳定性的需要会采取紧急终止试点的措施，以避免其所定义的试点负面影响继续扩大化。如前述东莞市在 2009 年经国土资源部批准实施的"农村土地产权制度改革与建设试点"就于 2012 年 12 月被停止实施，自"叫停"后试点所涉及业务全部停止受理，其原因就在于试点对国家现有农村土地所有制度挑战过大，并造成农村可持续发展一系列后续问题，故而在实施三年之后被紧急终止。

**2. 试点空转**

即中央政府基于对既有政策持续性和地方农村政策创新意愿的权衡，虽然授权地方进行某些开创性政策创新试点，但其目的仅在于在相对封闭的区域或领域内有限释放地方创新的热情，而并非致力于培育可复制或可推广的试点经验。对此，曾敬涵教授曾以温州金融改革为例提出"象征性改革"的概念，他认为中国（中央）政府有时会认为社会经济的稳定比制定一项长期的政策更为重要，从而得出"政策试点"并不总是追求政策效率的结论，在此背景下，"政策试点"可以作为中央政府合理拖延改革的一种机制，不会真正影响（既有政策）实践。[②]

**3. 试点扩张**

中央政府基于解决现实农村改革重点、难点问题的迫切性，以及对已有试点进程预期效果的把握，通过①扩大试点规模（扩大承担试点工作的基层试点单元的基数）、②扩大试点范围（扩大纳入试点的政策创新事项范畴）、③加速

---

① 阿尔蒙德，小鲍威尔. 比较政治学：体系、过程和政策 [M]. 北京：东方出版社，1987：241.

② Zeng J. Did Policy Experimentation in China Always Seek Efficiency? A case study of Wenzhou financial reform in 2012 [J]. Journal of Contemporary China，2015（12）.

试点进程（拉近实现试点预期成效的时间节点）等方式，加速"试点"与"扩散"之间的切换的速度，同时模糊二者之间的边界，以谋求尽快实现相关农村政策全面创新的目标。例如，中央就曾多次在历年"1号文件"中就"农业政策性保险""土壤有机质提升补贴项目""农村地区银行业金融机构准入"等试点，提出扩大"扩大试点范围""扩大试点规模和范围""加快推进政策试点工作"等新要求。

**4. 试点升华**

当中央政策试点在具体实施过程中遭遇到中间层级政府拖延、推诿等懈怠化处理时，中央政府通过将试点实施过程及其结果纳入其政治审核与纪律检查的调控范围之内，使试点实施的意义升华至坚定政治立场和遵守组织纪律的高度，促使各级政府以超常规重视程度谋求试点目标的有效实现。例如在内蒙古某地牧区现代化试点实施过程中，中央及高层级地方政府持续强调，试点"是落实习近平总书记对内蒙古工作重要讲话重要指示批示精神的具体举措，是探索以生态优先、绿色发展为导向的高质量发展新路子的生动实践"，并要求"以高度的政治责任感和使命感全力推进牧区现代化试点建设各项工作"。

**（二）地方政府**

地方政府除非直接成为中央农村政策的试点实施单元，否则其在试点过程中的介入程度相较中央政府与基层试点单元而言是较低的。在中央及基层试点单元看来，政策试点是一种分别发挥其"顶层设计"与"摸着石头过河"功能的政策创新集中攻关，但对于介于二者之间的地方政府而言，承接、下放中央试点任务并接受中央委托对基层试点单元实施过程展开监察督促，只不过是其"完成中央或高层级政府交办的其他任务"中一项事务性工作而已。此外，正如赵静等研究者所指出的，在政策实施过程中，地方行政精英的行动逻辑为"本地利益最大化"，其中所谓本地利益包含了诸多方面，在经济方面，表现为地区政府组织自身的利益，地区企业的获利，甚至地区公众的社会福利等；在政治方面则涉及官员的晋升、问责与地方经济社会的稳定。[①]

由于试点本身固有的试验性风险以及试点成效的外溢性，在"风险自担、成效共享"的背景下，除非地方所有行政区整体纳入试点的范畴或是中央政府将试点事项升华至政治任务层面，地方政府将会采取各种措施以模糊其对具体

---

① 白桂花，朱旭峰. 政策模糊性、内外部监督与试点初期执行：基于"新农合"的比较研究 [J].学海，2020（2）.

试点项目实施过程的资源投入与行政介入，进而腾出更多的时间、空间与精力处理未纳入中央试点的领域和区域的工作，以谋求其辖区内各个基层单元的利益均衡并实现本地整体利益的增长。

**1. 试点复制**

地方政府基于地方利益最大化和平衡各基层单元资源投入的考虑，在中央指定或中央授权选定某个基层地区作为试点单元之后，采取"同态复制"的方式对于辖区内具备条件但未能纳入试点范畴的基层单元以"省（市）级试点"的名义"搭便车"开展相同或者相似类型的农村政策试点工作，并给予等量的地方资源支持。

**2. 试点加挂**

中央农村政策地方试点下落到不同承接地区所分配的具体试点任务虽然有所差异，但试点布局整体性、宏观性特征依然未能改变，即试点是中央政府对于国家农业农村整体发展战略顶层设计的投射。但在具体试点实施过程中，地方政府具有对本地农业农村发展方面的信息优势，更为了解地方的状况并据此对试点运行预期有着更为精准的把握。在此背景下，地方政府在对中央政策试点内容进行解读并落实到结合地方实际在基层予以具体实施的过程中，有可能基于本地实际将某些并未纳入原初中央试点内涵的政策创新或变迁事项纳入试点范畴予以实施，从而形成"中央搭台，地方唱戏，基层出演"的中央试点任务地方化实施过程。

**3. 全积效应**

在中央农村政策试点实施过程中，中央对于基层试点实施过程的"垂青"使得基层治理单元获取了部分不受传统层级管辖节制的试点权力。在此情况下，试点绩效压力的上移也使作为上级政府的地方与基层之间的角色关系由"领导与被领导"关系变成"配合者与试点对象"的关系，从而产生层级责任脱嵌的"全积效应"，即地方政府在"全力支持""积极配合"的表象或口号下，将领导工作重心从纳入越级授权试点范畴的治理单元中抽身出来，并将试点相关的治理主动权移交给交托试点的更高层级政府乃至中央政府的现象。

**（三）基层试点单元**

承担具体试点项目实施任务的基层治理单元"扮演着基层乡村'当家人'和上级政府'代理人'的双重角色"，但同时"这双重角色又因国家与社会、行政权与自治权的冲突而存在张力"。[①] 在这种张力的影响下，基层试点单元

---

① 徐勇. 论乡政管理与村民自治的有机衔接［J］. 华中师范大学学报（哲学社会科学版），1997（1）.

实施试点的目标呈现出某种程度的分裂：在科层压力和上位主导的政绩评价机制的影响下，"又快又好"地完成试点任务并显现试点成效是其实施试点的首要目标；但由于我国农村地区地域性差异、文化性差异、气候性差异等表现突出，中央指定的总体性试点任务目标需要前述地方化诠释和基层理解才能真正付诸实施，而在目前我国基层政府及官员绩效考核"锦标赛机制"影响下，试点效果容易被量化和可视化呈现的事项往往被优先付诸实施，相反则被悬置乃至排除在实施序列之外。

此外，在农村税费改革之后，农村基层政权从过去的汲取型变成了与农民关系更为松散的"悬浮型"①，其动员能力与执行能力也大打折扣，从而缺乏有效调动农民积极性，带动农业农村发展的抓手，但中央农村政策试点为这种状况的改变提供了契机：在中央及上级政府因试点而对基层试点单元进行倾斜性资源投入背景下，承担试点任务的农村基层政权的角色由税费改革之前资源汲取的"抽水机"转变为争取上级资源改善农村民生福祉的"洒水车"，在试点实施过程中如何尽可能多地向中央及上级部门争取资源并将试点成效惠及域内农民群众，成为基层实施试点的重要考量。实施目标的分裂必然导致试点行为的变化，进而在试点过程中出现以下现象。

**1. 福利型试点**

基层试点单元为了谋求中央及上级政府试点投入的持续供给，以及长期保有因试点而获得的"开绿灯"的政策便利性，通过强调困难阻碍、发现附加问题等方式人为拖延试点实施或试点效果展现的过程，或是对已有试点效果不及时总结上报，通过"久试不决"维持局部地区的倾斜性投入。

**2. 压制型试点**

这种试点实施状态出现在中央或高层级政府将试点升华为政治任务的情境之下，基层试点单元在强大的政治压力和监察制度的威慑之下，"双重角色"的平衡被打破，不再顾及差异性以稳妥寻求适合本地的试点实施方式，转而采取"有条件要上，没有条件创造条件也要上"的方式，"集全县（镇）之力"以冲刺推进试点实施，确保按要求完成试点任务。

**（四）农民群众**

农民是农村政策试点最重要目标群体，作为史密斯政策过程模型中影响政策执行的四大影响因素之一，目标群体指的是公共政策在思想观念、价值利

---

① 周飞舟. 乡镇政府"空壳化"与政权"悬浮"[J]. 中国改革，2007（4）.

益、相关行为方面直接涉及的社会群体或个人[①]。在中央农村政策地方试点的实施过程中，将农民定义为政策试点的"目标群体"而不是简单的"政策客体"或是"政策对象"，强调的是当代农民在政策实施过程中的主动性，其能够认识到有关政策与自身利益的联系，并根据对这种联系的价值判断做出积极或消极应对的行为反馈。

一般而言，获得利益的目标群体不仅不会反对政策的执行，还会积极支持和配合；但是失去利益的目标群体的行为则变得复杂[②]。农村政策试点的实施过程不仅着眼于眼前利益和长远利益的平衡，必要的利益调整也是政策创新的重要内容，但农民在长期以来受到固定思维方式、行为模式或风俗习惯的影响，对于中央农村政策试点利益取向和自身获益程度的判断会受到时空条件和认知条件的限制。随着试点预期获益间隔时间的拉长以及扩散目标而导致的获益辐射空间扩大，个体农民获益感知的敏感度将会有所下降，从而产生有关试点举措不获益甚至损害利益的判断，并据此做出杯葛试点甚至干扰、破坏试点的行为。

**1. 拖延试点**

当试点过程中伴随着大量的资金、资源投入或补偿时，农民对于试点实施与个人利益或福利增长正向相关的意识将被进一步强化，进而主动配合基层试点单元"福利型"试点的异化，延迟呈现甚至隐匿试点成果、夸大试点困难，进而谋求中央或上级政府持续的资源投入。

**2. 回避试点**

当试点内容涉及农村风貌、农民生产生活习惯、人际关系互动模式等较大的转变时，如果试点目标的预设以及实践过程效果的呈现未能很好地切中农民"条件改善、关系不变"的期盼，农民群众将会以"怀旧"为名拒绝进一步配合试点。

**3. 破坏试点**

当试点涉及农村基本生产关系、人际模式和利益分配方式转变（如土地产权制度的试点），且在此过程中农民缺乏有效的信息供给和参与权利的背景下，农民将逐步降低直至失去对试点增长福利的信任，进而产生试点实施与利益增长相冲突的观念，并在其影响下产生破坏试点进程的抗争、冲突行为。

## 四、中央农村地方试点中的协调与平衡

中国的公共政策是在"层级性"与"多属性"中运行，有研究者曾总结出

---

① Smith T B. The policy implementation process [J]. Policy Sciences，1973 (2).

② 周晨虹. 农村公共政策执行中的农民参与研究 [J]. 山东社会科学 (10).

这双重属性之下政策执行的基本逻辑，即"统一指导，具体实施，相互协调，各显其能"，其具体表现为公共政策从提出到落实有层级性、从贯彻到实施有差异性、从回应到配合存在博弈性[①]。中央农村政策地方试点作为一种特殊的政策过程，其在实施的主体间利益考量的层级性、交叉性、差异性造成了试点具体实施过程中各参与主体对试点目标的不同理解，并由此做出相应的利益博弈乃至冲突行为，影响政策试点既定实施过程并导致"试点延误""试点中断"与"试点失效"等负面结果（表5-2）。

表5-2　中央农村地方试点实施过程中的利益主体行为及其效果

| 政策试点<br>利益主体 | 试点主体<br>利益考量 | 逐利目标下<br>主体行为方式 | 影响试点的<br>行为效果 |
| --- | --- | --- | --- |
| 中央政府 | 遏制试点整体影响 | 试点叫停 | 试点实施被迫中断 |
| | | 试点空转 | 试点资源不能有效落实，试点意义无法实现 |
| | 扩大试点整体效应 | 试点扩张 | 试点与扩散之间边界模糊 |
| | | 试点升华 | 不计成本的强行试点 |
| 地方政府 | 扩大试点对本地发展带动效应 | 试点复制 | 试点实施过程的同态位移 |
| | 减少试点对本地发展日常秩序的干扰 | 试点加挂 | 试点内容叠加致主题模糊 |
| | | 全积效应 | 试点监管的中段被抽空 |
| 基层试点单元 | 增加试点政策红利 | 试点拖延 | 试而不决，试点目标不能按期显现 |
| | 消减试点政治压力 | 试点冲刺 | 运动型试点，不惜成本和代价完成试点任务 |
| 农民 | 持续享受试点福利 | 拖延试点 | 试点示范目标无法显现 |
| | 拒斥试点对日常生产生活状态的影响 | 回避试点 | 试点实施过程无法取得目标群体认同与配合 |
| | 排斥由试点引发的利益调整 | 破坏试点 | 目标群体抵制并破坏试点实施过程 |

针对试点实施过程主体间利益考量与利益分歧，为确保试点实施的有效进行，应致力于实施过程中主体利益共同点的凝聚与落实，以科学的方法协调试点资源的配置以及试点成果的共享，夯实团结协作的共同思想政治基础与现实利益基础，推动中央农村政策地方试点健康有序地开展。

---

① 徐鸣青. 公共政策评价在不同层级政府中的实施路径［J］. 财政监督，2016（7）.

## （一）讲大局：试点实施过程中的顶层设计

在中国共产党领导全国人民进行的艰苦卓绝的社会主义革命和建设过程中，涌现出诸多马克思主义方法论中国化的优秀成果，特别是"顶层设计"与"摸着石头过河"这两大方法论关联性总结，是"坚持加强党的领导和尊重人民首创精神相结合"在改革开放 40 年伟大历程中所凝聚的丰硕成果。其中，"顶层设计"强调统一领导与战略规划，"摸着石头过河"则强调因地制宜与适时调整，二者是辩证统一的关系。习近平同志指出："摸着石头过河和加强顶层设计是辩证统一的，推进局部的阶段性改革开放要在加强顶层设计的前提下进行，加强顶层设计要在推进局部的阶段性改革开放的基础上来谋划。"①

政策试点长期以来被认为是"摸着石头过河"方法论在改革开放过程中的典型体现。但事实上无论是农村改革过程中的小岗村试点，还是对外开放的深圳特区实践，其背后都有中央在思想上、体制上、方向上"顶层设计"的坚强支撑。习近平同志改革试点的实践及思维的总结，是中国特色社会主义建设过程中坚持"顶层设计"与"摸着石头过河"辩证统一的重要体现。习近平同志高度赞同包括改革试点在内的"摸着石头过河"，认为"摸着石头过河是富有中国智慧的改革方法，也是符合马克思主义认识论和实践论的方法"，但他同时强调"坚持试点先行和全面推进相促进"，强调试点需要"有序推进"，以防止"脚踩西瓜皮，滑到哪里算哪里"，改革试点必须服从顶层设计的统一规划与长远布局，"摸着石头过河要按照规律来办"，从而防止改革试点落入"封闭僵化老路"与"改旗易帜邪路"的窠臼。②

要协调好中央农村政策试点实施过程中各类主体的试点行为，首要工作是继续做好中央政策试点的顶层设计，这其中除却前述试点设计、试点规划等内容外，也需要在顶层设计高度对试点实施过程予以进一步规范。首先，需要通过中央顶层设计厘清各级地方政府承接并组织试点的责任边界，明确"法无授权不可为"的基本理念，强调试点创新过程中的程序正义，坚决禁止以改革创新为借口牺牲农民利益和整体利益的做法，使地方政府和基层试点单元在明确的制度框架内合法合规地有序开展试点创新。其次，政策试点顶层设计应赋予中央政府或经由中央授权的高层级地方政府以明确的试点"裁判者"职能，对于地方或基层试点实施过程中违背整体发展目标和基本政治原则的"伪"创新和"异化"创新行为，可以及时叫停整改，直至取消试点。最后，中央作为参与试点实施过程的主体之一，也应遵循平等与公正的基本原则，完善利益协调与补偿机制，在维护农村发展整体大局的前提下充分考察地方农村发展与治理客观条件的差异性，尊重不同发展基础及发展水平试点区域的利益偏好，积极引导凝聚利益共识并鼓励试点区域之间、试点区域与未纳入试点区域之间良性竞争，鼓励正和博弈，灵活应用专项、配套及奖励等措施，鼓励先行先试。

**（二）讲协作：试点实施过程中的协同参与**

从前文分析可见，中央农村政策地方试点实施过程中，地方政府、基层试点单元和农民群众"理性经济人"属性对试点实施过程中主体行为及实施过程带来的影响是客观存在的，即不同主体在试点过程中对于中央农村政策试点的利益权衡将会影响其在试点实施过程中的态度与积极性。一般情况下，当预期试点福利增长大于成本付出时，将有助于试点的顺利进行，反之则会产生前述拖延、抵制乃至破坏行为。

在前述中央顶层设计的指导下，试点实施过程必须建构起相应的协同参与机制以凝聚利益共识和一致性行为，做到试点权力与资源在不同层级试点主体间的有效分配，并从成本分担、效果共享等多个层面建立起共信与合作。

首先，试点权责合理分配发挥参与主体能动性。在确保试点顶层设计与试点目标权威性的前提下，中央政府及高层级地方政府需要主动赋权，通过建立合理的试点权责分配机制，激活承担试点任务的地方政府、基层试点单元的主体意识和主动精神，鼓励其参与试点相关的制度供给和组织设计，并在此过程中通过平等协商形成有关试点组织实施的"实质性共识"。对于广大农民群众而言，各级政府在试点项目具体实施过程中要坚持"公益"基本原则，强化农民群众的主体权利和主体意识，维护并落实农民在试点实施过程中的知情权、参与权和监督权，在农村土地、宅基地等涉及农民基本生活福祉的重大事项进行调整的过程中，需建立相应的社会风险评估机制与利益补偿机制。在试点事项实施过程中，实施的方式方法应广泛听取农民群众意见，提高对意见问题的回应性，寻求多种利益诉求的契合点，促进利益整合与协同发展。

其次，协调利益分配实现多方共赢。有研究指出，中央政府与地方政府博弈的关键在于利益分配不均衡[①]。在中央农村政策地方试点过程中，这种利益不均衡主要体现在两方面，一是试点成本在中央与地方各级政府之间的分摊，进而对于现有福利存量产生影响；二是试点资源在试点地区与试点基层单元投

---

① 曹永盛，朱娜娜. 利益博弈视角下中央政策执行的科层制损耗［J］. 领导科学，2016（11）.

入，进而加大试点区域与非试点区域之间福利增量的张力。对于前者而言，实现利益协调的关键在于建立与完善财政转移支付制度等规范化的利益补偿机制，从而使处于中心地位的中央政府尽可能照顾到地方政府利益①；而对于区域之间的资源投入差异，则需要通过建立良性的试点竞争机制与实施过程的评估机制，使试点成为"流动红旗"，在发挥地方政策创新积极性的同时兼顾区域平衡，尽可能减少"霍桑效应"和"马太效应"对试点整体效果的影响。

### （三）讲实际：试点实施过程中的自由裁量

中央农村政策地方试点打破了传统的层级式治理资源分配格局，使基层群众得以越级获得高层级乃至中央政府治理资源以回应农村治理需求的便利性，形成在有限时空范畴内治理需求汇集直达与治理资源集聚导入相结合的嵌构状态，在通过试点实现特定政策议题的过程中，承接政策试点任务的基层治理单元充当了勾连治理需求汇聚路径与治理资源导入路径的关键角色。在此角色的形成过程中，承接试点的基层治理单元完成了汲取者与分配者角色的双重转换，即在治理需求汇聚的过程中，基层治理单元是面向基层群众汇集治理需求和试点愿望的汲取者，而在判断哪些需求或愿望将会被上报至高层级政府的过程中，基层治理单元具有充分的自主权，从而成为面向高层级政府的需求意愿信息分配者；而在治理资源的导入过程中，基层治理单元则代表基层群众面向高层级政府提出开展试点的治理资源需求，当这一需求得到满足时则面向基层群众按照试点规划进行自主分配。这种汲取者与分配者角色的转换效果影响着治理需求与治理资源之间的匹配度，并关系政策试点实施的过程及效果。

周雪光等研究者曾指出，政策执行存在大量非正式行为，"变通"与"共谋"维护了地方政府与利益相关者的利益②。基层试点单元处于国家与社会之间，对于二者的利益诉求不可偏废，这需要基层试点单元在试点实施过程中不断平衡来自国家和农民群众的利益诉求，充分发挥自由裁量，当好试点"嵌构中枢"的角色。

一方面，基层治理单元需要发挥好其面向目标群体、面向试点一线的特点，积极调动末端参与，根据试点实施的进度需要和实施环境的变化，在试点区域内灵活采用全面推进、重点突破、模范引领等多种实施策略，以及宣传发动、说服教育、带头示范等具体实施措施，推进试点高效实施。与此同时，基层试点单元要平衡好试点区域基层治理的领导者与政策试点的实施者双重角

---

① 曹永盛，朱娜娜．利益博弈视角下中央政策执行的科层制损耗［J］．领导科学，2016（11）．
② 周雪光．基层政府间的"共谋现象"——一个政府行为的制度逻辑［J］．社会学研究，2008（6）．

色，作为国家公共治理权力在农村治理中的末梢，在试点过程中要发挥好政策宣传、行为引导的作用，通过宣传发动激发广大农民和农村社会组织参与、配合试点实践的主动性，同时履行监督职能，督促试点合法、有序实施。

另一方面，要改变中央农村政策试点实施过程中自主权限、资源配置的"倒三角"分配模式，使试点实施过程中的创新责任与创新资源、创新能力相匹配：中央及高层级地方政府需要适当放权或积极授权，在给予基层试点单元政策、资金及人才方面以倾斜的同时，还需给予其根据试点进度灵活调度、分配、使用这些便利性条件的权力，尽可能减少因制度缺乏弹性而出现"守着金饭碗要饭"的困境；其次要加强对于基层试点单元自由裁量行为的监督，特别是在涉及农村住房、土地、社会保障等基本生存权益的政策创新，必须做到合法、公开，并严格按程序实施，使上级监督与社会监督相结合，督促基层试点单元积极回应实施过程中利益受影响农民群众的诉求。

**（四）讲保障：试点实施过程中的保证措施**

农民群众是影响中央农村政策试点实施效果的重要参与主体，也是试点项目利益影响最直接的目标群体。如前文所述，在农民群众既有利益或预期利益受损的条件下，将会采取拖延、破坏乃至激发群体性事件对抗等方式来表达不满并寻求利益保障，这不仅会影响试点实施的有序进行，还会对农村发展稳定大局带来负面影响。对此，必须在试点实施过程中构建多层次的利益保障机制，通过科学的方法和细致的工作化解基层治理过程中的误解、矛盾和冲突，最大限度降低农村政策试点对农民群众利益的消极影响，增强广大农民群众在试点实施过程中的主体意识和获得感。

首先，通过回应利益诉求与强化监督落实增强权利保障。在中央农村政策试点实施过程中切实保障农民利益，在具体实施行为中尽最大可能保证农民利益不受损、对受损利益及时补偿之外，从更为持续的视角来看，使农民群众在试点实施过程中的利益诉求及其实现跳出"被重视"的局限，通过制度化的方式和有效的举措实现农民在试点实施过程中的主体角色，落实其在此过程中的知情权、参与权与监督权，是利益保障更深层次的体现。对此，必须在试点实施全过程促进农民的参与，在实施前的制度设计层面就农民参与试点、监督试点以及试点过程中的利益诉求表达机制和救济制度等进行清晰的界定，并明确具体的实现渠道。在试点实施各个环节，组织实施的基层试点单元应该通过多种方式听取农民意见，对试点实施所针对的具体问题、实施方案等进行公开，并就影响农民切身利益的举措进行磋商和谈判，在此过程中应充分尊重农民的积极性与主动性，鼓励并吸纳农民参与到具体实践中；明晰试点目标的节点安排、熟悉试点实施的运行过程、督促试点成效的产出。

其次，通过保证试点进度促进利益诉求的实现。在我国各类中央农村政策地方试点蓬勃开展的现实背景下，必须正视目前农村政策试点的程序规范性依旧不足、确保试点有效实施的措施不够精准等实施过程中的突出问题，这使得试点过程容易遭遇到特殊利益相关群体的阻碍，进而扭曲政策试点实施目标、阻碍试点正常进度安排，并导致国家利益和农民利益的损失。对此，在试点实施过程中需要综合运用行政性工具、市场化工具、志愿性工具来解决面临的具体问题；同时，借助"数字乡村"建设等国家农村信息化建设工程，综合应用大数据、物联网、云计算、人工智能等多种信息化手段，将基层试点区域内的地方性知识、历史文化状态、地理地貌特征等进行数字化处理，并导入决策咨询系统和执行模拟系统予以测算及评估，助推精准实施，防止实施过程的走样与延误。

## 五、本章小结

本章结合具体试点实践，系统回顾了中央农村政策地方试点经由中央顶层设计并做出试点决策之后，从制定试点实施方案、选点、运行、规范、评估直至终结的完整实践过程，并系统梳理了各个过程的目标、要素及其实践类型。

在此基础上，结合新时期我国农村治理多元主体利益需求各异、利益关系复杂的现状，依次分析作为中央农村政策地方试点主体的中央政府、地方政府、基层试点单元以及农民在试点过程中的利益考量及其行为偏好，以及为达到各自利益目标而有可能采取的 4 大类 12 种策略行为，用以修正原有试点运行的路径、节奏及进度安排，进而达到与各利益主体对试点过程中利益形势判断相契合的效果，进而导致"试点延误""试点中断""试点失效"等负面结果。

针对试点实施过程中的主体间利益分歧与策略行为，应致力于实施过程中主体利益共同点的凝聚与落实，以科学的方法协调试点资源的配置以及试点成果的共享，夯实团结协作的共同思想政治基础与现实利益基础，在试点过程中加强弱势参与群体的利益保障，利用有效的措施凝结主体间利益共享的最大公约数，推动中央农村政策地方试点有序开展。

# 第六章 农村政策地方试点的 现状反思与未来展望

## 一、农村政策地方试点现状反思

通过实践经验与教训的归纳以及试点具体过程的梳理，中央农村政策试点在彰显其宏观意义的同时，随着其主体间利益结构与利益博弈关系的日趋复杂，其在方法论意义和具体实践价值方面的问题和不足也逐步显现出来。

### (一)公共治理领域应用社会实验法的"先天不足"

科学实验法作为一种在尽量排除外界影响的情况下，通过人为控制影响事务发展某些变量使其偏离原有规律轨迹而发生变化，并通过反复比对总结有关要素对事务发展规律的影响的一种科学方法，最早被应用于自然科学领域。之后，科学实验法被移植引入社会科学研究领域，通过人为控制或改变某些社会因素，来探求特定社会现象之间的因果联系[1]。在公共治理领域，早在 1970 年叶海卡·德罗尔就曾在其题为《政策科学的前沿》文章中指出，"显而易见的是，对于发现眼前的和不断涌现的社会问题的解决方案来说，社会实验是至关重要的"[2]，戴维·利维—福尔主编的《牛津规制手册》中，也专门列出"实验主义治理"章节，分析了实验主义治理与常规治理之间的区别，他认为常规的等级治理和命令—控制型规制存在波动性和不确定性，实验主义治理通过包容和协商的框架目标和行动条款，根据同行评议阐述并修正治理履行情况。[3]

就政策试点而言，虽然陈靖、洪伟等研究者着力区分了具有浓厚国情特色的政策试点与实验主义治理之间的差异，但依然有不少研究者认为，在中

---

① 嘎日达. 社会实验与自然科学实验的方法论比较 [J]. 北京行政学院学报，2002 (2).

② Yehezkel，Dror. Prolegomena to policy sciences [J]. *Policy Sciences*，1970 (2).

③ Sabel C F，Moore M T，Zeitlin J. *Experimentalist Governance* [M]. The Oxford Handbook of Governance，2012：137.

国政府科学决策与政策执行过程中，"政策试点是具有鲜明中国特色的政策实验形式"①、"政策试点的方法也体现了公共政策出台的谨慎性，这也是社会实验的一种思想"②。对此，早在 1988 年 5 月邓小平同志会见朝鲜领导同志时就曾指出，"中国现在实际上是一个很大的实验室"③，生动描述了改革开放进程中我国不断通过"试错""比对""规律总结"等社会实验开展试点创新的实践过程。

在我国政策试点过程中各级政府通过可控的分散试点方式，向作为实验客体的行政对象或行政区域施加试点方案，以观测试点过程及其结果，评估试点方案的内外部效度，为全国政策制定及其推广提供实验证据。④ 中央农村政策地方试点继承了自然科学实验在抽象要素之间相互关系、总结事务发展规律等多个方面的优势，但价值无涉条件下的科学实验法一旦被具体应用到复杂且充满变化的公共治理领域，其不可避免地会遭遇到与价值观鲜明的社会文化环境及道德伦理判断的激烈碰撞，并显现出其违背社会发展规律性认识的"先天不足"，进而影响实验的信度与效度。究其原因主要体现在以下 4 个方面。

**1. 实用主义思维所导致的短视困境**

从思想根源而论，实验主义治理的理论来源是实用主义，其反映出实用主义政治哲学思想在公共治理领域中的蔓延⑤。撒贝尔和查特林认为，通过社会实验的方法进行公共治理创新的前提是：中央层面没有人可以事无巨细地了解情况，而基层行为体也不能仅依赖他们所拥有的直接经验，为了克服双方各自局限性最好是进行换位思考⑥。事实上这种实用主义创新路径还有一个预设前提，即整体问题的解决可以通过局部经验的累加予以实现，对此韩博天就认为，"政策试验通过推动不起眼的分散的制度和政策变化来为重大的政策突破做准备"⑦。这一思维指导的本土治理创新实践在具体情境中通常化身为"堡垒攻关""大会战"等形式，将各个地区、不同领域的治理难题一个个单独抽出，通过"特事特办"的集中试点予以消解，然后归并不同试点的经验以达至整体性问题的解决。

---

① 康镇 . 政策试点的实验主义治理逻辑与转型进路 [J]. 求实，2020（4）.
② 余向荣 . 公共政策评估的社会实验方法：理论综述 [J]. 经济评论，2006（2）.
③ 曹纪刚 . 邓小平社会实验思想探析 [J]. 毛泽东思想研究，2000（1）.
④ 康镇 . 政策试点的实验主义治理逻辑与转型进路 [J]. 求实，2020（4）.
⑤ 刘太刚，邓正阳 . 实验主义治理：公共治理的一个新路径 [J]. 北京行政学院学报，2020（1）.
⑥ Sabel C F, Zeitlin J. Experimentalism in the EU：Common ground and persistent differences [J]. Regulation & Governance，2012（3）.
⑦ 韩博天 . 通过试验制定政策：中国独具特色的经验 [J]. 当代中国史研究，2010（3）.

然而，公共治理体系整体问题显然不等于局部问题的简单累加。一方面，各类治理问题之间往往是交互联系的，不从病灶入手只处置表面症状往往只能"头痛医头"短暂地压制问题；另一方面，面对治理困境如不从整体着手而仅用运动式的方法逐个击破，将使公共治理沦为一种"打地鼠"游戏：集中全力扑灭这一个问题，另一个问题又冒出头来，并最终陷入顾此失彼的窠臼，在此过程中将滋生出更多新的问题。对此，德国社会学家贝克批评道，"实验方法的滥用让我们在解决问题的同时不断产生新的问题，让我们疲于奔命于无穷无尽的政策实验之中，也让社会呈现出日益强烈的不可治理性，其基本表现就是社会风险的激增，使'社会变成了一个实验室，没有人对实验的结果负责'"。①

**2. 准实验条件下的信度问题**

自然科学实验的优势主要体现在两方面，这也构成实验这一探索手段之所以可信的两个基本条件：一是影响实验结果的变量是可控且能够灵活调整的，从而可以通过不断尝试理解不同变量及其组合对于事务发展的影响；二是实验过程是可重复的，即在同样的控制变量影响下实验结果应该是一样的。社会实验法虽然尽可能对自然实验进行拟态，但其在最好的状态下也不过是达到"准"实验条件，无法有效满足科学实验两个基本优势条件的要求。

首先，在实验影响变量的可控性方面，公共政策作为一种既作用于客观事务、又作用于人的主观思维及认识的规范体系，其影响和作用无法通过物理手段进行有效的隔离，或者要实现这种隔离所需成本远远超过实验所能获得的收益。例如在我国经济特区建设的过程中，虽然通过设置"二线关"的方式对作为政策实验组的特区主体与对照组的内地之间进行了长时间的隔离，但这种对社会事务的物理隔离无论在有效性还是经济性层面均充满争议。

我国为试行改革开放多项公共政策而最早的深圳经济特区，为了有效控制各类变量对于特区各项政策试验带来的影响而采取了异常严格的管控措施，通过设立特区管理线（俗称"二线关"）的方式在物理上将特区与非特区进行了隔离——通过一条长达 84.6 千米、高 2.8 米的铁丝网将深圳经济特区与内地区分开来，实施"特区管理线、边境线"双重管理，前往深圳的内地人员必须申领《中华人民共和国边境地区通行证》，每次入关必须通过指定检查站并经过严格的入境检查后方可进入特区。但"二线关"的设置并未完全阻隔特区与非特区之间的交流，通过物理隔离的办法实现对政策变迁影响要素的控制效果

---

① Roy，Boyne. The politics of risk society [J]. History of the Human Sciences，1998（7）.

有限，相反却造成了价值观撕裂、身份隔离等多种关联问题，经过三十余年的争论，国务院于 2018 年 1 月同意撤销深圳特区管理线。

其次，在实验过程的可重复性方面，人类作为公共政策制定及实施的主体和目标群体，在政策试点过程中通过其主观能动性及其内在学习机制的发挥，在反复接触同一事务的过程中将不断修正、调适自身对于事务的认知，重复的过程即学习和累进的过程，每一次都会有新的体验和收获，因此不可能完全一致。与此同时，公共政策作为一种客观见之于主观并通过形成经验共识以再次作用于客观世界的能动行为过程，地理、气候、生态等客观环境因素无法在不同时间达到同一状态，特别对于农村公共政策而言，自然环境条件瞬息万变，农作时节一旦错过就必须等待下一个周期方能重新再来，故要在较短时间内要重构实验条件并重复实验过程往往难以为继，即使在表面上通过技术手段实现了重复，其信度也很难得到保证。

### 3. 霍桑效应等对实验效度的影响

从社会科学的学理上讲，试点的运行过程可能受到两大效应的影响，从而使得其因果关系的推理受到质疑，这两个效应是选择性偏差和霍桑效应，它们都会使得政策试行的结果被高估或被低估。[①] 在选择性偏差方面，"试点地区的选择和自我选择容易对结果产生影响"，其表现为对两种特殊情况的偏爱并使试点从一开始就无法反映普遍存在的治理状态：一是偏爱基础条件好的试点单元，受试的政策变迁依附于良好的治理情境往往较容易达到创新出彩的效果，进而通过治理"温室"中培育出的成效彰显政策变更的科学性与合理性；另一种偏好是挑选问题异常严重、基础十分薄弱但症结十分明显的试点单元，以超常规资源配置的精准导入，能够在短时间内解决重点问题和突出问题，进而实现从"0"到"1"的转变，实现"翻天覆地"的伟大意义，以印证政策创新的巨大效果。但这两种基于特殊情境的选择往往背离了科学实验的初衷，即"除政策本身这一变量发生变化外，其他变量尽可能维持常态的情况下测试政策对于公共治理的影响"[②]。

即使对于普通地区而言，经过高层级政府甚至中央政府指定成为受试单元，也将对其产生强大的"霍桑效应"影响，进而迫使基层试点单元中的公共

---

[①] 刘军强，胡国鹏，李振. 试点与实验：社会实验法及其对试点机制的启示 [J]. 政治学研究，2018 (4).

[②] 杨志军，靳永翥. "凝闭型"政策体制下地方治理的现代化——以公共事件的地方治理为视角 [J]. 吉首大学学报（社会科学版），2014 (6).

部门等试点实施主体采取非常规的方式（如"集全县之力完成试点任务"等）回应这种来自高层级政府的聚焦，从而显现出额外的政策效果，这种"由于受到额外的关注而引起绩效或努力上升的现象"所引发的政策效果并非来自政策本身，而是"试点"这一符号，一旦这个符号进入政策扩散环节而消失之后，其所引发的"绩效激励"现象也将不复存在。

**4. 社会实验法面临的伦理风险**

社会实验特别是公共政策试点实验耗时漫长、消耗巨大，且涉及数量庞大的社会公众的切身的利益，在此过程中试点主体和试点对象的选择往往面临伦理风险的重大挑战。

格林伯格和施罗德在整理美国公共政策评估的历史后发现，从20世纪60年代至90年代，美国各级政府就先后进行了90次之多的社会实验，横跨医疗政策、教育政策、劳工政策、住房政策等领域，耗资超过十亿美元[①]。本土学者魏加宁也提出，"摸着石头过河"这种实验型改革方式带来了体制的"板块化"特征，并导致"自然资源被乱采滥伐，资源浪费十分严重"等问题[②]，在此过程中，谁来为这些政策实验特别是失败实验所造成的巨大消耗乃至浪费买单？是政策试点组织者必须要审慎回答的问题。

此外，在论及政策试点优势时韩博天曾指出，"总的来说，分散进行政策实验是把负担转嫁到了地方政府，同时也给实验万一失败准备好了替罪羊，实际上是把中央决策者所承担的风险和成本降到了最低"[③]。从中央层面来看，试点实验确实降低了政策变迁引发系统性风险的可能性，但对地方特别是基层而言，政策剧烈变迁或政策试点失败则有可能给其经济社会发展带来"不可承受之重"甚至于"灭顶之灾"，这在长期依靠自然地理与气候条件开展生产生活的广大农村地区表现尤为明显，土地征收、农时耽误、生态环境破坏等都将给农业生产和农民生存带来无法挽回的损失。即使某些试点以"封闭运行"的方式将实验风险严格控制在有限区域内，但将农民群众的生活福祉乃至财产安全和生命健康置于政策急剧变迁所引发的高风险之中，并以此为代价谋求所谓的"更大范围的政策创新"，试点组织者无论选择哪一个区域、哪一类人群作为受试对象，都将遭遇到既有行政伦理观念的严峻挑战。

**（二）农村政策地方试点实施的"中段失衡"**

随着我国市场经济体制的确立和发展，利益的合法性得到承认，利益主体

---

① 和经纬. 中国公共政策评估研究的方法论取向：走向实证主义 [J]. 中国行政管理，2008 (9).

② 王曦，舒元. "摸着石头过河"：理论反思 [J]. 世界经济，2011 (11).

③ 韩博天. 通过试验制定政策：中国独具特色的经验 [J]. 当代中国史研究，2010 (3).

呈现多元化，不同的阶层和社会群体开始有不同的利益偏好，并产生利益分化。[①] 这种利益分化不仅使不同利益群体之间出现利益争夺与博弈，也在政府主体与市场主体、政府主体与社会主体，乃至不同层级、部门的政府主体之间产生了利益摩擦和博弈，因为"在一个利益分化和利益博弈的时代，任何一个具体的经济社会事物都可以成为一种利益，从中滋生出一群分享这种利益的人，并围绕这种利益进行博弈"[②]。政策试点作为一种短时间内凝聚稀缺性社会资源，并致力于产出影响更大范围内调控公共事务运行、公共资源分配的规范性共识的创新性政策过程，在其谋划及实施过程中不可避免地会受到参与主体间利益分化和博弈的影响，进而引发试点"中段失衡"的问题。导致这一问题的主要原因主要体现在以下 3 个方面。

**1. 起点问题：试点目标的偏移**

马克思在描绘官僚机构特征的时候曾指出，"官僚机构认为它自己是国家的最终目的"[③]，生动揭示了不同层级政府部门在制定及执行政策时因利益偏好导向而导致的治理目标偏移。在我国中央农村政策地方试点的过程中，基于资源分配、政绩考核、官员晋升等多方面的考量，谋划并下放试点任务的中央部门和高层级地方政府也存在将政策试点的目标导向于有益于自身的倾向，从而使"获得职位的升迁、拿到中央的财政资源或者政策优惠成为一些地方（部门）的最终目标"[④]，引发因起点偏移而导致的试点失败。

在论及全面深化改革形势时习近平同志曾指出，中国改革"已进入深水区，可以说，容易的、皆大欢喜的改革已经完成了，好吃的肉都吃掉了，剩下的都是难啃的硬骨头"[⑤]。前文所述王曦、魏加宁等研究者所提出的体制"板结化"问题，生动形容了攻坚克难时期公共权力被部门权力肢解、国家利益被部门利益肢解的现象，即"国家利益部门化、部门利益个人化"[⑥]。"以点带面、先易后难"的试点改革策略，本是我党领导中国革命、建设与改革百年实践而凝练出来的推进创新的抓手，是我党在践行"实事求是"和"一切从实际出发"指导思想下因地制宜、因时制宜的法宝。但这种渐进改革、次第前行的"备选项"在前述部门利益影响下的改革实践中日趋"板结化"，成为所有制度

① 王庆华. 论政策过程中的利益博弈与价值博弈 [J]. 中国行政管理，2009 (10).

② 孙立平. 博弈—断裂社会的利益冲突与和谐 [M]. 北京：社会科学文献出版社，2006：20.

③ 中共中央马克思恩格斯. 马克思恩格斯全集 [M]. 北京：人民出版社，2006：301 - 302.

④ 岳琪琛. 层级制治理下政策试验的制度逻辑与功能限度 [D]. 上海：华东理工大学，2017.

⑤ 刘文学. 深化改革就是"啃硬骨头"[J]. 中国人大，2014 (5).

⑥ 甄小英. 为基层干部健康成长营造良好环境 [J]. 唯实，2013 (10).

创新都必经的"必选动作",并将其作为回避攻坚、阻碍变革的借口:部分决策者对于可能带来风险或是有损其部门利益的改革"硬骨头",缺乏攻坚克难的勇气和动力,但又畏惧责任的追究,于是故意混淆对政策试点目标和手段的定位,即将试点行为本身搪塞为改革创新的某种借口,试点由谋求创新突破的手段变成了改革的目的,并在具体实践中"摸石头上了瘾,不愿意过河"①。

有研究者指出,从 1978 年开始几乎所有改革之路上的重大步骤都是在全国范围内首先由少数几个地区试行,通过区域政策试验来推动改革②。即使有较为成功的试点经验支持,"避重就轻"依然是不少地方确定改革目标时的重要选项,试点创新与全面改革之间依然存在巨大的张力。例如在农村政治改革方面,从早期的乡镇领导干部公推公选试点,到扩权强镇改革试点,以及正在进行的乡镇治理现代化试点,农村政治类创新试点的热度一直有增无减,但有统计显示,党的十六大到十七大期间我国地方政府创新中,政治类改革仅占19%,明显滞后于经济领域的改革③。究其原因,正如韩博天所形容的"在那些国家出于维护自己利益而操控的领域,加上国家主体占主导地位……这些领域内的官员们则倾向于局部改革,大范围的试验充其量是推动渐进改革"④。

**2. 过程问题:试点创新的异化**

中央农村政策地方试点过程中的创新异化,是指原本致力于在政策内容、政策工具与政策执行方式等方面谋求突破的农村试点,在实施过程中被相关利益主体以创新为幌子违规乃至违法用作牟取局部利益和个人私利。

(1)试点"资源依赖症"。在目前城乡二元化发展格局下,农村发展与治理相较于城市而言长期处于资源配给匮乏状态,这导致农村基层试点单元在试点过程中患有严重的"资源依赖症"。获取中央以及高层级政府的倾斜性资源投入成为其组织实施试点的第一推动力:农村基层维持日常运转尚且举步维艰,要依靠自身资源禀赋推动惠及全局的试点创新往往难以为继,在此条件下上级政府下达的试点任务是否有配套的资源特别是财政资金的支持,往往是影响地方承接并实施试点任务意愿的首要因素,至于试点对于整体政策创新的效用,或对于长远公共利益的提升等中央政府部署试点的初衷,并未在基层试点单元首选考量的范畴之内。

在此背景下,"来自中央的试点经费可以有效地激励试点执行者,而让地

---

① 王曦,陈中飞."新改革观"论 [J]. 中山大学学报(社会科学版),2014(3).

② Xu C. The Fundamental Institutions of China's Reforms and Development [J]. Journal of Economic Literature,2011(4).

③④ 韩博天. 通过试验制定政策:中国独具特色的经验 [J]. 当代中国史研究,2010(3).

方政府独自承担主要经费则会严重削弱其积极性，进而导致试点政策的曲解和延搁"。① 对此有研究者曾总结指出，在中央农村政策地方试点实践中，2001年的异地扶贫、2008 年的农村普九试点债务化解和 2000 年开始的农村税费改革等试点在中央补贴经费逐年增加的情况下达到较好的实施效果；2006 年的全国留守儿童社会干预工程试点、2009 年的青年农民工融入社区试点则由于缺乏明确稳定的资金来源，试点执行流于形式、不了了之。②

（2）试点程式化应对。对于某些基于行政压力而承接的政策试点项目，基层试点单元在未能获得足够资源支持而自身又没有能力完成试点实施目标的情况下，不得不通过将开创性的试点探索转换为程序化的日常应付，进而达到"投入最小、效益最好"的目的。对此，陈那波总结出基层试点单元摸索出的一套"以不变应万变"的固定程序，并将其称之为试点过程中的"程式化"执行，具体表现为三个方面：③

①"宣传的程式化"，通过"上门宣传、举办大型活动、张贴宣传片"开展试点宣传，并以宣传动员的次数取代宣传效果；②"任务检查的程式化"，通过重复使用迎检准备材料、形成迎检固定模式、固定迎检单位或人员等方式，让试点发起者无法掌握基层试点的真实情况；③"任务实施的程式化"，采取"多点运作"的运行方式，在试点具体实施过程中由同一个上级部门连续指派多个试点任务，或一个试点单元同时承接多个部门的试点任务。

经由这种"程式化"的转换，试点已经失去原有政策创新探索的意涵，而成为一种地方谋取上级资源倾斜性配给的手段，或是受限于资源禀赋的基层政府应付试点任务压力的"拼图游戏"。

（3）试点资源的挪用与滥用。某些地方政府和基层试点单元通过承接中央农村政策试点获得相应财政投入之后，基于地方财政压力或个人私利的考虑，不是将有限的试点资源用于政策创新成果的培育与展现，而是用以谋取各种方式挪用、套用试点资金，更试图通过篡改试点内容、异化试点过程，以试点为幌子开展违法违规行为。对此，有研究者就曾关注到某些地方以农村集体土地流转试点为名侵害国家和农民集体利益的现象：④

---

①② 吴怡频，陆简. 政策试点的结果差异研究——基于 2000 年至 2012 年中央推动型试点的实证分析 [J]. 公共管理学报，2018 (1).

③ 陈那波，蔡荣. "试点"何以失败？——A 市生活垃圾"计量收费"政策试行过程研究 [J]. 社会学研究，2017 (2).

④ 岳琪琛. 层级制治理下政策试验的制度逻辑与功能限度 [D]. 上海：华东理工大学，2016.

2011年国务院办公厅印发了《关于引导农村土地经营权有序流转发展农业适度规模经营的意见》，这项改革为的是在农村发展多种形式经营，然而却被地方以各种欺骗虚假手段利用。如为了租用农民集体土地进行非农业建设，擅自扩大建设用地规模，出现了"以租代征"的方法；还有村委为提高流转率想出了"打包租地""搭车征地"的办法；更有设置不同数额补偿款以强迫农民签订协议，很多农民被迫离开了土地。

在这类试点实施过程中，部分地方及基层试点单元不是关注于如何通过试点解决治理难题、提升民生福祉，而是试图通过钻试点方案及管理中的漏洞，将随试点所赋予的政策、资源倾斜转换为恣意妄为的支撑与抓手，打着试点的幌子破坏制度的规范、损伤试点地区社会公益及农民利益，并以此种违规违纪的方式谋求所谓试点"成果"以获得上级的持续肯定与支持。

**3. 监督问题：试点规范的困境**

中央农村政策地方试点作为一种特殊的政策实践过程，同样遭遇到政策监管在公共政策实践过程中出现的政策主体排斥、监管氛围淡薄、规范程序缺失等问题的困扰，其与试点工作的特殊性以及农村试点环境的复杂性等因素糅合，形成路径依赖，造成政策试点监督过程中监督与规范的形式化与空心化。

（1）实验特性影响试点监管进程。试点作为一种对自然科学研究中控制实验方法的借用，参与主体主观因素干扰和政策实验环境特性不可避免地对试点过程产生影响，使其偏离预计的规范化实施路径，进而加大监管的难度。一是实验中的需求特性，使得受试对象获知自身纳入实验组的安排后，因前述"霍桑效应"而影响其对改革创新的认知、评价与行为产出，进而产生"应试"心理并谋求短期效应与表面成果的产出；二是实验者误差，即实验者本身的主观判断会影响实验进行，政策试验无法完全隔绝外界政策环境对于试点创新的干扰，政策风向的判断、创新舆情的解读以及政绩竞争的评估等，都会影响实验者对于改革试点的认识及态度；三是监管工具的人为化，改革试点过程中的监管工具及其应用受政府换届、主政领导调离以及不同年度"中心工作"变化等主管要素的影响较大，进而影响试点监管的持续与规范并给文件落实、纸面绩效等带来可乘之机。

（2）农村复杂情境影响试点规范。"三农"工作政策变迁基础弱、成本大、进度慢，为农村改革试点及其规范化运行带来了挑战。农村改革试点在时间上延续性长，与农业生产自然周期关系密切，且受自然环境的影响直接，脆弱性强、保障性差；农村改革试点在空间上呈离散分布，地理区域环境影响大，导致规范化的运行难以实现，人为扭转区域差异性往往耗费巨大。此外，农村改革试点软环境基础薄弱，农村发展与治理的生态要素和产业要素碎片化现状在短时间内难以改变，改革试点的要素支撑体系尚待理顺，土地、林权等基础资源的确权工作尚在推进之中，农村改革试点涉及的权益调整缺乏明确的法律保障与成熟的实践路径支撑。在上述复杂环境的影响之下，农村试点往往只能"就事论试"，无法给资源禀赋各异、支撑条件各不相同的各类试点项目进行可供比较、借鉴的过程规范及有效监管。

（3）基层主体权能受限影响监管效果。农村发展改革中的政策变迁涉及农村深层社会关系的系统性转换，这不仅需要基层政府及职能部门在职能、结构及运行方式等方面进行相应调整，也必将涉及广大农民、涉农组织及企业在观念、行为以及利益互动关系方面的转换。从新农村建设到乡村振兴战略的全面实施，我国农村改革试点的各项举措都将建立党委领导、政府负责、部门协作、多方参与的农村协作治理体系作为重要内涵。但在具体实施过程中，对于试点创新进行监管及规范的话语权力却并未能呈现出"平等协同"的协作治理特征，监督主导权力依照行政权力的层级下放呈漏斗形分布，并造成"责任下放、权力上收"的局面。作为农村试点神经末梢的基层治理单元，不仅承担了试点实施的大量事务性工作，而且为试点的开展调整了日常工作与生活的惯常安排，但在对试点监管及其评价方面却又处于相对弱势的一方。这造成各地评价试点运行是否规范往往由中央及高层级政府定性，而试点地区或者有待进行经验学习的基层治理单元或农民群众对于试点运行过程是否符合原初目标、其成本效益如何评价、如何试点未来发展等方面的意见建议则考虑较少。

### （三）农村政策地方试点的"绩效迷局"

中央农村政策地方试点绩效最直观的体现，是经由基层试点单元的积极探索所形成的政策创新成效及由此总结的经验模式；但最根本的绩效目标则是政策创新的经验模式被存在同样问题的其他地方所采纳，并在克服各自地方性问题的过程中产生同样或者更好效果的基础上形成新的法治规范。在明确上述直接绩效、根本绩效并评估其对政策试点整体绩效影响的过程中，由于各方主体对农村政策发展目标及进度的看法不一，致使绩效评估过程中缺乏明确的基准线和对照物，以至于轰轰烈烈开展的农村试点项目在进入绩效考评与总结阶段时往往陷入"绩效迷局"。

对此，有实务部门公务人员曾提出"试点陷阱"说，并总结出其两个方面的具体体现：①

---

① 盛小伟. 防范"试点样本陷阱"［J］. 中国市场监管研究，2019（9）.

一是将不明（混沌）情形，从"将来时"变成"现在时"。试点刚起步，正在推进，时间不长，政策的适用与成效的显现都还有待于观察和等待，便迫不及待地总结提高，着急下成功结论，作可行推论，忙复制推广，隐去或省略因时间不够衍生出来的诸多不明之处、不甚明了之处。

二是将矛盾情形，从"待定时"变成"确定时"。试点本身就处于一种"待定阶段"，会出现一些不符合、不满足试点初衷的情形，需要进行调研分析调整，进一步观察和等待结果的水落石出，但不乏试点的设计者、推动者好大喜功，利用手中试点的主导权和评价的话语权，对试点中出现的众多问题、矛盾、障碍等，或只报喜不报忧，或报大喜存小忧。

事实上，除上述两种绩效问题之外，基于农村试点的"三维"特性，中央农村政策地方试点的"绩效迷局"还存在以下表现。

三是将既有情形，从"完成时"变成"进行时"。农村试点是一种基于现实问题面向未来的创新探索过程，但某些地方的试点推动者与实施者，为了提升政绩显现度以吸引持续投入，缓解农村发展过程中资源禀赋的困境，将已经运行并取得成效的政策措施重新申请试点，将已经显现的治理成效包装成正在产出的试点成果，采用"新瓶装旧酒"的方式呈现所谓试点"绩效"，通过"在终点附近起跑"以谋求"提前完成目标""超额完成任务"的附加政绩。

四是将次生情形，从"边缘位"腾挪到"中心位"。某些试点项目并未取得根本性突破并呈现出创新成果，但在某些未纳入试点目标的领域产生了一些技术性、次生性的经验总结，对此某些试点的实施者如获至宝，通过腾挪加工将次生成果包装成主体绩效、用宣传效果取代政策效果，形成"栽花得柳"式的绩效呈现。

五是将负面情形，从"教训端"位移到"经验端"。既然是"试点"，就存在失败的可能，而在失败的创新中总结教训，并提醒后来的探索者提前防范，避免重蹈覆辙，本身亦是试点成果的一种体现。但在"只许成功、不许失败"单线性思维和现有政绩考核标准的影响下隐瞒困难、阻碍和失误，将失败的尝试包装成经验模式，使后来的学习者继续遭受损失。

造成上述"绩效迷局"的主要原因有以下方面。

**1. 试点无法获得政策创新成效**

第一，农村政策与农业生产密切相关，就目前我国农业生产发展的整体水平与状态而言，生产力和生产效率水平对气候、环境等自然地理条件的依存度较大，"靠天吃饭"的脆弱性问题依然在农村地区广泛存在。第二，"民主集中制"下依托层级体制的框架，我国中央政府对地方和基层开展农村治理产生了实质性的约束，但基于前述农业农村工作的复杂性以及治理成本的限制，使得中央及上级政府在实际操作中很难事无巨细地控制农村基层治理行为，因此在那些干部考核所未涉及的政策领域，基层政府缺乏主动作为的动力。第三，政策创新的整体推进往往附带着系统性风险的集中激发，囿于风险控制、路径依赖等，决策层往往不得不对农村政策整体创新的政策目标进行排序与分割，使得局部推进与单线先行的方式占据了主导。

基于上述三方面的原因，我国农村政策整体创新相较于城市与工业发展步伐缓慢，而通过"分解＋等待"单纯依赖试点而推动政策变迁的模式一旦成为农村治理创新的习惯，将"导致部分政策领域不可避免地在改革的高速运转中被离心力甩离中心区域，那些被忽视的领域在多年的沉淀后演变成沉疴宿疾"[①]，这在目前我国农村土地制度、农村集体产权制度改革等方面表现明显。即使通过中央农村政策试点的方式，采取"战略迂回、分步前行"的办法谋取整体创新，也会由于政策试点要求有限时间"多做尝试、多出成果"的压力和农业生产生活追求稳定持续之间的矛盾，使基层试点单元"往往没有充足的时间和权限，所做的试验更多是对既定政策程序的提炼和改进，政策创新的成效甚微"[②]。

当试点绩效压力、政绩考核压力高度叠加，地方与基层试点单元又没有足够的资源和能力去推动试点任务有效完成时，试点的突破口将由试点任务本身转移至试点"材料"的总结，即通过地方与基层试点单元合谋的方式，变造试点的内容和形式：一是收缩试点范围以减少试点投入，在中央农村政策试点任务安排中确定的"试点市""试点县（区）"中进一步划定"试点乡（镇）""试点村（社区）"，将本应用于整体试点区域的资源集中投入到收缩后的有限区域，从而将试点区域内的整体创新变造为有限区域的"盆景"培育（如农村试点评估考察意见），集中打造试点区域内"示范镇""明星村"等绩效"景点"；二是将一些与试点无关的、甚至根本不存在的所谓试点"成果"打包进入试点成效体系之中，进行前文所述试点材料的模块化组装，在此基础上将本应投入到试点创新实施的资金资源投入到试点宣传和推介的过程中，通过宣传媒体而非政策创新成效营造出试点有效开展且成效显著的假象。

---

① 韩万渠. 基层官员的身份困境与乡村治理中的政策执行变异 [J]. 中国行政管理，2016（9）.

② 周望. 政策扩散理论与中国"政策试验"研究：启示与调适 [J]. 四川行政学院学报，2012（4）.

上述行为进一步加剧了中央农村政策地方试点的虚假繁荣问题：在农村试点成果媒体宣传和"样板"展示精彩纷呈的表象背后，"有盆景没风景""一试点就成功、一推广就失败"等问题依然广泛存在，农村产业结构调整、农村土地政策、城乡基本公共服务均等化、乡村治理创新等制约农村发展的政策瓶颈依旧亟待突破。

**2. 试点经验无法进行推广和学习**

试点取得了经验，是否就标志着试点获得成功？答案依然是模糊的，为了示范，中央政府倾向于挑选出一些成功的"点"进行试验，但这些试点的经验太过特殊，难以进行推广[1]；此外，由于上级"条条"在不同地区政策倾斜程度存在差异，这会影响该模式在其他"块块"地区的学习和推广[2]。

即使通过地方朴素尝试后经由高层级政府推荐和中央追认的中央农村政策地方试点，虽然基层治理者和群众有着足够的内生动力推动政策变迁而开展积极的创新，但"基层治理者摸索进行的农村政策试点，主要动机可能并非为更高层决策提供可推广学习的样本，而是通过自身努力尝试在小范围内寻求解决治理现实中面临着各种问题和即将到来各项挑战的具体策略，并依据其对相关策略创新性的理解进行'原创标识'以谋求政绩竞争的先机"[3]。这种"强中试强"的试点模式，对于基层地方而言只是"中央搭台、基层唱戏"的一种策略性行为而已，所产生的政策创新一方面严重依赖于本地既有的、独特的政策变迁探索前期基础；另一方面，也严重依赖于借由试点而带来的较为宽松政策氛围和倾斜性政策投入。很显然，所谓的"试点经验"一旦离开这两个条件的支持往往难以为继，其可复制性和可学习性都相当有限。

"试点创新—政策扩散"之间存在复杂的利益链条，即使从中央农村政策试点的设计者——中央决策者来看，试点经验的首肯也并非意味着政策创新绩效目标的达成：许多地方政策试点虽然得到中央的认可，但并没有扩散到全国其他地方而被广泛推广。究其原因，中央认可度会因为该政策与中央关切的契合度以及政策试验绩效两个方面出现高低差异，中央相应采取验收模式、忽略模式、淡化模式和吸纳模式来回应地方政策试验[4]；还有学者认为，中央推动

---

① Yackee S W. The Politics of Ex Parte Lobbying：Pre－Proposal Agenda Building and Blocking during Agency Rulemaking [J]. Journal of Public Administration Research ＆ Theory，2011 (7).

② 黄晓春，周黎安．"结对竞赛"：城市基层治理创新的一种新机制 [J]. 社会，2019 (5).

③ 唐斌．示范引领、压力应激与环境适应：农村政策试点动因的扎根理论分析 [J]. 社会科学，2018 (7).

④ 石晋昕，杨宏山，政策创新的"试验—认可"分析框架——基于央地关系视角的多案例研究 [J]. 中国行政管理，2019 (5).

力强只是政策在全国推广的必要条件之一，还包括政策试点效果好、地方政府行政压力大和政策目标单一等条件①。

在中央农村政策地方试点领域，唐鸣等研究者在对清远等 24 地进行的"以村民小组或自然村为基本单元的村民自治试点"进行系统调研后指出，虽然包括中央 1 号文件等中央政策对相关试点成果予以高度评价并积极采纳，但有关经验却并未被各地所普遍学习，也没有受到中央积极的推广，试点的有关做法"除了清远的 6 个试点村继续坚持自己的做法外，没有一个国家层面的试点单位学习清远""2019 年中央 1 号文件未再提开展或继续开展以村民小组或自然村为基本单元的村民自治试点工作一事"②。这是因为特殊政策环境下的试点创新与目前普遍施行的国家治理现实不相容，"这一做法存在体制上、组织上、财政上和人事上诸多的困难和问题，而且与村民自治、集体经济、国家治理体系和治理能力现代化整体的发展方向是背道而驰的"③。因此，当"清远经验"一旦脱离试点情境和广东农村"两改"后所形成的实践惯性等特殊条件支撑而回归普遍状态时，随即遭遇"用不上"的尴尬。

**3. 试点伴生的副作用与负作用**

政策试点作为具有中国特色的政策创新机制，经过百年实践所取得成效已有目共睹。然而，任何事物均有两面性，频繁使用试点这剂"良药"来医治农村公共治理中的"重疾"和"旧疾"也存在产生"副作用"乃至"负作用"的风险。因为"在日趋复杂的改革实践中，'政策试点'在继续施展其积极功能的同时，亦额外带来了一些特殊的衍生性影响，并且这些影响还对试验式改革本身乃至相关改革领域造成了一定的困难"④。

有教育政策领域的研究者援引"圣诞树学校"的概念形容那些门口挂满了各类试点示范的招牌，但却无法真正产出改革创新的实绩，或者无法获得改革试点外溢效应的资源浪费现象。这些试点"提供的更多只是证明决策者正确的经过包装的汇报材料，这些包装过的汇报材料的学习只能催生出更多的包装汇报""而这些大量的包装型'创新'试探消耗了科层内部各层级、各部门的大部

---

① 陈宇，闫倩倩."中国式"政策试点结果差异的影响因素研究——基于 30 个案例的多值定性比较分析 [J]. 北京社会科学，2019 (6).

② 唐鸣. 从试点看以村民小组或自然村为基本单元的村民自治——对国家层面 24 个试点单位调研的报告 [J]. 中国农村观察，2020 (1).

③ 项继权. 税费改革：一场未完成的革命——对农村税费改革的政治分析及后续改革的建议 [R]. 华中师范大学中国农村问题研究中心，2003：87.

④ 周望."政策试点"的衍生效应与优化策略 [J]. 行政科学论坛，2015 (4).

分精力,也使得'试点'甚至类似的改革尝试越来越容易走向形式主义"①。对此,周望提出,政策试点实施过程中存在着"政策时差"与"政策势差"两种衍生效应,前者主要是指试验点与非试验点之间因政策摩擦而导致的"双轨制"乃至"多轨并行"问题,而后者则用以形容试验性政策与既有法律法规的冲突。

落实到中央农村政策试点的具体情境,政策试点的上述问题与农业生产的连续性、积累性以及"靠天吃饭"的脆弱性相交叠,进一步加大了对农村发展及治理过程中的稳定性、有效性与公平性的负向影响。

在稳定性方面,由于技术条件与专业人才的限制,我国农业生产对于气候、农时以及土壤肥力等自然条件的依赖性依然非常大,农业生产及其维系的国家粮食安全、农业农村稳定本就十分脆弱,一旦多点开花的"盆景式"试点成为常态且无法取得普遍创新的真实绩效,既有稳定的农业生产生活环境及秩序格局遭受破坏,新的秩序体系又不能有效发挥作用,盲目的"试"和"学"将引发农业农村的系统性风险,历史上进行的"农业学大寨"、农村"大炼钢铁"等运动中都曾出现过此类教训。

在有效性方面,"十年树木、百年树人",农业生产和农村发展过程中产业结构调整、农村移风易俗、乡村善治等需要经年的悉心培育才能逐步显现,但这显然与政策试点追求的时效性相冲突,在试点绩效考核目标的压力之下,一些所谓政策"创新"往往成为高层级政府直接调度资源倾斜性投入后,人为缩短周期的"速成"经验,这种经验一旦失去因"试点"符号本身而产生的资源聚集的光环回归普通状态后往往遭遇"见光死"的效用尴尬。

在公平性方面,在中央面向农业农村发展的资源投入总体保持平稳的情况下,应用于试点的倾斜性投入增加势必减少其他非试点地区投入增长的可能性,而为了争夺更多的资源以保运转,各地纷纷上马各类试点项目而忽略更为重要的日常发展与治理事务的处理,进而在区域间、事务间人为制造出公平问题:只有那些承担中央关注创新事项(如土地确权与流转、农村人居环境整治、厕所革命)试点项目的地区才能获得更多的资源支持,而那些暂时没有条件开展上述工作的地区则长期处于重点资源投入的"盲区"。

## 二、农村政策地方试点未来展望

### (一)基于总体性视野的试点规划

总体性是马克思主义观察、分析和解决社会问题的一个核心原则和基本方

---

① 陈那波,蔡荣."试点"何以失败?——A市生活垃圾"计量收费"政策试行过程研究[J].社会学研究,2017(2).

法，也是马克思主义者认识世界、把握世界发展规律和推进社会发展的重要要求。在中国特色社会主义建设新时代，习近平同志根据中国改革实践的时代背景和阶段特征，创造性地提出重视改革"三性"的战略要求，对包括试点在内的各项改革创新总体要求进行了诠释。

重视改革"三性"，即在改革过程中强调"系统性、整体性和协同性"，是习近平同志针对我国全面深化改革的新形势于 2012 年在深圳考察时最先提出、在当年举行的中央政治局集体学习中进一步强调，并于 2013 年十八届三中全会写入我国全面深化改革总体目标的改革创新战略指引。习近平同志在论及改革的总体性特征时强调，"要加强宏观思考和顶层设计，更加重视改革的系统性、整体性、协同性；改革开放是一个系统工程，必须坚持全面改革，在各项改革协同中推进，要更加注重各项改革的相互促进、良性互动、整体推进、重点突破，形成推进改革开放的强大合力"①。在进一步发挥中央农村政策地方试点积极作用、推进农村政策创新和全面深化改革的过程中，必须秉承总体性改革的思维，在试点抉择、议题设定、时空布局及绩效评判等各方面有效落实改革"三性"要求。

**1. 科学抉择改革创新方略**

许多研究者从央地互动视角指出，相比政策创新技术理性的考量，我国中央政府推进地方政策试点具有更为深刻的政治权衡，"它从根本上反映了帝制时期一直延续到当代的国家治理结构化约束，即央地之间'统权'和'治权'所衍生出的结构化矛盾""政策试点是回应央地结构矛盾的一种理性制度设计"②。某种程度上，中央政策地方试点是治理权力向中央高度集中的背景下，为了纾解中央政治权力与地方行政权力之间的张力，而将部分议题的政治性权力暂时融入地方行政性权力之中，并给予其反馈乃至修订部分中央政治权力布局的安排，从而在开放地方以贯通"政治—行政"有限机遇的同时夯实中央战略决策机制的权威与合法性根基。基于此，只要我国央地结构矛盾存在，试点作为一种"承上启下"与"下情上达"相结合的"政治—行政"过程就具有其存在的必要性空间。

但"必要性"并非"唯一性"，随着《关于新形势下党内政治生活的若干准则》《中共中央政治局关于加强和维护党中央集中统一领导的若干规定》《中国

---

① 新华社.习近平主持中共中央政治局第二次集体学习并讲话 ［EB/OL］.中华人民共和国中央人民政府网, http://www.gov.cn/xinwen/2017 - 12/09/content_5245520.htm.

② 武俊伟.政策试点：理解当代国家治理结构约束的新视角 ［J］.求实，2019（6）.

共产党重大事项请示报告条例》《中共中央关于加强党的政治建设的意见》《中国共产党党组工作条例》等一系列党内法规的出台，中国共产党对中国特色社会主义事业的领导核心地位得到进一步强调。坚决维护习近平总书记党中央的核心、全党的核心地位，坚决维护党中央权威和集中统一领导，是新时期党的政治建设首要任务，也是我党带领全国人民攻坚克难的制胜法宝。特别是新冠疫情爆发以来，党中央果断决策、积极迅速调动各方力量，各地在中央统一部署下无缝对接织密疫情防控大网，通过艰苦卓绝的斗争取得了疫情防控阻击战的重大战略成果，国民经济运行持续复苏，彰显了党中央集中统一领导下协调行动、增强合力的强大战斗力与执行力。

强化新时代总体性试点观，首要需要总体布局谋划改革蓝图，"鸡蛋不要放在一个篮子里"，试点是改革的重要方法但不是政策创新的唯一出路。正如习近平同志在山东考察时所要求的，"要正确推进改革，要准确推进改革，要有序推进改革"，具体而言要做到"该中央统一部署的不要抢跑，该尽早推进的不要拖宕，该试点的不要仓促推开，该深入研究后再推进的不要急于求成，该得到法律授权的不要超前推进"①。在确定援引试点方法之前需要明确中央的总体要求与试点方法的功能限度，反对以"改革""创新"为名枉顾统一部署而胡干、蛮干；要处理好试点创新与整体布局之间的关系，在形势紧迫或时机成熟情境下果断进行整体性推动同样是创新之路。在改革创新过程中进一步强调大局意识、看齐意识，反对以试点为名阻碍全面变革与整体创新。

**2. 城乡统筹谋划整体布局**

埃莉诺·奥斯特罗姆在分析制度变迁时指出，"用较大政治系统中较小单位自主组织和自主治理的理论来解释行为和结果时，必须明确地把周围政治系统的活动考虑进去"②。而在论及新时期中国农业农村问题的关键特征时，刘守英强调"经过中华人民共和国70年的发展，特别是改革开放40多年的发展，过去的乡土中国，已转变为现在的城乡中国"③；无独有偶，唐鸣在梳理党的十九届四中全会审议通过的《中共中央关于坚持和完善中国特色社会主义制度、推进国家治理体系和治理能力现代化若干重大问题的决定》（以下简称《决定》）后指出，《决定》"没有分开讲城市和农村基层社会治理，而是统一提

---

① 本刊记者. 农村土地改革不能突破三条底线——中央农村工作领导小组副组长、办公室主任陈锡文访谈 [J]. 宁波经济（财经视点），2014（4）.

② 埃莉诺·奥斯特罗姆，奥斯特罗姆，余逊达. 公共事物的治理之道：集体行动制度的演进 [M]. 上海：上海译文出版社，2012：163.

③ 刘守英. 从"乡土中国"到"城乡中国"[J]. 中国乡村发现，2016（6）.

基层社会治理和健全党组织领导的自治、法治、德治相结合的城乡基层治理体系",他认为,"基层社会治理方面的城乡融合正在成为努力的方向"①。

中国农村政策变迁不能忽略乡村社会的内在需求,但更需重视来自全球化、工业化和城市化的交互影响。就中央农村政策试点而言,前述创新方略的科学抉择作为总体性改革的第一个要求,强调的是"跳出试点布局试点";而城乡统筹谋划试点整体布局则强调"跳出乡村谈农村试点",要求从城乡一体、协同发展的角度整体布局农村政策试点。

具体而言,中央农村政策地方试点需挣脱"就乡言农"的束缚,从整体视角重新定义与思考农村试点的目标、过程及其绩效呈现:一是农村政策试点创新应致力于破除城乡公共治理与公共服务水平的"差序结构",重点突破城乡融合发展中的梗阻问题,建立城乡政策创新过程中的衔接与互补机制;二是农村政策试点创新应致力于扭转城乡发展"资源错配"问题,从城乡融合发展的整体性视角提高资源供给的水平和效能,在试点过程中通过项目倾斜安排、强化资金投入等方式健全农村基层资源下沉机制的同时,将试点成效逐步上移以谋求整体发展;三是农村政策试点创新应从城乡一体化的角度评估乡村试点对于城市发展的关联响应与辐射效应,建立城乡政策创新的互联互通机制。

**3. "一核两翼"协同推进试点实践**

温铁军曾指出,"包括中国、日本、韩国等国家在内的整个东亚,本来就没有西方语境中的单纯的农业问题,我们有的其实是农民生计、农村可持续发展和农业稳定这'三农'问题"②,21 世纪以来逐步形成共识的"三农(农村、农业、农民)"概念则是从地域、行业与身份三个方面对我国复杂农业农村问题的又一种概括。另有研究者从农村问题的内外向度进行了区分,"中国农村基层民主的实践和发展是乡村社会内在需求与现代国家建构双向互动的民主。这一民主样态是在国家与社会关系的张力中发展,在'适度'与'过度'的微妙平衡中推进,从而体现出鲜明的中国特色"③。这两种需求落实到具体的政策变迁议题之中,"乡村内在需求"主要体现在民生议题和内生秩序的规范等层面,"现代国家建构"则更多体现在制度建设与治理现代化等议题,其由于内外指向不同而持续存在着不同向度的张力。

---

① 唐鸣. 从试点看以村民小组或自然村为基本单元的村民自治——对国家层面 24 个试点单位调研的报告 [J]. 中国农村观察,2020 (1).

② 温铁军. 中国农村发展的另类解读——"中国经验","比较优势"与乡建试验 [J]. 理论前沿,2008 (7).

③ 马华. 村治实验:中国农村基层民主的发展样态及逻辑 [J]. 中国社会科学,2018 (5).

从上述总结可见，仅从"领域"和"作用向度"两个指标来看，我国农业农村问题就可划分为复杂的多重面向，要有效解决不同面向共同作用而产生的系统性问题，"头痛医头"式的逐个攻坚显然难以为继，必须锁定能够集结关联多重问题面向的症结焦点予以重点攻关。在我国历史悠久的农耕文化传统和社会主义国家制度体系中，农村土地集体所有的性质使得土地问题成为少有的能够集结"农业、农村、农民"三类领域，并关联"国家"与"社会"两种需求的政策标的，这也使其成为新中国革命、改革与发展各个时期解决农村问题的核心面向。基于这一认识，我国农村改革试点必须重点延续以土地制度改革为重点的基本导向，致力于优化土地配置以提高利用效率。

此外，根据乡村振兴总体战略部署中"产业兴旺、生态宜居、乡风文明、治理有效、生活富裕"二十字方针的总要求，在以农村土地政策改革创新为核心的基础上，"民生保障"和"有效治理"是新时期中央农村政策试点的两大支撑性领域，是中国农村发展整体腾飞的"两翼"。

首先，农村政策试点必须以破解广大农民群众民生难题作为根本目标，作为与"产业兴旺""生态宜居"以及"生活富裕"等乡村振兴目标要求密切相关的关键领域。下一步试点需要继续贯彻"少取""多予""放活"的基本原则，进一步巩固和扩大广大农民群众的民生权益，提升各类主体参与农村发展的积极性与主动性，提高广大农民生产、生活的可持续水平和城乡生产要素自由流动的水平，推动城乡统筹发展。

其次，农村政策试点必须以有效的乡村治理作为保障，治理创新直接涉及"乡风文明"与"治理有效"两大战略目标。农业农村新的发展阶段必须要有相应的治理体系与治理能力作为配套，在中央战略部署的指引下，乡镇职能和乡镇机构改革、扩权强县改革、农村社区建设、乡村新型治理体系建设等一系列农村治理固本强基的工作仍需要通过试点继续探索行之有效的实践方式，继续巩固自治、法治、德治相结合的乡村治理体系和"共建、共治、共享"的农村社会治理新格局。

### 4. 全面评判试点创新绩效

"试点突破，而后全面铺开"，蕴含着宏观和微观两重理想状态：于宏观而言，试点规避了全面推进的风险，通过实验摸索了经验，降低了全面剧烈政策变革有可能引发的镇痛；于微观而言，试点将基层治理单元放到国家战略的前沿，使其在获得政策与各类治理资源倾斜的同时得以用非常规方式解决发展与治理中的痛点、难点问题，而试点经验的总结及其学习推广更是其治理绩效彰显的绝佳方式。但这些理想状态均建立在一个假定的前提下，即"一试点必成功"。显然，既然试点是开创性的探索，就一定存在失败的可能，即导入试点地的创新无法解决问题甚至进一步恶化已有困境。但失败的试点是否就没有价值？如果仅以此作为评判试点的标准，就会造成前述试点"只许成功、不许失败"进而导致出现"一试点就成功，一推广就失败"的绩效困境。因此，在总体性视野下全面把握中央农村政策试点，需要全面理解并评判试点的价值。

首先，无法实现预期效果的试点同样有价值。试点的成果不仅体现在经验的总结，也包括教训的吸取，通过小范围的尝试否定多种选项中曾经认为最优的那一种，在避免全面失败的同时也为其他"次优"的方案纳入议程提供了契机，证伪与证实同样具有意义，对此需要营造一种"善于总结的失败也是成功，避免走弯路也是贡献"的试点绩效观，认真对待试点失败，进一步完善容错机制。

其次，重视试点的过程价值。试点过程开拓了视野，实践是检验真理的唯一标准，唯有通过试点运行实践，政策理想状态与现实治理情境才能进行真实的磨合，虽然二者之间的张力使得这一过程充满各种矛盾和变数，但只有通过不断探索才能找到二者冲突和矛盾之处，通过试点过程中积累的各项动态监测数据，特别是试点前后对比，主客观环境对于试点事项和试点要素的扰动情况数据等，在逐步探寻政策与现实有效结合"锚点"的同时，还为发现新问题、曝光新风险提供了信息支持。

再次，发挥试点思想动员功能。政策变迁是对既有利益格局的扰动，试点特别是中央政策试点的施行，一方面表示出治理中枢对于试点政策所针对问题的高度重视；另一方面试点政策蕴含的利益偏好代表着中央的价值判断，在此过程中无论试点主体表达出支持、旁观、怀疑或拒绝的任何态度，都是对这一判断的直观反馈，进而能为下一步的利益调整提供观念支持。

最后，试点有可能产生"意外"的成果。正如诸多伟大的发明诞生于科学实验中的"巧合"乃至"意外"，公共治理要素之间的高度关联性，扰动要素的变化，使得政策试点过程中也存在从既有目标之外产生意识、体制与机制创新"副产品"的多种可能。

### （二）多元主体协同推进试点进程

#### 1. 坚持中央对试点的集中统一领导

中国共产党带领中国革命、建设与改革的百年历程表明，大党治理大国，必须有坚强有力的组织力量，必须有坚强有力的党中央，必须有坚强有力的领导核心，才能够从全局观察问题，能够"一锤定音"作出决策，能够坚决督促落实。在对乡村振兴、脱贫攻坚等各项涉农战略进行决策部署的过程中，党中央明确提出要建立"中央头筹、省负总责、市县抓落实的工作机制，党政一把手是第一责任人"，同时强调"五级书记抓乡村振兴（脱贫攻坚）"。上述战略部署充分表明党的集中统一领导对于贯彻实施各项国家战略的重要意义，也充分强调了发挥党的政治优势与组织优势在推进包括中央农村政策试点在内的各项具体举措中的重要作用。

（1）加强思想领导统一试点认识。邓小平同志曾强调，"我们说改善党的领导，其中最主要的，就是加强思想政治工作"①，加强思想领导是新时期加强党的建设的重要任务，也是我党在新时期统筹推进"五位一体"总体布局，协调推进"四个全面"战略布局的基本支撑，是新时期党的执政能力的重要体现。在中央农村政策试点过程中要进一步加强党对农业农村工作的思想领导，将五大发展理念变成全体党员、领导干部和人民群众的思想指南和自觉行动的能力，用新的发展理念衡量和部署农业农村工作，积极运用试点这一工具放手放胆进行开拓创新，在实践中锻炼乡村治理能力、积累振兴乡村的经验。同时，要通过加强思想领导凝聚发展共识，将五大发展目标、全面建成小康社会、脱贫攻坚以及实现中华民族的伟大复兴有机结合起来，在思想上、认识上高度统一，增强党员干部和农民群众对于运用新发展理念开展政策试点振兴乡村的信心和决心。通过加强思想领导提升试点创新的能力，通过落实五大发展理念转变全体党员特别是领导干部的思想观念，在提振精气神的同时加强锐意进取的主动性，丰富开拓创新的抓手；在更新发展理念的同时，通过试点创新推动政策突破的共识，将试点作为突破重点、难点、痛点问题以及历史遗留问题和深层次矛盾的重要抓手。

（2）突出政治引领激活创新动力。党的十九大报告指出要以党的政治建设为统领，2019年1月中共中央首次提出《关于加强党的政治建设的意见》，系统阐述加强党的政治建设总体要求和具体目标。在中央统一领导和决策部署下，各级党组织积极推动中央农村政策试点实施的过程中，必须有效发挥党的政治领导功能，通过坚定执行党的政治路线、坚决站稳政治立场，确保党中央一锤定音的权威，在中央明确作出试点决策之后积极开展试点实践。在部署与实施中央农村政策地方试点的过程中，中央各部委党委、地方各级政府及部门党委必须以高度的政治责任感和使命感推进各项试点的有序开展，有关工作思路、工作部署与政策措施必须自觉同党的政治路线对标对表、及时校准偏差。同时，要在试点具体实施过程中发挥基层党组织的领导作用，"强化政治引领，

---

① 邓小平．邓小平文选（第二卷）[M]．北京：人民出版社，1994：358.

发挥党的群众工作优势和党员先锋模范作用，引领基层各类组织自觉贯彻党的主张，确保基层治理正确方向"①，确保试点实施过程中站稳党性立场和人民立场，把对党负责和对人民负责高度统一起来，将试点聚焦于解决广大农民群众最关心、最直接、最现实的利益问题；基层党组织要始终站在包括政策试点在内的各项改革发展事业的前沿，在强化政治引领的同时把党的政治优势转化为政策试点资源，将党的建设成果融入创新发展成果之中。

（3）强化组织领导督促目标落实。党的力量来自组织，《中共中央关于加强党的政治建设的意见》强调，"中央和地方各级人大机关、行政机关、政协机关、监察机关、审判机关、检察机关本质上都是政治机关""要始终坚持在党的领导下依法实施经济社会管理活动"。在中央农村政策地方试点过程中，要积极发挥中国共产党的组织优势，在党中央的战略部署和中央全面深化改革委员会指导下，将中央农村政策试点与"五级书记抓乡村振兴""五级书记抓脱贫攻坚"相结合，层级传导形成"中央—地方—基层"共同发力的责任体系；将中央统筹布局的整体性与地方蹲点打样"解剖麻雀"的深入性、灵活性相结合，打通基层干部群众在农业农村发展过程中利益响应的朴素探索与中央政策转型的总体战略规划，通过打造典型，经中央确认并推动学习形成示范效应；将试点扩散与党员领导干部政治责任相结合，在确保创新方向的同时推进创新成果的共享，以试点示范助力各地五大振兴任务的全面完成，避免各地分散探索而造成的重复耗费。

**2. 理顺试点中的地方政府间关系**

总体性视野下的中央农村政策试点强调以任务为中心的整体性互动，以及"选点—试点—扩散"无缝对接的交互式运行，这需要对传统以"条块结构"为特征的政府间关系予以再审视：从"条条"来看，要在试点创新过程中着力解决垂直管理层级之间上下级地方政府、上级业务部门与基层试点单元之间的"碎片化治理"问题，协调推进试点过程；从"块块"来看，要实现不同截面、不同层级的地方政府或基层治理单元围绕试点任务展开良性竞争，并在试点过程中维护"风险可控、封闭运行"的准实验状态，确保试点结果的科学性与有效性。

（1）地方政府间的垂直协同。在中央顶层设计的集中统一部署与各级党组织不断强化党委对农村工作统筹谋划和组织领导的背景下，处理好垂直层面政

① 习近平. 在全国组织工作会议上的讲话［EB/OL］. 共产党员网，http://www.12371.cn/2018/09/17/ARTI1537150840597467.shtml.

府间关系以推动试点创新的关键，在于破除行政层级阻碍以构建无缝对接的试点任务网络。

对此，需要高层级地方政府、地方政府及基层试点单元中的政府部门依据中央政策试点任务，安排做好"选点"（省及较大市等高层级地方政府）、"试点"（县乡基层试点单元）与"扩散"（在上述两个层级政府之间的地方政府）等试点工作的相对分工，以试点任务为中心明确试点不同阶段的重点责任对象，如在选点过程中省级政府需要平衡好基层试点单元与非试点基层治理单元之间的关系，分任务、分阶段安排试点，避免多个试点任务在同一时间、同一区域的过度交叠而影响受试变量效用的准确测度，其他各个层级政府做好相应的支持及配合工作，从而围绕特定的政策创新议题突破上下级政府之间的层级障碍，在治理网络中形成相对稳定的"主导—配合"机制，推动政策试点的有效进行。在试点具体实施的过程中，高层级政府需加强对基层试点单元的检查督促，监测除受试变量之外其他方面政策环境和资源投入的异动，尽可能维护实验状态以客观显现政策变迁的影响，避免试点成果成为"温室中的弱苗"。

（2）地方政府间的截面竞合。"截面关系"指同一层级地方政府之间的关系，其既具有竞争关系又有合作关系，一般而言其呈现出的是一种平面状态；但由于中国地方政府层级划分的复杂性，在同一层级地方政府中，受到其是否属于"县府""市府"所在地，是否属于国家或省级重点开发区（开放区）所在地，以及主政官员是否在上一级"五大班子"兼任领导职务等因素的影响，人为抬升了部分地方及基层政府的层级位置，从而形成斜面形态。

为有效推进试点运行，需要在试点不同阶段通过对中央农村政策规则体系的强调和高层级政府的协调，在不同形式的截面上对地方政府相互协调的关系予以确认：在政策试点选点阶段，通过释放政策信号和鼓励公平竞争的方式积极吸引不同类型的地方政府踊跃申报成为基层试点单元的候选对象，破除因"选点黑箱"而导致的"跑部钱进"争项目等恶行竞争，增强试点单位选取的代表性、公平性与科学性；在政策试点实施阶段，通过有效的行政监督和相互督促严格塑造政策试点的"准实验"环境，除作为政策试点测试要素等必需资源外，中央及高层级政府应该保持同一层面地方或基层政府资源供给的平等，防止过度资源倾斜干扰试点结果呈现；在政策试点评估阶段，积极鼓励试点单元与同截面政府相互监督，杜绝基层试点单元放松其他日常性工作而单一"塑造"试点成效的现象，同时也防止其他地方政府为防试点地"冒尖"而采取干扰行为的"弯道超车"现象；在试点成果学习扩散阶段，在中央及高层级政府加强试点经验推广宣传的同时，同一截面特别是临近地区的基层治理单元应发挥区位优势进一步加强合作，将试点成效由"一枝独秀"转换为"花团锦簇"，谋求从试点到试验区、示范区的转变，从而将试点推广扩散本身成为政策扩散并呈现实效的典范。

**3. 推进试点全过程的社会参与**

公共政策是由公共权力机关主导、社会广泛参与的对公共资源和公共利益进行分配、选择与确认的权威过程，这一过程涉及国家与社会之间权利与义务关系的详细分配，并对社会公众利益空间的实现与维护提供了基本的制度规范。作为一种特殊的公共政策过程，政策试点需动员广泛的社会力量参与，这包括社会公众以及社会组织通过特定渠道与方式，影响试点决策、参与及评估试点过程以维护和增进参与主体利益、推动试点目标实现的一系列活动。

（1）扩大试点参与主体范畴。推进中央农村政策试点首先需要扩大参与主体。如前文所述，新时代农村试点需要跳出传统"农村"概念框架与区域、行业的限制，农村政策试点的参与主体也不能局限于传统各层级涉农政府部门与实施试点的基层治理单元。在尊重并实现作为传统农村治理主体的农民群众在试点过程中参与主体地位的同时，还必须从城乡统筹发展的视角总体性观照农村政策试点过程中涉及的境内外资本实体、新经济组织、非营利组织等各类新型主体，营造一种"以农为荣、以农为业"的良好社会氛围，调动不同主体投身农村干事创业的决心和信心，通过多重抓手推动社会力量的多层面投入，构建起中央农村政策地方试点的立体生态链。

就具体举措而言，一是发挥好党政部门的引领作用，通过宣传发动与政策引导的方式，强化中央农村地方试点过程中的组织领导，在传统的政府及事业单位之外开辟更为灵活的渠道和多元化平台，吸引信息媒体、社会工作、慈善救济、智库咨询等专门人才造就一支"一懂两爱"的高素质"三农"工作专业队伍。二是充分发挥好市场机制的作用，提升市场主体和资本实体参与农业农村发展的主动性和积极性，在发挥其资本、要素与专业管理优势的同时，积极鼓励其对农村政策试点建言献策，并亲身参与农村政策创新。三是继续发挥好社会力量的作用，通过农村文化传统、国际交流合作等纽带，吸引乡贤、能人与各界热心人士重归乡土，鼓励社会组织与社会团体以合法规范的方式组织乡村建设试点或承接试点任务，有计划地开展农村治理创新试点国际合作，在具体试点实验过程中充分吸取多元主体的智慧与经验，进一步推进中央农村政策地方试点的科学布局与有效实施。

（2）提升多元主体的试点参与能力。首先，要通过管理赋能。对于个体参与而言，原子化的农民参与政策试点过程目标分散且影响力有限，需要通过强化组织化水平提升参与能力，而通过政府引导、社会促进的方式推动农村社会组织、农业合作社等形式进行整合后，农民群众能对试点事项形成较为统一、规范的认识，并在具体的试点过程中充分表达且实现其政策影响力。对于组织参与而言，政府需通过"政策激励、利益分摊、风险共担"的方式，充分挖掘企业等市场主体逐利性的原生动力、激发涉农组织的社会责任感并将其引导至有益于公共利益与试点效益提升的方向，整合更为广泛的社会资源，提升试点项目运行及管理的技术性与专业性，弥补公共政策与公共服务在个性化方面的短板，靶向聚焦农业农村发展过程中的复杂形势和多元化需求，更高效地面向试点过程中的目标群体解决棘手问题。

其次，要通过市场赋能。随着农业农村发展在国家战略布局中的重要性不断提升，涉农产业发展的市场空间与增长潜力逐步显现。过往农业生产"投资大、见效慢、风险大、回报少"的制约随着农村营商环境软硬件的全面改善而被持续消除。在此背景下，各级政府需建立和完善市场主体准入机制、监督机制与信息交流机制，通过 PPP 模式等方式吸引市场资本及资源主体参与农村政策试点的具体项目，充分激发社会存量资本和民间资本的活力，能够在扩展企业发展空间的同时解决农业农村发展过程中的资源困境。

再次，要通过人才赋能。高度重视农业农村发展过程中的人才支撑作用，重视农村缺乏青年、缺乏人才乃至缺人而形成的"空心化"问题，通过积极引导并支持专业社会工作服务机构、志愿者组织、专业性社会团体等参与农村发展与建设工作，继续开展"头雁工程""归燕工程""农青创工程""农青教工程"以及"三支一扶"等工作，组织引导以高校应届毕业生、退伍军人和外出务工青年为主体的农村人才，投身于乡村基层教育、基层治理、医疗卫生、社会工作、文化和精神文明建设等领域的具体试点工作，打破农村发展的人力资源掣肘，在扩大农村政策试点参与主体基数的同时提升参与能力与水平。

（3）加强对农村试点参与的规范。在当前农村改革与发展过程中，既有政策法规对农民、农村社团和农业合作组织等社会主体缺乏统筹安排，各涉农职能部门主导的相关试点项目多立足于本身职能边界，来确定社会参与的主体及形式，缺乏对中央农村政策试点的权威安排。对此，国家及高层级地方政府层面必须在试点规划过程中，就试点参与主体、参与渠道、参与形式以及参与效果评估等进行更为系统的制度规范，明确社会参与的必要性，完善相应的激励措施，增强相应措施之间的一致性、协调性与系统性；在确保基本制度统一性、规范性与科学性的前提下确保规范实施的有效性，根据参与主体的不同以及相关主体参与的试点项目、环节的不同，依据基本规范合理制定差异化的参与主体准入、监督、评估及考核的具体实施方案，将试点参与准入制度与考核评估制度、惩戒优抚制度等挂钩，在激发更多主体参与农村政策试点积极性的同时确保试点过程的有序及规范。

（4）完善对农村试点参与的保障。畅通渠道、改善服务，以完善的参与保障为社会主体参与农村政策试点创造好条件。首先要做好渠道保障，各级政府特别是基层试点单元需尊重社会组织参与政策试点的良好意愿，提供有效的渠道供其表达并实现其对农村政策变迁的关注，使其在推动农村经济发展、参与农村设施建设的同时为农村政策体系建设作出贡献；其次是做好权益保障，构建和完善农村政策试点参与过程中参与主体间的利益协调机制和风险化解机制，由高层级政府牵头成立专门的协作机构，畅通试点参与过程中各方主体利益表达渠道，协调处理不同组织和个人在试点过程中的诉求表达、利益协调、权益维护与权利救济等工作；最后是做好服务保障，引入专业评估机构并会同纪检监察机关建章立制，并提供相应的法律咨询及援助服务，对各方诉求的合理性和科学性进行专业评估和研判，建立矛盾调解机制、充分发挥建立多元化参与的能动作用，保障其在农村试点参与过程中自身权益和基本利益不受侵害。

### （三）技术赋能推进试点创新

技术是国家之眼，国家治理借此得以理性化、科学化。[①] 随着互联网时代的到来和数字信息技术的发展，国家治理在面临全新挑战的同时，新技术条件和手段也为创新国家治理理念、构建整体治理平台、提升协作治理效能提供了有效的驱动力。在农村治理方面，《数字乡村发展战略纲要》提出"要着力发挥信息技术创新的扩散效应、信息和知识的溢出效应、数字技术释放的普惠效应，加快推进农业农村现代化"，《关于加强和完善城乡社区治理的意见》也明确提出"要依托信息化的治理技术来提高农村社区治理水平"。中央农村政策试点作为农村发展与治理创新的先锋队与探路者，在其实施过程中各级主体要主动借助数字信息技术最新发展成果，在更为有效把握农村治理主客观情势的同时，推进技术赋能试点实施的效能，进而提升其创新农村治理结构和方式、解决农业农村发展重点难点问题的精准度与科学性。

### 1. 技术发展推动试点理念更新

简·芳汀提出，利用信息技术重新激活政府并推动政府现代化，是重塑政

---

① 韩志明．在模糊与清晰之间——国家治理的信息逻辑 ［J］．中国行政管理，2017（3）．

府运动的核心所在，网络信息技术和平台是推动跨部门整合的有效赋能者①。在我国农村政策试点创新过程中，数字信息技术的快速发展和数字化生活方式的日益普及，不仅极大地改变了农村农民生产生活的组织运行方式，更为重要的是带来了观念层面的革命，使其对农村政策和农村公共治理的决策、组织、参与、评估等各个环节有了更新、更深的理解，公共部门必须作出相应的反馈才能满足广大农民在技术赋权后对于农村公共政策及其实施的更高要求。作为政策创新的重要手段，各级政府在部署与实施农村政策试点过程中必须与时俱进地推进治理理念的更新。

随着物联网、大数据等数字信息技术的普及，"万物互联"不仅是生产生活的常态，也应成为新时期农村治理的常态。在数字化信息手段已经将农村政策试点过程中"各级政府＋农民群众＋涉农企业＋涉农社会组织＋科研及决策咨询机构"等主体关联成为试点数据共同体的背景下，作为推动政策试点的中央与地方各级政府必须摒弃过往大包大揽的状态，特别是对于负责试点实施的基层治理单元而言，"上面千条线，下面一根针"状态下其完成各级各部门部署的日常任务已经举步维艰，要腾出时间精力进行开拓创新只能徒具形式，从而必须结合前述各方面力量使试点部署整体推进。

在技术赋权的背景下树立整体治理理念，要通过"整体性导入"与"协同性输出"共同推进试点过程中"共建、共治、共享"目标的实现。具体而言即通过数字化信息平台在前端将资源、信息与试点需求等进行集成，并以"任务包"的形式由试点信息平台集中下达任务并调度资源，运用信息技术使"一个任务包——一个对口平台——一个主体集成"成为现实，在具体的试点实施过程中形成"以治理层级的整合为高、治理功能的整合为宽、公私部门的整合为长，便构成了整体性治理的长方体"②并借助信息平台整合多种时空结构、多方参与主体、多种实施方式，实现试点过程中"多元参与、纵横联动"的无缝对接。

**2. 推进农村试点数字化监测平台建设**

新时代农业农村工作的开放性与拓展性决定了中央农村政策试点"融合创新"的底色，这种融合不仅体现在前述试点规划及运行过程中任务目标、参与主体以及资源要素的整合，同时也包括实现这些目标的技术手段与方式的融

---

① 芳汀，邵国松. 构建虚拟政府：信息技术与制度创新［M］. 北京：中国人民大学出版社，2010：74.

② 张晓卯. 技术赋能整体性治理：我国新能源汽车产业政策的优化与整合——以上海市"新能源汽车监测平台"为例［J］. 江苏行政学院学报，2020（5）.

合。依托数字信息时代的技术赋能，通过深度整合城乡数字治理资源，推进融城乡、跨部门、跨区域的信息互联，按照"大系统、大数据、大平台"架构创设"中央农村政策地方试点数字化监测平台"，能够通过采用数据仓、知识库、数据挖掘、知识管理、移动互联网等技术手段对"多点布局、多态呈现"的各类农村试点项目展开"平台化、数据化、智慧化"的综合监测与评估，同时全面记录试点过程中政策场景、要素扰动、政策变迁、试点实施及反馈等各类信息，并结合物联网、大数据以及数据挖掘等手段形成"来源可溯、去向可测、过程留痕、资源可查、责任可究"的数字化试点信息链条。"中央农村政策地方试点数字化监测平台"的创建，能够有效破除现有中央农村政策试点"散点开花、风景难寻"的状态，通过有效推进试点过程中的要素整合与整体监管，为农业农村发展过程中整体性治理的开展提供技术支撑。

首先，通过数字化监测平台整合试点决策主体。由于农业农村问题的复杂性与专业性，过往相关职能部门单独决策、其他部门配合实施的单项试点在政策创新方面的效度困境逐步显现。与之对应的是，由多个党政部门联合主持、吸纳群团组织和大型国有企事业单位（如中华全国供销合作总社、中国邮政等）参与的联合试点决策模式开始成为新时期农村政策试点的主导形式。在联合决策过程中，决策信息数据的互联互通是众多不同性质决策主体进行有效整合的关键。统一的农村政策试点数字化监测平台的建立为数据信息的有效整合提供了依托，通过数字化平台能够将不同主体在其管辖和业务主导范围内的政务数据、行业数据、社会数据等信息进行集中储存、交互共享的同时，积极进行数据挖掘与整合应用，为中央农村政策地方试点的目标设定、战略部署、选点决策等提供数据信息支持，以数据信息为刃破除部门之间的利益壁垒，有效化解决策过程中公共利益"部门化"的问题和试点资源在公私部门之间的错配问题，在实现决策主体之间高度整合的同时，推进试点决策主体与政策数据信息的有效整合，从而提升决策的科学性。

其次，通过数字化监测平台建设整合试点监管职能。统一的农村政策试点数字化监管平台的建立，可以破除试点过程中因信息不对称造成的监管失衡问题。在横向实施程序监测层面，依据预设算法可以得出确定试点各扰动要素的阈值，相关要素在一定时限内持续突破阈值的情况下可以自动预警，同步提醒不同层级监管者注意并督促采取应对措施；在纵向的层级监管层面，中央政府、高层级地方政府与基层试点单元可以通过平台实现对试点实施情况的实时跟踪，并针对异动情况及时发布和反馈监管信息，并对试点要素进行适时调整，从而实现监督与反馈的无缝对接；在交叉监管层面，依托监测平台的信息探头，多个不同领域、不同区域的试点信息可以全天候、无缝隙地传输到统一的监测平台，一方面为中央整体监管提供信息支持，另一方面也为各地、各部门了解其他地区相关试点实施进度提供依据，解决监管过程中信息不对称与环节碎片化问题。

### 三、本章小结

通过实践经验与教训的归纳以及对试点具体过程的梳理，中央农村政策试点在彰显其宏观意义的同时，其方法论意义和具体实践价值方面的问题也逐步显现。一是试点作为一种社会实验法在公共治理领域应用过程中遭遇到与价值观鲜明的社会文化环境与道德伦理判断的激烈碰撞，并显现出其违背社会发展规律性认识的"先天不足"，进而影响试验的信度与效度；二是政策试点作为一种短时间内凝聚稀缺性社会资源，并致力于产出影响更大范围的创新性政策过程，在其谋划及实施过程中不可避免地会受到参与主体间利益分化和博弈的影响，进而导致包括试点目标偏移、创新行为异化、试点监督失效等问题，从而出现实践过程的"中段失衡"；三是多元利益主导下试点绩效评价缺乏明确的基准线和对照物，以至于出现包括"不明情形""矛盾情形""既有情形"以及"次生情形"等与试点目标无关甚至违背试点目标的情况，均认作试点绩效，从而使得试点绩效评价陷入"顾左右而言他"的"绩效迷局"，进而导致试点无效乃至负效用的失败局面。

对此，需要建立顶层设计、主体协同与技术赋能三位一体的试点创新优化策略。一是基于总体性视野，在中央农村政策地方试点的过程中强调系统性、整体性和协同性"三性"结合以跳出"就乡言农"的局限，其第一个要求是要"跳出试点布局试点"从而对强调改革方略抉择的整体性，第二个要求是要"跳出乡村谈农村试点"而从城乡一体、协同发展的角度整体布局农村政策试点。二是强调多元主体协同推进试点进程，强调在党中央的集中统一领导之下，进一步发挥好"五级书记抓乡村振兴（脱贫攻坚）"的部署和"中央头筹、省负总责、市县抓落实"的工作机制，统一思想、理顺关系、推进试点过程中社会主体的有效参与，共同提升试点的效率及效能。三是通过技术赋能推进试点创新，在理念创新的基础上，通过农村试点数字化监测平台的建设及完善，形成"来源可溯、去向可测、过程留痕、资源可查、责任可究"的数字化试点信息链条和监测体系。

# 第七章 结 语

中央农村政策地方试点是指在中央统筹规划和综合协调之下，通过"摸着石头过河"与"顶层设计"相结合的方式，由中央政府、高层级地方政府、基层试点单元和农民共同参与的，在时空受限的条件下通过针对特定涉农政策议题进行较为剧烈的调整，旨在为更大范围政策变迁提供制度规范和经验支持的一种政策创新行为。本研究通过对传统以"央地互动"为基础的政策试点线性描述的反思，将农民群众引入足以影响试点成败的主体范畴并构建"基层试点单元"这一试点主体概念，进而构建包括中央政府、地方政府、基层试点单元与农民群众等在内的中央农村政策试点主体结构框架。在此基础上，本研究通过引入利益相关者理论构建中央农村政策地方试点的解释框架，探索政策试点过程中目标形成、试点决策、试点运行等各个阶段利益相关者主体的构成、偏好、策略行为及其影响，在理顺其理论逻辑的基础上阐释中央农村政策地方试点的过程机理；在对中央农村政策地方试点过程梳理的同时，对政策试点的方法论意义及其实践价值进行理论反思并析出症结所在，提出顶层设计、主体协同与技术赋能三位一体的试点创新优化策略，以有效弥合农村政策试点宏观意义与微观实效之间的鸿沟，更有效地发挥其在推动乡村振兴和推进国家治理体系和治理能力现代化过程中的重要作用。在研究过程中，本研究得出以下研究结论。

**1. 农村政策试点存在主体维、时空维、内容维三个维度的特殊性**

农村政策试点由于其依托的政策环境和作用场域的特殊性，使其在三大维度（主体维、时空维、内容维）与城市及其他行业性试点相比表现出明显的差异，并使其在我国政策变迁过程中为农村政策试点开辟了一条时空受限的"非线性"政策创新路径：第一，在主体维度，农村政策试点除涉及传统试点解释路径中"中央政府—地方政府"二元主体外，由具体实施试点的县（乡）基层政府与村（社）农民自治组织等构成的基层试点党员，以及通过各种方式参与试点并受试点政策直接影响的广大农民群众都是中央农村政策地方试点主体的重要体现；第二，在时空维度，农村政策试点受农业生产季节性和区域性影响较大，从而要更为重视"时节"和"地域"要素对于农村政策变迁的制约及影响；第三，在主题维度，土地问题是影响我国农村发展与稳定的核心问题，也是农村政策试点创新需要重点突破的核心问题。

**2. 我党领导的中国农村改革试点百年实践是一个围绕"一核两翼"的总体布局不断整合发展的创新过程**

从我党领导中国农村改革试点百年实践历程来看，其在源起及发展过程中主要呈现出以下特征。第一，农村政策试点紧密围绕"一核两翼"的总体布局，其中"一核"是指以农村土地政策改革为不同时期解决农业农村问题的核心，"两翼"则是指试点以解决农村民生问题和乡村治理问题为首要目标。第二，农村政策试点的领域分布呈现出从单一到整体的发展趋势，一方面试点从仅聚焦痛点难点问题的突破到多管齐下谋求区域和领域的政策创新，另一方面试点从封闭攻关转向不同试点项目之间呼应融合以谋求整体的创新发展。第三，从运行特征来看，农村试点经历了从自发到统筹的发展历程，农村政策试点从"星星之火可以燎原"的点状创新转向"摸着石头过河"与"顶层设计"有机结合谋求顶层设计规划下农业农村发展的整体效应。第四，农村改革试点的绩效目标从解决现实问题的效益转向法制规范的完善，能否推动法治进步逐步成为评判试点绩效的重要标尺。

**3. "压力应激型动力"与"环境适应型动力"推动下"自上而下"与"自下而上"两条路径的动力要素耦合标志着我国农村试点动力机制的成形**

其中"压力应激型"动力又可进一步细分为现实问题压力、纵向层级压力和横向竞争压力，两类动力要素对不同主体的影响范围与强度各异。受其影响，不同主体推动试点的动力源不一，动力水平也不尽相同，要形成有效的动力机制并给试点发生及其实践过程以足够的动力支持，必须通过动力要素耦合这一关键环节。中央农村政策地方试点动力机制的形成，主要体现为"自上而下"与"自下而上"两条路径的动力要素耦合，各动力要素在推动政策试点发生及项目落地的同时，反过来又由试点运行状况影响下一个阶段各利益主体动力要素的配比，从而形成一个不断反馈的动力演进路径。

**4. 不同利益偏好的利益参与主体基于其"资源—利益"判断会以不同形式影响试点决策及其效果**

在多元主体参与中央农村政策试点的现实背景下，对于试点决策机制及其过程的研究必须超出单一中心论的解释范畴，从而关注不同偏好的利益相关主体对试点决策产生的作用及影响。本研究根据试点决策过程中利益偏好与资源投入情况的不同，构建试点决策分析的"资源—利益"模型，并据此将试点决策行为分成"全力以赴""维持现状""见机行事"与"搭便车"四种类型。在此基础上，就不同主体在"资源投入"与"利益感知"这两个方面差异性的大小，分别构建"动员型决策""分配型决策""协作型决策"与"授权型决策"四种试点决策的场景。

**5. 试点实施过程中主体利益共同点的凝聚与落实是试点有效开展的基础**

在新时期我国农村发展及治理多元主体利益需求各异、利益关系复杂的现状下，作为中央农村政策地方试点主体的中央政府、地方政府、基层试点单元以及农民在试点过程中的利益考量及其行为偏好各有不同甚至相互冲突，其为达到各自利益目标而有可能采取包括"试点叫停""试点加挂""压制型试点"以及"回避试点"四大类 12 种策略行为，来修正原有试点运行的路径、节奏及进度安排，以达到与各利益主体对试点过程中利益形势判断相契合的效果，这将有可能导致"试点延误""试点中断"与"试点失效"等结果，进而影响试点目标的实现。对此，必须致力于实施过程中主体利益共同点的凝聚与落实，以科学的方法协调试点资源的配置以及试点成果的共享，夯实团结协作的共同思想基础与现实利益基础，在试点过程中加强弱势参与群体的利益保障，通过有效的试点实施方式，凝结主体间利益共享的最大公约数，推动中央农村政策地方试点有序开展。

**6. 试点宏观意义的彰显会在实践过程中受到方法论意义与绩效评价的挑战**

中央农村政策试点在彰显其宏观意义的同时，在其方法论意义和具体实践价值方面依然存在困境。第一，试点作为一种社会实验法在公共治理领域应用中遭遇到与既有社会文化及伦理判断的激烈碰撞，并显现出其违背社会发展规律性认识的"先天不足"。第二，政策试点在其谋划及实施过程中不可避免地会要受到参与主体间利益分化和博弈的影响，进而导致包括试点目标偏移、创新行为异化、试点监督失效等问题，从而出现实践过程的"中段失衡"。第三，多元利益主导下试点绩效评价缺乏明确的基准线和对照物，可能出现将"不明情形""矛盾情形""既有情形"以及"次生情形"等认作试点成果而陷入"顾左右而言他"的"绩效迷局"，进而导致无效乃至负效用的试点失败现象。对此，需要建立顶层设计、主体协同与技术赋能三位一体的试点创新优化策略，其中最关键的环节在于在战略部署层面跳出"就乡言农"的局限而谋求调系统性、整体性和协同性三性结合的总体布局。具体而言第一个要求是要"跳出试点布局试点",强调改革方略抉择的整体性;第二个要求是要"跳出乡村谈农村试点",从城乡一体、协同发展的角度整体布局农村政策试点。

本研究依然存在有待后续研究进一步深化或拓展的方面。第一,本研究强调中央"一锤定音"和顶层设计的重要作用而谋求试点布局的总体性,通过引入农民主体和构建"基层试点单元"实施主体以强调基层参与和利益协同的同时,对于处在中间层级的地方政府(主要是省、市两级政府)着墨不多,中央层级政府如何影响中央农村政策试点的动机、决策及其运行过程需要进行更为系统的梳理和分析。第二,本研究主要基于案例、文献等质性研究素材,通过总结与归纳构建利益相关者框架下试点的过程机理,但相关研究缺乏量化分析和实证材料的支撑,在影响要素之间关系强度、变量之间的相互关系等方面均需要更为系统的解释。第三,在讲好中国故事的同时,如何进入国际视野依然有待探索,虽然在他国并不存在严格意义上的"中央政策地方试点",但某些农业强国所进行的农村政策学习与政策扩散的成功经验或失败教训是否能为我国试点创新的进一步开展提供启发?我国中央统筹试点创新的农村政策发展模式又能对世界农业农村问题的解决输出哪些经验?这些均需要后续的研究进行进一步的总结。

# 参 考 文 献

爱德华·弗里曼，2006. 战略管理：利益相关者方法 [M]. 上海：上海译文出版社.

白桂花，朱旭峰，2020. 政策模糊性，内外部监督与试点初期执行：基于"新农合"的比较研究 [J]. 学海 (2).

本书编写组，2008. 改革开放三十年——决定当代中国命运的重大抉择 [M]. 北京：中央文献出版社.

曹阳，王春超，李鲲鹏，2011. 农户、地方政府和中央政府决策中的三重博弈——以农村土地流转为例 [J]. 产经评论 (1).

陈家刚，2004. 地方政府创新与治理变迁——中国地方政府创新案例的比较研究 [J]. 公共管理学报 (4).

陈那波，蔡荣，2017. "试点"何以失败？——A 市生活垃圾"计量收费"政策试行过程研究 [J]. 社会学研究 (2).

大岳秀夫，1992. 政策过程 [M]. 北京：经济日报出版社.

党国英，2011. 改革试点要法制化 [J]. 人民论坛 (9).

丁煌，2004. 利益分析：研究政策执行问题的基本方法论原则 [J]. 广东行政学院学报 (3).

丁荣贵，2008. 项目利益相关方及其需求的识别 [J]. 项目管理技术 (1).

杜润生，2005. 中国农村体制变革重大决策纪实 [M]. 北京：人民出版社.

冯栋，何建佳，2008. 政策试验的要件构成及其优化对策 [J]. 行政论坛 (1).

顾杰善，1993. 当代中国利益群体的多维透视：现阶段社会结构分析的理论与实践 [M]. 哈尔滨：黑龙江教育出版社.

韩博天，2008. 中国经济腾飞中的分级制政策试验 [J]. 开放时代 (5).

韩博天，2008. 中国异乎常规的政策制定过程：不确定情况下反复试验 [J]. 开放时代 (9).

韩博天，2010. 通过试验制定政策：中国独具特色的经验 [J]. 当代中国史研究 (3).

韩博天，2018. 红天鹅：中国独特的治理和制度创新 [M]. 北京：中信出版集团.

韩俊，宋洪远，2019. 新中国 70 年农村发展与制度变迁 [M]. 北京：人民出版社.

郝寿义，2008. 国家综合配套改革试验区研究 [M]. 北京：科学出版社.

胡鞍钢，2012. 顶层设计与摸着石头过河 [J]. 人民论坛 (9).

黄军荣，2014. 农民政治参与的制约因素与发展路径研究 [J]. 农业经济 (5).

贾生华，陈宏辉，2002. 利益相关者的界定方法述评 [J]. 外国经济与管理 (5).

康镇，2020. 政策试点的实验主义治理逻辑与转型进路 [J]. 求实 (4).

柯武刚，史漫飞，2000. 社会秩序与公共政策 [M]. 北京：商务印书馆.

李洁，2016. 农村改革过程中的试点突破与话语重塑 [J]. 社会学研究（3）.

李智超，2019. 政策试点推广的多重逻辑——基于我国智慧城市试点的分析 [J]. 公共管理学报（3）.

廖洪乐，1998. 农村改革试验区的土地制度建设试验 [J]. 管理世界（2）.

刘根荣，2005. 利益博弈均衡秩序论 [M]. 厦门：厦门大学出版社.

刘辉，2013. 刑事司法改革试点现象 [J]. 中国刑事法杂志（8）.

刘军强，胡国鹏，李振，2018. 试点与实验：社会实验法及其对试点机制的启示 [J]. 政治学研究（4）.

刘培伟，2010. 基于中央选择性控制的试验——中国改革"实践"机制的一种新解释 [J]. 开放时代（4）.

刘太刚，邓正阳，2020. 实验主义治理：公共治理的一个新路径 [J]. 北京行政学院学报（1）.

刘钊，万松钱，黄战凤，2006. 论公共管理实践中的"试点"方法 [J]. 东北大学学报（社会科学版）(4).

罗伯特·达尔，1997. 现代政治分析 [M]. 上海：上海人民出版社.

马华，2018. 村治实验：中国农村基层民主的发展样态及逻辑 [J]. 中国社会科学（5）.

梅赐琪，汪笑男，等，2015. 政策试点的特征：基于人民日报 1992—2003 年试点报道的研究 [J]. 公共行政评论（3）.

那格尔，1990. 政策研究百科全书 [M]. 北京：科学技术文献出版社.

聂高民，2012. 中国经济体制改革顶层设计研究 [M]. 北京：人民出版社.

桑玉成，2002. 利益分化的政治时代 [M]. 上海：学林出版社.

沈荣华，钟伟军，2009. 中国地方政府体制创新路径研究 [M]. 北京：中国社会科学出版社.

石璞，2020. "试点"的理论实践及其当代价值 [J]. 上海党史与党建（2）.

苏宏章，1991. 利益论 [M]. 沈阳：辽宁大学出版社.

粟多树，2008. 先摸索后推广：邓小平政策试验思想探析 [J]. 学习与践（10）.

孙立平，2006. 博弈—断裂社会的利益冲突与和谐 [M]. 北京：社会科学文献出版社.

王春晓，2018. 三明医改：政策试验与卫生治理 [M]. 北京：社会科学文献出版社.

王绍光，2008. 学习机制与适应能力：中国农村合作医疗体制变迁的启示 [J]. 中国社会科学（6）.

王曦，舒元，2011. "摸着石头过河"：理论反思 [J]. 世界经济（11）.

魏淑艳，2006. 中国公共政策转移研究 [M]. 吉林：东北大学出版社.

魏淑艳，马心茹，2020. 外文文献关于"政策试验"的研究述评 [J]. 北京行政学院学报（3）.

吴怡频，陆简，2018. 政策试点的结果差异研究——基于 2000 年至 2012 年中央推动型试点的实证分析 [J]. 公共管理学报（1）.

武俊伟，2019. 政策试点：理解当代国家治理结构约束的新视角 [J]. 求实（6）.

徐湘林，2004. "摸着石头过河"与中国渐进政治改革的政策选择 [J]. 天津社会科学（3）.

杨宏山，2013. 双轨制政策试验：政策创新的中国经验 [J]. 中国行政管理（6）.

杨鹍飞，2014. 民族地区农村土地流转：政策试验与制度壁垒 [J]. 西南民族大学学报（人文社科版）(12).

杨涛，2011. 间断—平衡模型：长期政策变迁的非线性解释 [J]. 甘肃行政学院学报（2）.

杨正喜，2019. 中国乡村治理政策创新扩散：地方试验与中央指导 [J]. 广东社会科学（2）.

郁建兴，黄飚，2017. 当代中国地方政府创新的新进展——兼论纵向政府间关系的重构 [J]. 政治学研究（5）.

喻锋，2011. 地方政府上行政治参与：欧洲经验及其对中国的启示 [J]. 武汉大学学报（哲学社会科学版)(4).

约翰·金登，2004. 议程、备选方案与公共政策 [M]. 北京：中国人民大学出版社 .

约瑟夫·韦斯，2005. 商业伦理：利益相关者分析与问题管理方法 [M]. 北京：中国人民大学出版社 .

张红河，2002. 论利益与政治 [M]. 北京：北京大学出版社 .

张厚安，徐勇，1995. 中国农村政治稳定与发展 [M]. 武汉：武汉出版社 .

张克，2018. 全面深化改革顶层设计与基层探索互动机制 [J]. 中国党政干部论坛（9）.

张克，2019. 公共政策创新扩散的中国经验：基于省直管县财政改革的研究 [M]. 北京：国家行政学院出版社 .

张玉堂，2001. 利益论：关于利益冲突与协调问题的研究 [M]. 武汉：武汉大学出版社 .

章文光，宋斌斌，2018. 从国家创新型城市试点看中国实验主义治理 [J]. 中国行政管理（12）.

赵慧，2019. 政策试点的试验机制：情境与策略 [J]. 中国行政管理（1）.

郑剑，李冉，等，2018. 试点改革的中国经验 [M]. 南京：江苏人民出版社 .

郑文换，2013. 地方试点与国家政策：以新农保为例 [J]. 中国行政管理（2）.

郑永年，2010. 中国模式：经验与困局 [M]. 浙江：浙江人民出版社 .

中共中央文献研究室，1997. 建国以来重要文献选编（第十五册)[M]. 北京：中央文献出版社 .

中共中央文献研究室，2011. 中国共产党 90 年研究文集 [M]. 北京：中央文献出版社 .

周望，2013. 中国政策试点研究 [M]. 天津：天津人民出版社 .

周望，2015. "政策试点"的衍生效应与优化策略 [J]. 行政科学论坛（4）.

朱光喜，2013. 中国 "政策试验" 研究：议题、意义与展望—以政策过程为中心视角 [J]. 广东行政学院学报（8）.

Brown P H，de Brauw，2009. Understanding Variation in the Design of China's New Co - operative Medical System [J]. China Quarterly（9）.

Chung J H，2000. Central control and local discretion in China [M]. Oxford：Oxford University Press.

Eckert S，Brzel T A，2012. Experimentalist governance：an introduction [J]. Regulation & governance（3）.

Frank R Baumgartner, Bryan D Jones, 2009. Agendas and Instability in American Politics [M]. The University of Chicago Press.

Hoffmann M J, 2011. Climate governance at the crossroads: experimenting with a global response [M]. New York: Oxford University Press.

Huitema D, Jordan A, 2018. Policy experimentation: core concepts, political dynamics, governance and impacts [J]. Policy sciences (2).

John P, 2013. Experimentation, Behaviour Change and Public Policy [J]. The political quarterly (2).

Mahoney J, Thelen K, 2010. Explaining institutional change: ambiguity, agency, and power [M]. New York and Cambridge: Cambridge University Press.

Mcfadgen B, Huitema D, 2017. Experimentation at the interface of science and policy: a multi-case analysis of how policy experiments influence political decisionmakers [J]. Policy sciences (2).

Mitchell R K, Agle B, 1997. Toward a theory of stakeholder identification and salience: Defining the principle of who and [J]. Academy of management review (4).

Oakley A, 1998. Public policy experimentation: lessons from America [J]. Policy studies (2).

Sabel C F, Zeitlin J, 2012. Experimentalism in the EU: common ground and persistent differences [J]. Regulation & governance (6).

Sandersoni, 2002. Evaluation, Policy learning and evidence-based policy making [J]. Public administration (1).

Varga M, 2019. Policy Experiments, failures and innovations: beyond accession in central and Eastern Europe [J]. Journal of common market studies (4).

Zeng J, 2015. Did Policy Experimentation in China Always Seek Efficiency? A case study of Wenzhou financial reform in 2012 [J]. Journal of Contemporary China (12).

后　记

初步接触"农村政策试点"这一选题是在 2013 年，当时我作为校县交流的挂职干部赴粤北担任副县职"领导"，主要工作就是协助时任县党政主要领导做好该县国家级农村试点工作。说来惭愧，虽然父亲就是乡镇干部退休，而自己也一直在农业大学工作，但在粤北挂职前却甚少接触农村公共治理一线。作为与祖国改革开放同步成长并长期生活在乡镇政府大院的"农村 80 后"，即使父亲有一份稳定的工作，但那微薄而又经常被拖欠的收入依然不够支持一家四口的衣、食、学习所需，"作田养鸡"则是当时帮补家用的唯二选择。于我而言，"农民真苦，农村真穷，农业真危险"绝不仅仅是影视剧中敬业的演员们灰头土脸的仰天长叹，而是"双抢"时节烈日下割禾晒稻与飞虫、蚂蟥做斗争的惨烈与不堪，是耕作最忙碌时我和妹妹都"碰巧"割破手指换得小半天休息的窃喜与不安，是儿时生日母亲煮一颗白水蛋加餐却被小狗叼走我哭喊着撵出好几里地时的绝望与不甘，等等，组合而成的切身体验。"用功读书，走出去！"不仅是自己因肩骨凸出不善挑担而被人嘲笑时的自我安慰，也是当时同辈人不多的出路之一。

但现实往往比戏剧更具戏剧性，当时励志要走出去的"斌伢子"，高考时因为英语单科未上线阴差阳错地被调剂到"农林经济管理"专业，痛定思痛转专业攻读"行政管理"专业的硕士、博士，但最终还是在农业大学安身立命。过往的经历和"门对门"的学习—工作衔接依然使我对现实的农村保持着敬畏。直到通过这一年多的挂职锻炼，在新农村建设的现场真实感受现代农业发展的温度并体验新时期乡村治理的难度时，"如何使农村更美好"，不仅是每周一次的县长办公会在座领导们热烈交流和讨论的永恒话题，也逐步成为自己作为一名农业大学教师的重要使命。非常感谢单位华南农业大学公共管理学院的多位前辈教授以及母院中山大学政治与公共事务管理学院的各位老师和师兄师姐，在多次与他们进行长谈后最终把研究方向定位于"中央农村政策地方试点"。经由挂职锻炼期间参与、观察与思考，以及在杜克大学访学期间在美国北卡罗来纳州大农村的交流、比较与研讨，自己在这一领域逐步形成了一些想法并先后获得广东省社科基金和国家社科基金的支持，经过近十年的观察、体验与研究，最终形成包括学术论文、调查报告、决策咨询报告等在内的系列成果，同时也成为本书得以形成的最直接素材。

在本书的写作和出版过程中，本人依托华南农业大学公共管理学院申获了"广东城乡社会风险与应急治理研究中心"省级特色新型智库，这一平台的建设为本书后续的调查研究与写作出版提供了重要支撑；感谢华南农业大学公共管理学院及各位领导、同事的大力支持，使我们逐步明确"农村公共管理"的学科发展特色，同时也支持本书成为该发展方向下"新时代城乡基层治理前沿问题研究丛书"的成果之一。在本书的撰写及交流过程中，有幸得到清华大学新雅书院梅赐琪院长，南开大学周恩来政府管理学院吴晓林副院长及尚虎平教授、周望副教授，上海交通大学国际与公共事务学院李智超长聘副教授，暨南大学公共管理学院颜昌武教授等专家的支持和帮助。感谢我家人们的关怀体谅。在本书的出版过程中，中国农业出版社的边疆老师克服疫情压力造成的种种不便，持续为本书的编辑劳神费力，在此一并表示感谢。

　　本书的写作过程中参阅了国内外同行大量的研究成果，限于篇幅未能逐一列明致谢，由于作者水平有限，书中难免存在错误和不足之处，恳请各位学界同行、农业工作者和各位读者批评指正。

唐斌

2022 年冬于广州五山宁荫湖畔

**图书在版编目（CIP）数据**

农村政策"地方试点"研究／唐斌著 . —北京：
中国农业出版社，2022.11
（新时代城乡基层治理前沿问题研究丛书）
ISBN 978 - 7 - 109 - 30206 - 8

Ⅰ.①农…　Ⅱ.①唐…　Ⅲ.①农村经济政策－研究－
中国　Ⅳ.①F320

中国版本图书馆 CIP 数据核字（2022）第 213588 号

农村政策"地方试点"研究
NONGCUN ZHENGCE "DIFANG SHIDIAN" YANJIU

中国农业出版社出版
地址：北京市朝阳区麦子店街 18 号楼
邮编：100125
责任编辑：边　疆
版式设计：文翰苑　　责任校对：吴丽婷
印刷：北京中兴印刷有限公司
版次：2022 年 11 月第 1 版
印次：2022 年 11 月北京第 1 次印刷
发行：新华书店北京发行所
开本：700mm×1000mm　1/16
印张：11.5
字数：210 千字
定价：78.00 元